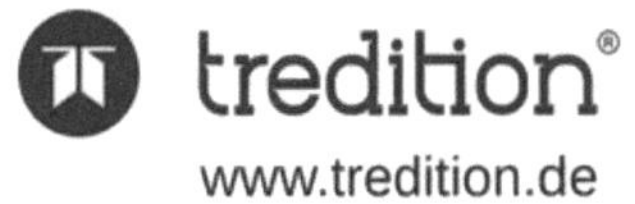

AF387637

Macbeth: Sprecht, wenn ihr könnt: Wer seid ihr?

Erste Hexe: Heil dir, Macbeth, Heil! Heil dir,

Than von Glamis!

Zweite Hexe: Heil dir, Macbeth, Heil! Heil dir,

Than von Cawdor!

Dritte Hexe: Heil dir, Macbeth, dir, künftgem König, Heil!

William Shakespeare: „Macbeth", Erster Akt, dritte Szene

Stefan Benz

Theaterwut

Herr Beck und der Zorn des Than

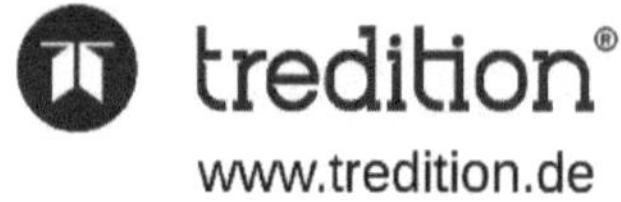

© 2019 Stefan Benz
Umschlag, Illustration: Rebecca Jaweed

Verlag & Druck: tredition GmbH,
Halenreie 40-44, 22359 Hamburg

ISBN
978-3-7497-4626-2   (Paperback)
978-3-7497-4627-9   (Hardcover)
978-3-7497-4628-6   (e-Book)

Inhalt

Die Personen

Justus Beck, Theaterkritiker und Weinhändler

Juliane, seine verstorbene Frau

Paula Berlepp, seine Haushälterin

Lucy, ihre kleine Nichte

Franz Mager, Biologiestudent mit logistischen Talenten

Leonie, Biologiestudentin, Freundin von Franz

Bernd Rudolf, Polizeipräsident

Jason Gunderloch, Revisor, der Becks Weinkontor prüft

Jörg König, Superdezernent und OB-Kandidat

Beate Vorreiter-Beginski, Parteivorsitzende

Traudel Kalbfleisch, Kulturausschussvorsitzende

Gerd-Ludwig Ostermann, Kulturreferent

Jakob Oswald, Intendant des Stadttheaters

Papagena, Chihuahua des Intendanten

Bernd Huber, Schauspieldirektor

Torsten Emig, Chefdramaturg mit politischen Ambitionen

Jutta Meiser, Inspizientin und Becks Theater-Tratschtante

Erster Aufzug: Lopachin

1 Es ging ganz schnell und sah aus wie im Kino. Männer mit Sturmhauben hatten die Delinquenten aus dem Theater geführt. Je zwei Mann packten einen Gefangenen rechts und links an den Oberarmen, die Hände waren hinter dem Rücken mit Kabelbinder fixiert, die Köpfe nach vorne gebeugt und mit Stoffsäcken verhüllt. Im Hintergrund, am Verwaltungseingang trugen derweil Beamte in Uniform Kisten und Computer aus dem Gebäude zu einem weißen Kastenwagen.

Es sollte eine anonyme Aktion sein, doch Justus Beck war sich sicher: Hier wurde der Intendant Jakob Oswald verhaftet. Der Mann trat schließlich stets wie ein Pascha aus 1001 Nacht auf, war auch kopflos gut zu erkennen an seiner grünen Bauchbinde, den samtenen Pluderhosen und einer weinroten Kurzjacke. Hinter ihm wurden offenbar seine Dramaturgen und der Verwaltungsdirektor abgeführt. Vorbei an Männern, die mit Helmen, schusssicheren Westen und Schnellfeuergewehren wie futuristische Ritter aussahen, schob man sie wie Schwerverbrecher zu anthrazitfarbenen Limousinen mit getönten Scheiben, die im Park vor dem Stadttheater mit laufenden Motoren warteten. Kennzeichen oder Hoheitssymbole hatten diese Wagen ebenso wenig wie die Transporter am Verwaltungsportal.

Als Erster war der Intendant dran, ein Beamter verschwand vor ihm auf dem Rücksitz, zerrte ihn an der

Schulter mit sich, der zweite drückte Oswalds Kopf ganz nach unten, schob ihn in den Fond, folgte, zog die Tür zu, und der Wagen fuhr los. In Sekundenschnelle war der Spuk vorbei, ein halbes Dutzend Theaterleute verschwunden, als hätte es sie nie gegeben. Nur die Reifenspuren auf dem nassen Gras und ein Goldbrokatpantoffel des Intendanten erinnerten noch an das bizarre Schauspiel.

Beck konnte sich von diesem Bild gar nicht losreißen, schaute unvermindert fasziniert durch die großen Scheiben des Foyers und wäre fast in der Leere dieses Anblicks versunken, wenn da nicht diese Stimme gewesen wäre: „Was machst Du denn da?" Paula schob sich in sein Sichtfeld. „Kommst Du nicht? Wir sind zu spät, sie fangen gleich an." Langsam, wie durch Watte drangen ihre Worte in sein Bewusstsein. Ja, was machte er da? Justus Beck, Theaterkritiker der „Neuen Post", war unterwegs zur nächsten Premiere, seine Haushälterin Paula wie stets an seiner Seite. Doch irgendwas war heute anders. Er konnte sich nicht an das Stück erinnern, das sie gleich sehen würden, nur an diesen Fetzen Actionkino, der eben vor ihm abgelaufen war.

„Hast Du das nicht mitgekriegt? Wie sie Oswald mitgenommen haben?"

„Spinnst Du? Was ist mit Dir los, komm schon, sonst verpassen wir noch den Anfang." Paula zog ihn mit sich.

„Was gucken wir jetzt?"

„Willst Du mich veräppeln, Du bist der Kritiker, ich komme nur mit und passe auf, dass Du nicht wieder einschläfst. Schon vergessen? Oder schläfst Du jetzt schon mit offenen Augen? Auf geht's, da vorne gibt's Deine Karten."

Paula drängte ihn zum Pressetisch, doch die große Frau mit dem strengen schwarzen Pagenschnitt und dem dunkelgrauen Businesskostüm, die dort stand und im Begriff war, ihre Mappen mit dem Infomaterial zusammenzupacken, kannte er nicht. Beck verstand nicht, was los war. Warum fühlte sich das alles so seltsam an? Wieso war das Stechen in seinem Bein nicht mehr da? Es war doch sonst nie weg. Und wo war der Kopfschmerz geblieben? Hatte er einen Schlaganfall? Warum passte nichts mehr zusammen?

„Guten Tag, Beck von der Neuen Post, wo ist denn Frau Fröhlich?"

„Guten Tag Herr Beck, Sie müssen sich nicht vorstellen, ihr Dossier liegt uns vor, wir sind im Bilde. Frau Fröhlich wurde abberufen, das Leitungsteam ist freigestellt, Herr Oswald ist in Urlaub gefahren. Er lässt Sie grüßen. Ab heute hat Frau Monvalle die Intendanz kommissarisch inne."

Für Beck ergab das keinen Sinn. Geraldine Monvalle war die Intendantin der Landesbühne im Norden, gute 140 Kilometer entfernt. Wieso sollte sie jetzt zwei Theater leiten? Und warum erzählte die Dame, die ihren Namen nicht nannte, vom Urlaub eines Intendanten, der eben vor aller Augen abgeführt worden war? Was Beck aber noch mehr interessierte: Was wurde hier gespielt? Und diese Frage war ihm peinlich. Noch nie war er als Kritiker ins Theater gegangen, ohne zu wissen, was anstand und wie es werden würde. Und jetzt das.

„Was sehen wir heute Abend?" Sehr leise, aber unüberhörbar kleinlaut war seine Frage. Die strenge Dame vom Pressetisch reichte ihm das Programmheft und sagte nur: „Hier!" Die Broschüre war weiß, und auf allen Seiten stand auf den ersten Blick – nichts. Dann merkte Beck, dass auf dem Kartonumschlag etwas eingeprägt war. Er hob das Heft schräg zu den Deckenleuchten und erkannte den eingeprägten Schriftzug „Carte Blanche". Nachdem er die vermeintlich leeren Seiten wie ein Daumenkino durchgeblättert und dann geschüttelt hatte, als könne ein versteckter Notizzettel herausfallen, sah er winzige Buchstaben, die wahllos über die Seiten verteilt zu sein schienen: E – S – K – O – M – M – T – A – U – F – S – I – E – A – N. „Hier entlang", sagte die geheimnisvolle Frau im grauen Kostüm und wies ihnen den Weg zur Hinterbühne. „Es sind schon alle da."

Eine Hostess, die Beck auch noch nie gesehen hatte und die seltsamerweise einen Camouflage-Overall trug, empfing sie an einer Brandschutztür und leitete sie am Zuschauerraum vorbei zur Seitenbühne. „Sie werden gleich gar nichts mehr sehen", sagte die Service-Amazone. „Die Feuerwehr hat zwar verboten, dass wir die Notausgangbeleuchtung ausschalten, aber darüber müssen wir uns jetzt hinwegsetzen. Kunst braucht keine Fluchtwege. Wundern Sie sich nicht. Wir haben alle entsprechenden Hinweisschilder abmontiert. Viel Spaß."

Dann wurde es dunkel wie im tiefsten Schlaf. Beck wusste nicht, wie lang er so dagestanden hatte, doch als das Licht gleißend anging, war Paula verschwunden, dafür erblickte er vielleicht hundert Zuschauer, die alle wie er ratlos auf der Hinterbühne um einen Mann mit Hut und Fellmantel herum standen, der Margarine in großen Stücken mampfte. Dann ging er zu einem Haufen Kleider, aus denen er ein Fellbündel zog. War das ein toter Kojote? Beck konnte es nicht genau erkennen, denn der Mann mit dem Hut trug das Bündel eng am Körper zu einem Farbbottich, neben dem drei nackte Frauen lagen. Er tauchte den Tierkadaver in blaue Tunke und wischte dann unter großem Geklecker mit ausholenden Bewegungen über die Damen, die sogleich begannen, sich am Boden zu wälzen. Während Beck sich noch fragte, warum ihm das alles so bekannt vorkam, preschte aus dem Dunkel der Seitenbühne plötzlich ein weiß geschminkter Clown mit einer roten Kugelnase, die halb so groß war wie sein Kopf, durch die Menge und schrie „Fricken, flicken, ihr Rotzenwlotzen." Schon war er durch.

Beck wollte gerade seinen Spiralblock aufschlagen, um sich Notizen zu machen, da trat ein Mann mit kurzem struppigem Haar auf ihn zu, der ihm zwei Köpfe größer zu sein schien und herrschte den Kritiker an: „Weg mit dem Ding, hier geht's lang, alle mitkommen." Und im nächsten Moment hatte er Beck Stift und Block entwunden, und alle trotteten zur Hinterbühne, durch ein Gewirr von Treppen, bis alle Besucher im Ballettsaal ankamen. Der Mann rückte Becks Block nicht mehr heraus. Er würde sich beim Intendanten beschweren. Oder bei der Intendantin, dachte sich Beck. Wer auch immer das hier zu verantworten hatte. Als er noch überlegte, über wen er sich jetzt am besten ärgern sollte, kam eine Frau auf ihn zu und jammerte: „Sie haben die gesamte Theaterleitung eingesperrt. Wegen Untreue und Korruption, haben sie gesagt. Und jetzt habe ich auch Blut an den Händen." Beck schaute sie zunächst ratlos an, begriff aber schnell, als er über die verspiegelten Wände die Mitte des Saals sehen konnte. Die Zuschauer hatten eine Schlange gebildet, an deren Ende eine Schlachtbank und Dutzende Hühnerkäfige standen. „Jeder kommt dran, das muss so sein beim Mitmachtheater", rief ein dicker Mann, der außer einer rot gesprenkelten Schürze aus weißem Kunststoff nichts anhatte. Der Metzger drückte einem Zuschauer ein Beil in die Hand, hob dessen Arm hoch, griff ein Hühnchen aus seinem Käfig, schmetterte es hart auf die blutige Ablage und führte den Arm des Zuschauers mit schnellem Schwung nach unten. Der Kopf des Hühnchens hüpfte in einen Korb, der schon fast voll war. „Hier ist alles authentisch", rief der Metzger triumphierend und schnappte sich den nächsten Zuschauer.

Beck nutzte den Moment und verließ den Ballettsaal. Er kannte sich doch aus im Stadttheater, er musste Paula finden – und dann nichts wie raus hier. Doch wohin er auch ging, alles kam ihm vertraut, aber verwirrend labyrinthisch vor. Ohne zu wissen, wie er hingekommen war, stand er plötzlich vor den Theatertoiletten. Ein Drang zog ihn zu den Herren. Doch als er die Tür öffnete, lag da eine Frau mit geschlossenen Augen vor ihm. Vielleicht Mitte zwanzig, mager und nur mit einem Lappen über ihrer Scham und drei Gläsern mit Rotwein auf dem Waschbrettbauch. War hier eine alkoholkranke Putzfrau kollabiert? Sollte er einen Sanitäter holen? Oder drehten sie jetzt im Theater einen Porno? All das brauste Beck im selben Moment durch den Kopf, doch er nuschelte nur „Oh, Tschuldigung, falsche Tür." Er wollte sich verschämt weghdrehen und gehen, doch eine Männerstimme herrschte ihn an: „Nein, Sie sind hier ganz richtig." Ein junger Kerl in einem offenen weißen Hemd, mit einem purpurfarbenen Schal um den Hals schaute ihn aus einer der Klosettkabinen an und flüsterte durchdringend: „Knien Sie, beten Sie zur heiligen Ludmilla der Latrinen! Trinken Sie Ihr Blut und vergießen Sie es aus Ihren Lippen über ihren Leib."

„Was ist das? Experimentelle Eucharistie?"

„Nehmen Sie den Wein und füllen Sie den Bauchnabel der Heiligen", predigte der Abort-Apostel aus seinem Beichtstuhl mit Wasserspülung.

„Mein Herr, ich betreibe eine Weinhandlung. Ich spucke prinzipiell keinen Wein auf Menschen. Weder mit rotem noch mit weißem. Was soll der Quatsch? Die Dame auf dem Boden verkühlt sich doch bloß."

Die Dame rührte sich nicht.

„Das ist immersives Installationstheater, da müssen Sie ihre Konsumenthaltung ablegen. Öffnen Sie sich für die Situation", lautete die frohe Botschaft aus der Klosettkabine.

„Guter Mann, ich bin Kritiker, ich schreibe für die Neue Post. Und ich trinke nicht im Dienst."

Das war glatt gelogen. Den Abort-Apostel überzeugte es auch nicht. „Sie müssen sich aus Ihrer Rolle lösen."

„Kommt ja gar nicht infrage. Schon mal was von kritischer Distanz gehört? Ihren Wein können Sie selber trinken." Beck blickte zum nackten Getränketablett zu seinen Füßen. „Meine Dame, entschuldigen Sie die Störung." Und raus war er. Aus der Damentoilette kamen gerade zwei Frauen, eine hatte noch ihr Glas in der Hand. Durch den Türspalt konnte Beck einen nackten Mann auf dem Boden erkennen. Unglaublich, was in diesem sonst so verschlafenen Provinztheater plötzlich los war. Beck schaute sich um, war aber immer noch nicht wieder orientiert und stolperte weiter. Die Neonröhren flackerten.

Am Ende eines Gangs voller Kulissenteile auf Rollwagen öffnete er eine Tür und war plötzlich auf einer Probebühne, die er noch nie gesehen hatte. Da stand Paula offenbar verzückt vor einer Garteneisenbahn, die quer durch den Raum führte. Darauf saßen die sieben Zwerge. „Schau mal, sind die nicht süß?" Erst jetzt erkannte Beck, dass auf dem Zug kleinwüchsige Menschen mit Zipfelmützen hockten, die offenbar geistig beeinträchtigt waren. „Die dürfen jetzt auch mitmachen, das ist Inklusionstheater, hat mir eine Dramaturgin gesagt. Die sind so goldig. Wollen wir einen mitnehmen?" Paula fragte gar nicht, wo er gewesen sei, und Beck war jetzt auch nicht nach Diskussionen.

„So ein Quatsch, komm, wir müssen hier raus."

„Aber Du musst doch drüber schreiben."

„Kann ich nicht, Sie haben mir meinen Block geklaut. Ich werde mich beim Intendanten beschweren. Oder bei der Intendantin. Wer immer das hier zu verantworten hat. Auf jetzt!"

Sie verließen den Probenraum durch eine Tür am anderen Ende und standen plötzlich im Foyer, wo gerade eine Lesung über die Bühne ging. Ein zappeliger Autor mit blonder Krähennestfrisur war auf dem Podium dabei, sich mit einem Messer die Stirn zu ritzen, während eine junge Kollegin daneben erklärte, sie werde keine eigenen Texte mehr vortragen, sondern nur noch die Klassiker sampeln. Woher kannte Beck diesen hibbeligen Jungen bloß, der jetzt mit den Fingern in seiner Schnittwunde puhlte und an dem Hautfetzen zog, als wolle er sich skalpieren? War das Sam Hawkens, der von den Pawnee skalpiert wird? Nein, dachte er, mit Karl May hatte das nichts zu tun und stellte sich schützend vor Paula, denn der Autor hatte schon vier Finger in die blutende Spalte auf seiner Stirn gekrallt und zog immer fester an seinem Struwwelpeterschopf.

Aus dem Publikum kamen Buhrufe von einer Gruppe schlohweißer Männer und Frauen, die Transparente hochhielten, auf denen „AFW" stand. „Sind das Rechtsradikale", fragte Paula. „Nein, das sind die Abonnenten für Werktreue", antwortete Beck und fragte sich, woher er das eigentlich wusste. Aus der greisen Gruppe drangen Pfiffe, dann flogen Tomaten zum Pult, eine traf den Dichter mit der blutigen Stirn, dessen Kopf selbst mittlerweile wie eine geplatzte Tomate ausschaute. Ein fauliger Geruch stieg Beck in die Nase. Es roch schweflig. Er musste in der Mitmachtheaterhölle gelandet sein, dachte er sich. Doch Paula war wie immer näher dran am Leben und erkannte sofort: „Igitt, Stinkbomben!"

Aufs Stichwort „Bomben" stürmten bewaffnete Männer mit Baretten und Munitionsgurten über der

Schulter den Saal und feuerten in die Luft. Paula schrie. Der Decke konnte ihr Geballer nichts anhaben. Nur Platzpatronen, sagte sich Beck. Aktionstheater, das kannte er schon. Die Zuschauer aber drängten sich verängstigt in eine Ecke. „Wir sind das Kommando Claus Peymann und fordern Freiheit für alle Gefangenen des Schweinekunstsystems", rief ein massiger Kerl mit schweißverklebten Haarsträhnen, die über die Pockennarben auf seinem Gesicht fielen. Beck konnte ihn sich sehr gut als Brechts Baal vorstellen, doch bevor sich der Gedanken vertiefen ließ, hob der Mann seine Pistole und feuerte drei Schuss in die Menge der Zuschauer. Ein älterer Herr, ein junges Mädchen und der Wirt der Theaterkantine, den Beck vorher gar nicht gesehen hatte, schlugen sich zeitgleich auf die Brust, knickten auf die Knie, und es platzte das Blut aus ihren Leibern wie aus prall gefüllten Schweinsblasen. Der rote Saft spritzte über die Menge. Statt nun aber in Panik zu verfallen oder erste Hilfe zu leisten, gerieten die besudelten Zuschauer in Zorn. „So eine Sauerei", riefen sie. „Die Rechnung der Wäscherei kriegt das Theater!" Und die AFW-Gruppe skandierte aus dem Stand: „Regietheater ist nicht fein, die Bühne, die soll sauber sein!"

Wo war er hier bloß hingeraten? Beck drehte sich suchend um und sah Paula am Rande des Abonnentenaufstands, wie sie hektisch an ihrem rot verschmierten Kleid rubbelte. „Komm, das kannst Du später sauber machen. Wir müssen hier raus." Er packte sie so jugendlich energisch, wie er sich selbst gar nicht kannte und zog sie durch eine Tür zum Lieferanteneingang. Das Stahltor, hinter dem die Laderampe im Innenhof des Stadttheaters liegen musste, war allerdings verriegelt. Davor stand eine Hostess im Kampfanzug, und eine Handvoll Zuschauer kauerte kläglich am Tor. Als sie näher kamen, hörte Beck ihren Jammer. „Wir wollen hier raus – Sie quälen uns – Wir können nicht mehr." Doch auf Bitten und Flehen hatte die Torwächterin immer nur ein freundliches Lächeln und einen Satz: „Theater muss sein!"

Aber musste es denn so sein? Ratlos schlug Beck die Pressemappe auf, die er bislang keines Blickes gewürdigt hatte. Ein einziges Blatt lag darin, eine fotokopierte Kritik aus der „Neuen Post" mit dem Datum von übermorgen. Er las die Überschrift: „Theater wird zum Tollhaus – Irrer Erfolg im Schauspielhaus: ‚Carte Blanche' mit Blut geschrieben. Von unserem Mitarbeiter Justus Beck." Wie seltsam, dachte er sich, da spürte er einen Ruck an seiner Schulter, und das Elend vor seinen Augen verschwand.

2 Er blinzelte. Aus dem verschwommen Dunkel drang eine starke, aber weinerliche Stimme an sein Ohr. „Oh, wenn nur alles bald vorüber wäre!" Beck schaute sich um. Er fühlte sich matt gedämpft. Wo war er? Wo war das verschlossene Theatertor, wo die Wächterin? An seiner Schulter rutschte Paula ab. Sie schlief. Wie konnte das sein? Paula Berlepp kam nur mit ins Schauspiel, um ihn zu wecken, wenn der Theaterschlummer ihn wieder niederdrückte. Und jetzt schlief auch sie. Anscheinend tief und fest. Beck schob sie wieder gerade auf ihren Sitz. Und die Verhaftung des Intendanten, die Machtübernahme durch Ge-

raldine Monvalle, der Gang durch die neun Kreise der Mitmachtheaterhölle? Hatte er das alles nur geträumt?

„Wenn es sich nur bald irgendwie ändern würde, unser ungereimtes, unglückliches Leben", sprach die Stimme vorne. Beck konnte nur Schemen erkennen, rieb sich die Augen. Was sahen sie hier? Der Tonfall kam ihm bekannt vor. Ja, das war doch Tschechow, jetzt hatte er es: „Kirschgarten". Das war der Kaufmann Lopachin, der da sprach. Der Dramaturg hatte ihm im Vorfeld verschwörerisch erklärt, die Inszenierung werde ein Kommentar zu Spekulation und Wohnungsnot in der Stadt. Schließlich ersteigert Lopachin hier die große Obstplantage der einstmals reichen Witwe Ranjewskaja, die gerade aus Paris angekommen ist und ihre verlorene Kindheit auf dem Lande sucht. Der Landadel ist runtergekommen, ein Nachkomme ihrer Leibeigenen wird das Gut kaufen, die Bäume fällen und Datschen drauf bauen.

Kommt auf der Bühne ja oft sehr elegisch daher, kann man aber auch mal politisch rangehen, selbst wenn Tschechow kurz vor seinem Tod 1904 von der Revolution 13 Jahre später noch nichts wissen konnte. Die Spielzeit stand ja unter dem Motto „Machtspiele". Schließlich schaute die Stadt gespannt auf die Wahl im Mai, bei der die Verhältnisse im Parlament durcheinandergewirbelt werden konnten. Da durfte dann auch ein Tschechow kurz vor Ostern gerne mal aktuell sein. Ja, jetzt erinnerte Beck sich wieder. Bloß hatte der Regisseur von diesem Plan der Direktion entweder nie etwas gehört, oder es hatte ihn nicht interessiert.

Kurt Fels hatte seine Lehrjahre an den Berliner Bühnen der Achtziger verbracht, und so sah sein „Kirschgarten" heute noch so aus, wie man sich das damals gerne vorstellte: Herren in cremefarbenen Stoffhosen und eine Hausherrin mit breitkrempigem Hut, Federn und Schleier; vorne ein Berg von Reisekoffern neben Salonmöbeln mit Flicken; auf einem Beistelltisch ein dampfender Samowar; an der linken Seite ein Miniaturbirkenwäldchen; hinten Wände mit vergilbten Tapeten und halb offenen Lamellentüren, hinter denen ein von innen lichtdurchflutetes Kirschblütenmeer aufragte, mit Zweigen, die durch die Ritzen drängten. Diese Schönheit würde untergehen, deshalb klang Lopachin, der das Gut gerade gekauft hatte, auch so kläglich, als Beck erwacht war.

Kaum war der Kritiker der „Neuen Post" wieder einigermaßen bei sich, wurde es dunkel. Es musste das Ende des dritten Akts sein, der vierte sollte noch folgen. Verzweifelt forschte Beck in seinen Erinnerungen. Da waren nur die ersten Szenen von Andrejewnas Ankunft. Hatte er wirklich drei Akte verpennt? Wie sollte er über diesen Abend schreiben? Als es auf der Bühne erneut hell wurde, schaute Beck sich verstohlen um. Wer hatte gemerkt, dass er wieder auf Wache weggetreten war? Die Antwort überraschte ihn: niemand! Um ihn herum überall Theaterschläfer mit offenem Mund, zur Seite gefallenem Kopf. Hier blinzelte einer, da wurde leise geröchelt. Rund um seinen Stammplatz Nummer 75 schien alles wie im Dornröschenschlaf, erst am Ende seiner siebten Reihe sah er, dass ein Mann angestrengt nach vorne gebeugt war und sich die Schläfen massierte. Eine Reihe weiter vorne schien sich eine Frau die Augen zu reiben. Beck blickte über die linke Schulter.

Er wusste, wo der Schauspieldirektor saß, sein Blick tastete im Halbdunkel die neunte Reihe ab, dann sah er Bernd Huber: Er war in seinen Sitz gesackt, sein Kopf war zur Seite gefallen und lehnte an der Seite des Chefdramaturgen, dessen Augen ebenfalls geschlossen waren. Beck kniff sich in die Nase, um zu prüfen, dass er nicht immer noch träumte. So sehr ihm selbst der Kreislauf wegsackte, wenn die Kunst ihn wieder mal müde machte, hatte er doch noch nie solch seuchenartiges Auftreten von Narkolepsie im Stadttheater erlebt. Stets schien es ihm, dass alle wachten außer ihm und alle merken mussten, dass er schlief. Das war sein steter Horror. Und nun dies.

Gut, Tschechow hatte ein Stück fast ohne Handlung und mit mehr als elf Dutzend Pausen geschrieben, und Kurt Fels hatte bestimmt noch einige dazu erfunden. Dafür gönnte er dem Publikum aber auch keine Pause, um Luft zu schnappen. Wenn die lebensmürben Russen also nicht gerade gemütskrank schwiegen, dann übten sie sich mit wohltemperiertem Wehklagen in geziertem Weltschmerz. Vorne war Lopachin gerade dabei, sich zu verabschieden, doch er schien es dabei nicht eilig zu haben: „Also, leb wohl mein Freund. Es ist Zeit, wir müssen fahren. Wir rümpfen einer über den anderen die Nase, doch das Leben, das geht weiter.“ Er sprach, als wäre er selbst angesteckt von der Schlafkrankheit, die im Parkett grassierte.

Beck spürte, wie er erneut dämmrig wurde, da wehte er ihm wieder in die Nase, dieser ermattend angenehme

Geruch. Wie in der Sauna. Unter den Sitzen hatte das Produktionsteam Säckchen mit Zirbenholzspänen verteilt, die mit ätherischen Lösungen getränkt waren: Tannennadel, Zitrone, Lavendel. Das Publikum sollte die Natur, deren Kahlschlag am Ende folgen würde, olfaktorisch wahrnehmen, den Kirschgarten unbewusst einatmen und später an der frischen Luft seinen Untergang als sinnlichen Verlust spüren. Kurt Fels war offenbar auf dem Esoteriktrip.

Beck erinnerte sich daran, dass es ihm den Atem verschlagen hatte, als sie reingekommen waren. Aber man gewöhnte sich erstaunlich schnell an diese penetranten Aromen, die offenbar derart beruhigend waren, dass nur das Ensemble einigermaßen wach durch das Stück kam. Zwar schien es ihm, als hätte kaum jemand im Saal viel mehr von dem mitgekriegt, was sich auf der Bühne getan hatte, dennoch wusste Beck nicht, was er morgen in der „Neuen Post" schreiben sollte. Eine Fantasie über Tschechows Traumspiel? Vielleicht war Paula länger wach gewesen, konnte ihm Tipps geben. Er drehte sich um und sah, dass sie den Kopf schräg nach links gekippt hatte, ihr Schlund stand weit offen, ein Spuckefaden wehte wie Spinngewebe im schwachen Atemwind. Die Lippen waren nachlässig rot nachgezogen, dennoch trocken und rissig. Paula zischte leise wie ein Teekessel, er sah ihre belegte Zunge und konnte ihre Plomben zählen. Zunächst fasziniert von diesem Anblick, durchzuckte es ihn plötzlich, dass so, wie sie jetzt in ihrem Sitz hing, sonst wohl er ihr erschien. War das seine typische Arbeitshaltung?

Beck kam nicht dazu, über diesem Gedanken tiefere Selbstzweifel zu entwickeln. Auf der Bühne zahlte der Gutsbesitzer Piscik dem Kaufmann gerade 400 Rubel Schulden zurück. „Das ist ja wie im Traum", sagte Lopachin, da hob Lärm an. Die ganze Zeit schon hatte man leise Axthiebe gehört, die vom Fällen der Kirschbäume kündeten. Nun kam knatternder Krach direkt von hinter der Kulisse. Erst eine, dann zwei, schließlich drei Motorkettensägen brüllten los, Abgasschwaden zogen über die Reihen. Vorbei war es mit dem Tschechowschlummer, ein großer Schreck fuhr ins Parkett. Beck sah mit Vergnügen, wie um ihn herum die Besucher hochfuhren, einige schüttelten sich, und alle starrten völlig konsterniert auf die Szene. Die Schauspieler sprachen ungerührt weiter, nur verstand man nun kein Wort mehr. Was für ein Erwachen! Paula kiekste kurz, als sie zu sich kam.

„Herrje, hab ich mich erschreckt. Was ist passiert? Hab ich geschlafen? Warum hast Du mich nicht geweckt?"

„Ach, Paula, dass ich sowas mal von Dir hören darf. Das ist doch mein Text", sagte Beck und freute sich über dieses Dornröschen-Theater, das alle hatte so fest schlafen lassen, dass er sich mal nicht als der letzte Penner im Parkett fühlen musste.

Auf der Bühne gingen derweil Tschechows Russen nach und nach mit ihren Koffern ab, der Gestank von verbranntem Benzin und Motoröl wurde beißend. Als nur noch der alte Diener Fis, den seine Herrschaften vergessen hatten, auf der Bühne war, drangen die Sägen von hinten durch die Kulissenwände, schnitten das Gut auf, legten den Blick frei auf gefällte Bäume. Zwei Bühnenarbeiter kamen mit einem Betonmischer an die Rampe, warfen dem greisen Faktotum eine Warnweste um, drückten ihm eine orangefarbene Mütze auf den Kopf und eine Schaufel in die Hand, dass Fis aussah wie der Polier auf der Kirschgartenbaustelle. Der Eiserne Vorhang senkte sich unter Geklingel, Warnlichter blinkten, die Motorsägen heulten noch einmal auf, dann schloss sich die Wand vor der Bühne, „Baustelle, betreten verboten" war dort als Projektion zu lesen. Erst wurde es ganz dunkel, dann ganz still.

Das Premierenpublikum wusste offenbar nicht recht, was es davon zu halten hatte. Wie auch, wenn kaum einer wacht? Der Applaus plätscherte ratlos dahin, und Beck war sehr zufrieden mit sich, weil er sich sicher war, den interessanten Teil gesehen und den langweiligen verschlafen zu haben. Irgendwas würde ihm schon dazu einfallen, dachte er, als er mit Paula hinausging, die wiederum sowohl von der Kettensägenkakofonie wie von ihrem pflichtvergessenen Tschechowschlaf noch ganz überrumpelt war. „Was ist denn bloß passiert? Es tut mir so leid. Warum war ich weggetreten? Und was war das jetzt für ein Radau am Ende? Ich versteh das nicht."

„Nicht so schlimm. Ich versteh im Theater auch nicht alles. Komm, ich fahr Dich nach Hause." Beck wunderte sich selbst ein wenig über seine gute Laune, hing noch mal den Gedanken an seinen Theatertraum nach: Intendantenputsch, Hühnerschlachtung, Abonnentenaufstand, Aktionstheaterterror – da war was los gewesen, sowas müsste er mal rezensieren. Aber je mehr er den Bildern nachhing, desto stärker verblassten sie. Draußen im Foyer erblickte er Jakob Oswald mit grüner Bauchbinde, samtener Pluderhose, weinroter Kurzjacke und Goldbrokatpantoffeln. Es fehlte nur der Sack über seinem Kopf. Beck stutzte, drehte sich suchend um, aber Geraldine Monvalle war nirgends zu sehen. Nur die Pressemappe in seiner Hand war ihm aus seinem Traum geblieben. Beck blieb kurz stehen, wandte sich von Paula ab, öffnete den Deckel vorsichtig und einen Spalt breit, als könne ein böser Geist entweichen. Seine Kritik aus der „Neuen Post" von übermorgen war nicht zu sehen. Schade eigentlich.

3 Beck fühlte sich mies. Wie eigentlich immer in der Frühe. Beim Erwachen knirschte sein Kopf, es zog viehisch vom Gesäß zur linken Kniekehle, die ersten Schritte aus dem Bett fühlten sich an, als wäre der Schlafzimmerboden eine wabbelige Luftmatratze. Die Dürre im Mund hatte ihn an den Schreibtisch getrieben, doch die Flasche war leer, den Roten aus dem Périgord hatte er am Vorabend restlos vernichtet. Immerhin fand sich noch ein kräftiger Schluck Silvaner im Kühlschrank. Als auch diese Ration aufgebraucht war, atmete er tief durch, stieß leise auf, besann sich auf das, was er vor dem Zubettgehen noch getan hatte. Auf dem Weg zurück zum Schreibtisch, über fünf Weinkisten hinweg, klärte sich sein Geist, und sein Gemüt hellte sich auf.

Eingewickelt in seinen Morgenmantel, las Beck noch einmal seine „Kirschgarten"-Kritik und wurde Satz für Satz immer zufriedener mit sich. Nicht dass es eine

Theaterbesprechung gewesen wäre, wie man sie hätte erwarten sollen. Es war eine Hymne auf das Kunstnickerchen, eine Klage wider die Ruhestörung durch die Regie. So ein großstädtischer Verriss, kurz und übellaunig, wie man ihn in einer kleinen Zeitung über ein kleines Theater sonst nicht verfassen würde. „Im Schlafwagen zu Tschechow" lautete seine Überschrift über eine Betrachtung zu Melancholie und Ennui als Heilmittel gegen den Stress unserer Tage. Eigentlich hatte er mehr den Dämmerzustand des Publikums rezensiert als die Aufführung, an die er ja selbst nur nebulöse Erinnerungen hatte. Aber wenn es um Theaterschlaf ging, dann machte Justus Beck eben keiner was vor, weshalb er sich nach dem kollektiven Dusel der Premiere zu solch einer Satire berechtigt fühlte, nachdem endlich einmal er es war, der das Publikum beim Pennen erwischt hatte. Und vor allem die Schauspielleitung. Das hatte ihn mutig gemacht, ja verwegen. Er forderte Liegesitze mit Massagefunktion gegen das unbequeme Regietheater, Augenklappen für Abonnenten, die auf der Bühne schon alles gesehen hatten, und russisches Valium von Dr. T. für alle. Aber ob sie das bei der „Neuen Post" drucken würden?

Beck wollte es drauf ankommen lassen. Er fuhr den Rechner hoch, räumte Papiere von der Tastatur. Der Bericht des Kardiologen kam ihm dabei in die Finger. Herzinsuffizienz, Tachykardien, Betablocker. Ja, er sollte mal wieder Blutdrucksenker gegen seinen immer wieder stolpernd jagenden Puls nehmen. Leider machten die Tabletten ihn noch schlapper, als er ohnehin schon war, weil etwas mit seiner Atmung im Schlaf nicht stimmte. Und mit seinem Rücken auch nicht, der ihn selbst nachts schmerzte und aufwachen ließ. Eigentlich hätte er auch noch zum HNO und zum Orthopäden gehen müssen, aber Beck hatte wenig Lust darauf, seine Tage in Wartezimmern zu verbringen. Also kramte er in der Schreibtischschublade: Wo war das Euthyrox? Beck fand den Tablettenstreifen unter einem Textmarker, drückte eine raus, fummelte noch ein Paracetamol aus einer zerknautschten Packung, schluckte die Tabletten und suchte nach einem Trank zum runterspülen.

Unterm Schreibtisch standen noch drei Flaschen. Wenn Paula das sieht, dachte Beck. Er musste dringend aufräumen, bevor sie kam und ihm die Hölle heiß machte. Er hob jede einzelne Flasche an, schüttelte – und tatsächlich: Vom argentinischen Malbec war noch eine Pfütze übrig. Beck stürzte seine Medizin herunter und klapperte in die Tastatur. Der Kardiologe hatte ihm von Alkohol abgeraten. Gut gemeint, aber für jemanden, der ein Weinkontor führt, schlecht zu machen. Obwohl Becks Laden unten am Eck ja nun eher eine Paketstation für im Internet bestellte Kisten voller Flaschen war. Dennoch fühlte er sich dafür verantwortlich, alles, was an Sonderangeboten nicht verkauft wurde, persönlich aufzubrauchen. Bei ihm wurde nichts weggeschüttet. Das war eine gute Einstellung, um dem Trinken einen Sinn zu geben, der immun machte gegen jeden ärztlichen Rat.

Gestärkt vom Frühstück mit Pillen und Weinresten, lud Beck seine Kritik, die keine war, hoch und drückte auf „Senden". Im selben Augenblick aber wusste er, dass er seiner Mail hinterherfahren musste. Besser, er schaute noch mal in der Redaktion vorbei und erklärte, was er sich bei seinem Artikel gedacht hatte. Er warf den Morgenmantel ab, schlurfte ins Bad, beugte sich übers Becken und spritzte Wasser aus dem Hahn über seine Augen. Als er sich wieder aufrichtete, schaute ihn ein müder Mann mit hängenden Tränensäcken und schlaffen Backen an. Die schütteren Strähnen hingen tropfend in die Stirn, das Barthaar bildete struppige Nester, wo er zwei Tage zuvor vergessen hatte drüberzubarbieren. Dieser Mann müsste dringend rasiert und frisiert werden, dachte sich Beck, wischte dem Fremden im Spiegel noch eine Handvoll Wasser über den Scheitel und beschloss, dass es nun aber schick genug sei. Solange er Paula nicht über den Weg lief, glaubte er, sich solch klitzekleinen Nachlässigkeiten erlauben zu können, warf den Morgenmantel ab, zog die Hose vom Vorabend an, die noch über einem Küchenstuhl lag, ein Hemd drüber und rein in die Jacke.

Nur die halb verschnürten Schuhe wehrten sich, als Beck mit nackten Füßen aufrecht hineinstocherte, weil sein Hinterteil zu sehr schmerzte, als dass er sich hätte bücken mögen. Schnell verlor er die Geduld, stampfte auf, der rechte Schuh gab den Widerstand auf, eine lose Diele unter dem zerschlissenen Teppichläufer knurrte zustimmend. Der linke Schuh wollte nicht mitspielen. Unwirsch drängte Beck aus dem Flur, zog die Tür hinter sich zu, stapfte leise schimpfend die Treppe hinunter und versuchte, bei jedem Schritt die Ferse in den Schaft zu hämmern, was aber nur dazu führte, dass er den Halbschuh zum Pantoffel deformierte und das hölzerne Stiegenhaus noch lauter ächzte als sonst. Unten angekommen, musste er sich doch bücken, mit dem linken Zeigefinger wie mit einem Schuhlöffel dem Fuß Platz schaffen. Ächzend erhob er sich. Nun taten ihm links das Bein und die Hand weh. Dieser Tag musste sich noch viel Mühe geben, wenn Beck ihn nicht jetzt schon aufgeben sollte.

4 Der Weg zu seinem Wagen war heute nicht weit. Nach dem Theater hatte er bei der Bäckerei an der Ecke seinen Stammplatz gekriegt, was ihn vor allem abends zuverlässig in gehobene Stimmung versetzte. Sein Stammplatz war nämlich sehr beliebt, obwohl es gar kein richtiger Parkplatz war. Man konnte dort schon mal einen Strafzettel kriegen. Drei, vier kalkulierte Beck im Monat ein, was immer noch billiger war, als eine Garage zu mieten, die deutlich weiter weg gewesen wäre. Zumal die Garagen auch immer teurer wurden, seit die Stadtregierung mit einem Vergrämungsprogramm gegen Individualverkehr im Viertel ernst machte. Wo kein Poller stand, lagen Wackersteine, wo keine Einfahrt war, gab es Sperrflächen, wo früher in der zweiten Reihe geparkt wurde, war jetzt eine Radlerspur, und die letzten Nischen hatten Carsharing-Stationen besetzt.

Umso größer Becks Triumph vor der Backstube. Als er das brezelförmige Ladenschild vor sich auftauchen sah, blieb er mit einem Ruck stehen. Damit hatte er nicht gerechnet: Sein Wagen konnte fliegen. Er schwebte neben der Brezel, pendelte leicht von links nach rechts und zurück. Beck sah, dass der Auspuff an Mittel- und Endtopf stark korrodiert war, auch an den Radkästen konnte er dem Rost beim Nagen zuschauen. Er hatte das schon immer mal prüfen lassen wollen, doch jetzt bekam er eine kostenlosen Vorführung des Unterbodens, der Rest aber würde teuer werden, denn sein Saab 900 hing am Kran eines Abschleppwagens.

„Halt, was machen Sie denn da?" Er klang verzweifelt, denn die Antwort kannte er ja längst. Links und rechts machten gerade ein Golf und eine C-Klasse ähnliche Flugübungen wie sein alter Schwede.

„Holen Sie meinen Wagen da wieder runter."

„Das wird teuer, guter Mann", sagte der Kranführer mit der Warnweste. „Jetzt zahlen, dann gleich wegfahren. Das Ordnungsamt versteht keinen Spaß mehr, die rufen uns jetzt rund um die Uhr. Ich muss schon Sonderschichten einplanen."

Beck überlegte, ob er dem Abschleppunternehmer sein Beileid aussprechen sollte, während er sein Auto für einen Preis auslöste, zu dem er zwei Monate lang die teuerste Garage in der Gegend hätten haben können.

Sanft, aber dennoch ächzend setzte der schwebende Schwede auf. Beck zog die Fahrertür mit einem Knarren auf, ließ sich langsam in seinen ausgeleierten Sitz sinken, während er unter und hinter sich Kissen verschob, die ihm das Fahren erträglich machen sollten. So einen Kran, der ihn sanft ablässt, konnte er auch gebrauchen, dachte sich Beck, als der Mann vom Abschleppdienst die Sicherungsseile löste. Er musste einen schnellen Schritt zur Seite machen, denn Beck fuhr ohne Vorwarnung los. Er hatte genug gezahlt und zu viel Zeit verloren, dachte er, da mochte er nicht mehr nett sein. Die Welt war heute auch nicht nett zu ihm. Im Rückspiegel hätte er sehen können, wie der Mann mit den Seilen in

der Hand hinter ihm her schimpfte, aber Beck schaute
nur noch nach vorn. Auf ins Gewerbegebiet, zur Redaktion der „Neuen Post". Dort gab es keine Parkplatzprob-
leme. Er würde wieder auf einer Stellfläche halten, die
für die Geschäftsleitung reserviert war. Das klappte seit
Jahren gut. Er war ja auch immer nur kurz im Haus.

Diesmal aber kam Beck nicht mal auf den Hof. Die
Schranke, die sonst immer oben stand, war unten. Und
dort, wo sonst mittags nur ein Dutzend Wagen parkten,
war alles voll mit Fahrzeugen der gehobenen Preisklas-
se, viele mit getönten Scheiben. Beck schaute in den
Rückspiegel, auch die Straße war zugeparkt. Beck stieß
zurück, fuhr einmal um den Block der „Neuen Post",
dann weiter und weiter, vorbei am Reifenhändler und
dem Hochregallager, dem Outlet Store für Sportartikel
und dem Fuhrpark des Paketdienstes. Fast wollte er
schon zum Gartenmarkt steuern, wo man mit Parkschei-
be eine Stunde halten konnte, bevor ein privates Knöll-
chenkonsortium mit ihm Geld verdienen konnte. Da
erspähte er eine Lücke, die groß genug war, dass sein
alter Dicker sich Stoßstange an Stoßstange hineindrü-
cken konnte. Als Beck endlich eingeparkt und sich aus
dem Sitz gedrückt hatte, sah er, dass er sich diese Fahrt
hätte sparen können. Gegenüber lag der Werkhof des
Abschleppunternehmens. Jener Golf, der auch eben erst
das Fliegen gelernt hatte, fuhr gerade huckepack an
Beck vorbei. Unauffällig schaute er sich um, ob irgendwo eine Kamera versteckt war, die sein Elend filmte.
Dann machte er sich zu Fuß auf den Weg in die Redaktion.

5 Überall Autos, aber keine Menschen. Rund um das Verlagshaus fand Beck auch jetzt noch nicht die kleinste Lücke, doch als er den vollgeparkten Hof durchquert, den Lieferanteneingang genommen hatte und außer Atem zur Redaktion emporstieg, tat sich das Großraumbüro vor ihm scheinbar völlig leer auf. Der Glaskasten, in dem der ehrgeizige Nachrichtenchef Kevin Jung residierte und sein Team am Newsdesk beobachtete, war mit Jalousien verhängt, seit „Eicon", wie er sich nannte, bei der jüngsten Blattreform krachend gescheitert war. Das Kürzel stand für Editor in Chief Online and News und deutete in aller Bescheidenheit an, dass Jung sich für eine Ikone des Journalismus hielt. Seine Mannschaft am Newsdesk machte daraus „Ei, komm". Und seit die Jalousien unten waren, angeblich weil der Chef an einem publizistischen Masterplan für die Kommunalwahl arbeitete, sprachen sie am Newsdesk nur noch über „Kevin allein zuhaus". Jetzt aber schien auch Kevin nicht daheim zu sein. Seine Büro-Box war dunkel.

Was war denn hier los? Tabula rasa an einem Freitagmittag? Beck ging um den Glaskasten herum und entdeckte ganz am Ende des langen Schreibtischtraktes Sigrid Huxhorn, die alte Sekretärin, die er noch aus fernen Zeiten als Kulturredakteur der „Post" kannte. Claudia Bernecker, die Ein-Frau Redaktion für alles, was man „Freizeit" nennen konnte, war nicht zu sehen. Im Näherkommen winkte Beck.

„Hallo. Sigrid. Wieso ist hier denn niemand?"

„Bin ich niemand?"

„Nein, Du bist die Beste. Weißt Du doch."

„Du kriegst aber mal wieder gar nix mit. Oder?"

Beck hatte ihren Tisch erreicht, an dem sie vor einer aufgeschlagenen Zeitschrift mit Heiratsanzeigen europäischer Königshäuser und einer Tasse Kaffee saß.

„Ich sehe nur, dass Du hier Stallwache hast."

„Mensch, Beck, heute ist doch auf dem Festplatz Pressekonferenz mit dem Verleger. Das Sponsoringprojekt! Das neue Stadion! Schon vergessen? Oder kriegst Du im Theater von sowas wirklich nichts mit."

Stimmt, da war was. Beck besann sich: Der lokale Fußballverein Viktoria, der in den Siebzigern mal kurz in der zweiten Liga war, siegte seit mehr als einem Jahr unaufhaltsam. Nur war der Städtische Sportpark, der im Volksmund „Schnakenloch" hieß, weil er in einem ehemaligen Sumpfgebiet lag, längst marode. Die „Neue Post" hatte in einem Bericht über die katastrophalen Sanitäranlagen von der „Legionellen-Lagune" geschrieben und dass man „den Sumpf austrocknen" müsse. Der immer noch feuchte Grund hatte die Tribünen vermodern lassen, und die Stadtverwaltung hatte erst tatenlos zugesehen, dann Teile des Stadions abgesperrt. Viele Sitzbänke waren ja morsch, die teilweise überwucherten Stehplätze erinnerten an einen Steinbruch, in den Kabinen furchten Setzrisse die Wände, das warme Wasser blubberte leicht bräunlich aus den Brausen. Das galt bei Traditionalisten als Kult, hatte Beck mal gelesen, ohne es zu verstehen.

„Die Mücken", wie die Kicker in sadomasochistischer Zuneigung ihrer Fans genannt wurden, weil bei Spielen immer wieder Schwärme von Moskitos über die

Zuschauer herfielen, waren jahrelang in die Niederungen des Bezirksfußballs abgeschwirrt. Man musste schon völlig schmerzfrei sein, um sich das Wochenende für Wochenende anzutun. Aber, wer Moskitos mochte, den juckte es eben auch, schlechten Sport anzuschauen, sagte sich der Theaterkritiker, der immer sofort wegschaltete, wenn im Fernsehen Fußball lief. Oft schaltete er deswegen gar nicht erst ein.

Nicht auszudenken, wenn die Viktoria aufsteigen würde, dann kämen sie in die „Sportschau". Bloß das nicht. Die Stadt war ja jetzt schon ganz verrückt. Und vorne dabei: Die Geschäftsleitung der „Neuen Post", die unbedingt als Premiumsponsor auf die Trikots wollte. Der Chef des Sport-Ressorts hatte zwar vehement dagegen gewettert, weil er doch professionelle Distanz wahren müsse. Und der Betriebsrat hatte gemurrt, weil Azubis und Volontäre nicht übernommen wurden, aber jetzt Geld für Trikotwerbung rausgeworfen werden sollte. Beim Verleger kam beides nicht gut an. Die Belegschaft solle aus den Mücken keinen Elefanten machen, hieß es lapidar. Ende der Diskussion.

Und heute wurde die strategische Partnerschaft also auf dem Festplatz verkündet. Beck hatte es gelesen und sofort wieder vergessen. Die Anhänger fanden das mit dem neuen Sponsor gar nicht so schlecht, denn die „Neue Post" würde die Firma Merkur-Pharma ablösen, deren Hauptprodukt das Insektenmittel Contra-Summ war, was bei den Mücken-Fans überhaupt nicht gut angekommen war. Ebenfalls umstritten war die Frage, wo die Viktoria künftig spielen solle. Es gab Pläne, den feuchten Sportpark zu renaturieren und ein neues Stadion auf dem staubigen Festplatz zu bauen, von dem die Stadt eh nicht wusste, was sie mit ihm anfangen solle. Volksfeste wollte dort jedenfalls niemand feiern, Flohmärkte waren am Rande des Gewerbegebietes ebenso ein Flop gewesen wie Baumessen. Außer illegalen Autorennen und den Loopings von Modellfliegern war auf diesem Riesenparkplatz absolut nichts los. Und die Mückenfans zeigten auch wenig Neigung, dort heimisch werden zu wollen.

„Ach, ja, die Viktoria", seufzte Beck. „Wie konnte ich das nur vergessen."

„Tu' nicht so, als würde Dich das interessieren. Aber wir sind jetzt als Verlag ganz vorne dran. Die Geschäftsführung will sogar in den Aufsichtsrat einsteigen. Und einen Investor aus China soll es auch geben. Vielleicht trägt bald schon Messi die Neue Post auf der Brust."

„Was für ein Messias? Kenn ich nicht. Seit wann bist Du denn im Fußballfieber?"

„Ach, Beck, sei doch nicht so ein Griesgram. Endlich ist mal was los in der Stadt."

„Im Theater ist auch immer was los. Gestern etwa: Da sind bei der Vorstellung alle eingeschlafen. Deshalb bin ich eigentlich hergekommen, wollte Claudia sagen, dass ich eher eine Satire geschrieben habe. Nicht dass es bei ihr falsch ankommt."

„Ich richte es gern aus. Aber Du kannst ja auch mal rübergehen. Die Pressekonferenz muss noch laufen. Claudia ist auch dort. Mussten ja alle hingehen, alles liegen lassen, um zu zeigen, dass die Belegschaft hinter dem Projekt steht. Ursprünglich sollte die Redaktion sogar Schals und Fähnchen mitnehmen, das hat die Chefredaktion aber noch verhindert."

Klang nach einem schlimmen Schauspiel, dachte Beck. „Sehe schon, das kann ich mir nicht entgehen lassen", sagte er. „Ich schau mal, ob ich Claudia treffe. Mach's gut."

Beck war schon auf dem Weg nach draußen, da hörte er Sigrid Huxhorn hinter sich herrufen: „Und Beck: Schau mal auf Dein Hemd, da stimmt was nicht."

Er blickte an sich runter. Falsch geknöpft war es nicht. Flecken sah er auch keine, Brösel hatte er abgeklopft. Dann entdeckte er es: Er trug es linksrum. Das war ihm jetzt zu kompliziert.

„Wo Du wieder hinguckst", rief er hinter sich, zog den Reißverschluss der Jacke bis zum Hals und stapfte durch den Ausgang.

6 Der Festplatz lag am Rande des Gewerbeparks, drei Straßen vom Verlagsgelände entfernt, und auch auf dem Weg dorthin waren die Gehwege zugeparkt. Wo bald schon die Mücken kicken sollten, lag jetzt eine Schotterfläche, durch die Pflasterfahrbahnen führten. In der Mitte stand ein Podium, das weiträumig von Bauzäunen umgegeben war. Stellwände klärten darüber auf, dass hier der Grundriss des Spielfeldes abgesteckt war. An dieser Stelle sollte in wenigen Monaten in Leichtbauweise ein Fußballstadion aus Wellblech für 14000 Besucher entstehen. Dabei waren zuletzt selten mehr als vierzehnhundert ans Schnaken-

loch gekommen. Hier aber sollte es gesäßschmeichelnde Sitzschalen geben, Logen für Geschäftskunden und Rasenheizung. Platz für Parkplätze war mehr als genug da, und eine Bushaltestelle gab es auch. Musste für Fußballfans doch ideal sein, dachte sich Beck. Hier konnte der Vater mit dem Sohne samstags erst in den Heimwerkermarkt gehen und dann ins Stadion. Weit weg von der Stadt. Da störte so ein Rummel nicht.

Beck näherte sich dem Podium, vor dem mehrere hundert Zuschauer standen. Ein Partyservice hatte Zelte mit Heizpilzen aufgestellt, unter denen sich die knapp bekleideten Hostessen drängelten. Musiker einer Blas-kapelle hüpften unruhig hin- und her, um in der feucht-kalten Märzluft nicht steif zu werden. Zwei unförmige Gestalten, die aussahen wie mutierte Stubenfliegen und offenbar Moskito-Maskottchen sein sollten, wedelten mit Viktoria-Fahnen. Beck erspähte Claudia Bernecker in einer Gruppe von Redakteuren, die hinter Kevin „The Icon" Jung versammelt waren. So also sah es aus, wenn sich die Belegschaft hinter ein Projekt stellen musste. Erinnerte Beck an eine militärische Formation. Als staatlich anerkannter Kriegsdienstverweigerer hielt er instinktiv Abstand zu diesem Reporter-Regiment.

Er schlich im weiten Bogen um das Podium herum, auf dem gerade der Kulturdezernent sprach. Vor allem aber war dieser Jörg König Dezernent für Wirtschaft und Soziales, um Theater, Volkshochschule und Biblio-thek kümmerte er sich eher nebenher. Kultur war für ihn, wenn Problemkids Capoeira machten oder er den Grüßaugust am Vernissagen-Buffet geben musste. Kunst kannte er nicht, sondern bloß Sozialarbeit mit

Kasperletheater und Malkasten oder Tourismuswerbung mit Canapees und Champagner. Mit seinem Ämterzuschnitt galt König als der sichere Nachfolger des amtsmüden Oberbürgermeisters Rudi Lichtlein, der nach einer Herz-OP, zwei Stents und zehn Jahren im Amt nicht mehr kandidieren wollte. Sein Superdezernent aber wirbelte seit Jahren durch die Stadt, was die Künstler stets stöhnen ließ, denn seine kulturellen Leitbegriffe lauteten Synergie und Effizienz, weicher Standortfaktor und Umwegrentabilität. Eine Zeitung und einen Fußballklub zusammenzubringen, ein Stadion ins Gewerbegebiet zu bauen, das waren solche Ideen, für die sich Jörg König richtig begeistern konnte.

Einen Schritt hinter dem Dezernenten erspähte Beck auf dem Podium einen kleinen hageren Mann mit asiatischen Gesichtszügen und einem pechschwarzen Kurzhaarschnitt, der aussah, als hätte man die Frisur im Plastikspritzgussverfahren auf dem Kopf befestigt. Er trug eine dunkelblaue Jacke mit aufgesetzten Brusttaschen und sah aus, als müsse es noch ganze Armeen geben, die ihm aufs Haar glichen, und er war nur die Vorhut. Die Gestalt kam Beck aus einer lang vergangenen Zeit bekannt vor, und doch hatte er den Mann noch nie zuvor in der Stadt gesehen. War das der ominöse Investor aus China?

Beck versuchte aufzuschnappen, was da vorne von „Vision" und „Joint Venture", „Steilpass" und „Aufstieg für ganze Region" gesprochen wurde, da erklang eine Fistelstimme direkt vor ihm: „Sie wissen schon, dass Sie hier mitten im Strafraum stehen?" Beck senkte den Blick, trat unwillkürlich einen Schritt zurück, denn direkt unter seinem Kinn stand Gerd Ludwig Ostermann, den Kopf in Höhe seiner Brust. Wie hatte er sich vor ihn schleichen können?

„Was machen Sie denn hier?" Etwas Besseres fiel Beck nicht ein. Aber die Frage war auch berechtigt, denn Ostermann war der Kulturreferent, und hier ging es ja wohl nur um Sport und Gewerbe. „Die Frage könnte ich Ihnen auch stellen, lieber Herr Beck. Was macht denn der Theaterkritiker in diesem virtuellen Fußballstadion?", sagte das verwachsene Männlein mit den vorstehenden Augen auf einem kugelrunden Schädel, über dem eine dünne schwarze Strähne akkurat gescheitelt war. In der Kulturszene nannten alle diese Erscheinung nur „Quasi" – weil der kleine krumme Ostermann wie Quasimodo durch die Stadt humpelte, aber auch, weil er der Quasi-Kulturdezernent war. Alle Künstler, die König mit seinen neoliberalen Marketingparolen verschreckte, musste der Referent wieder besänftigen und motivieren. Darin war er seit Jahren unübertroffener Meister.

„War eigentlich auf der Suche nach meiner Redaktion", sagte Beck.

„Steht stramm vor dem Podium."

„Hab ich schon gesehen. Wollte nur noch was wegen meiner Kirschgarten-Kritik absprechen."

„Sie haben ja auch so schön geschlafen."

Als er das hörte, durchzuckte es Beck wie beim Griff mit nassen Fingern in die Steckdose.

„Sie waren ja schon am Ende des ersten Aktes weggetreten. Aber, machen Sie sich nichts daraus, der Schauspieldirektor ist fünf Minuten nach Ihnen eingedöst."

Beck spürte Panik und Verzweiflung in sich aufsteigen: „Ich hab Sie in der Vorstellung gar nicht gesehen."

„Sie haben ja auch geschlafen. Nein, im Ernst. Man übersieht mich leicht. Bin ja nicht der Größte. Und Sie waren ja auch in guter Gesellschaft. Außer mir hat kaum mehr einer die Augen aufgehabt. Und – ganz im Vertrauen – es war ja auch ein mühsamer Abend. Dann noch völlig überheizt und diese ätherischen Öle aus den Duftsäckchen! Da hätte der packendste Psychothriller laufen können, und die Zuschauer wären weggetreten. Naja, so hatte ich Zeit, mir den Schlaf der Anderen anzuschauen. Auch mal eine interessante Erfahrung."

Beck war das Gespräch unangenehm, und er wollte weg, doch Ostermann kam gerade erst in Fahrt.

„Wir sind hier übrigens beide ganz richtig. Es geht nämlich nicht nur um das Stadion und den Festplatz. König will eine ganz große Publicitynummer, wenn die Mücken aufsteigen. Eine Gala mit Musical, hier auf dem Gelände. Die Neue Post steigt mit einer Artikel-Serie und einer Sonderbeilage massiv ein."

„Oh, weiß ich noch gar nichts davon."

„Ist ja auch noch geheim. Behalten Sie es für sich, am Montag geht die Einladung zur Pressekonferenz raus. Das Stadttheater wird die Produktion kurzfristig stemmen. In den Theaterferien, mit ganz vielen Gästen.

Der Intendant war ja dagegen, aber ich hab gute Kontakte zu Herrn Emig. Das wissen Sie ja."

Chefdramaturg Torsten Emig war seit zwei Jahren am Haus, galt als eigentlicher Schauspieldirektor und möglicher Nachfolger des Intendanten, dabei wurden ihm auch kommunalpolitische Ambitionen nachgesagt. Es hatte in der „Neuen Post" schon Kommentare des bekennenden Kulturbanausen Kevin Jung gegeben, die ihn als kommenden Kulturdezernenten nannten. Für einen Strippenzieher wie Gerd Ludwig Ostermann war der ambitionierte Chefdramaturg denn auch ein wichtiger Anspielpartner, wenn es darum ging, Königs Vorgaben künstlerisch durchzusetzen. Der Referent schien zufrieden mit seinem strategischen Arrangement: „Ist ja auch spannend, was das Theater jetzt so alles vorhat. Nicht nur das Mücken-Musical. Auch die nächste Premiere in der Kunsthalle. Was meinen Sie, wie lang ich den Direktor bearbeiten musste."

„Hatte mich schon gewundert, wo ich ihn doch nie im Theater sehe, und dann holt er das Theater in sein Haus."

Eduard Pasblanc hatte bei Premieren den Sitz in der Reihe vor Beck, doch er ließ seinen Platz seit Jahren demonstrativ leer. Mit diesen lauten, zappeligen Schauspielern wollte er nichts zu tun haben. Pasblanc verehrte die monochrome Ruhe informeller Farbfelder und den schicken Oberflächenkitsch der italienischen Postmoderne.

„Von wegen", sagte Ostermann. „Der liebe Pasblanc wollte gar nicht. Er musste! Dass sich da irgendein Regisseur vor seinen Bilder produzieren darf, schmeckt ihm kein bisschen. Aber als ich mit ihm mal seinen Haushalt fürs nächste Jahr durchgegangen bin, hatte er dann nichts mehr dagegen. Macbeth in der Kunsthalle. Das wird wild. Ich freu mich schon. Da sehen wir uns ja gleich wieder."

„Ja, da bin ich auch. Diese Vorgeschichte kannte ich gar nicht."

„Wie auch? Vergessen Sie es gleich wieder. Wird ein spannender Abend. Ich muss leider weiter. Mit ihrem Herrn Jung reden, der ist ja auch immer ganz eifrig, wenn es um neue Projekte geht."

Ostermann griff Becks schlaffe Rechte, schüttelte, ließ sie wieder fallen, drehte ab und hinterließ einen konsternierten Kritiker. Er musste sofort nochmal in die Redaktion. Jetzt, da alle noch auf dem Festplatz herumstanden. Seine Satire zum „Kirschgarten" durfte so nicht erscheinen. Beck hatte keine Lust, dass Ostermann ihm wegen seines Theaterschlafs eines Tages am Zeug flicken konnte. Als er die beiden Stubenfliegen mit den Mücken-Fähnchen passierte, begann im Hintergrund die Blasmusik zu spielen, und Hostessen zogen mit Tabletten voller Sektkelche und Fingerfood durch die Menge.

Zweiter Aufzug: Macbeth

1 Es war ein trüber Tag, doch stand die Sonne längst nicht mehr so tief, dass die Wohnung im vierten Stock nicht hätte bis in den letzten Winkel ausgeleuchtet sein können. Drinnen aber war es duster, Beck hatte die schweren Vorhänge zugezogen, und nur die Schreibtischlampe funzelte in der selbst gewählten Mittagsdämmerung. Schwacher Lichtschein legte gnädig einen Schleier über die Weinkartons, die überall herumstanden: rund um die Sitzgarnitur und auch auf dem Sofa, auf der Arbeitsfläche in der Küche, in der Diele neben der Eingangstür, sogar vor dem Bett und vor allem in Julianes Zimmer.

Beck saß abgewandt von diesem Warenlager am Schreibtisch. Im Bergwerk, das in seinen Schädel getrieben worden war, rumorte es, als würden gerade mal wieder Löcher für die Dynamitstangen gebohrt. Beck hörte es kommen, wollte schon seit Stunden die Sprengungen in seinem Kopf verhindern, doch die Tabletten zeigten noch immer keine Wirkung. Das Haupt auf die Hände gebeugt, massierte er mit Zeige- und Mittelfingern seine Schläfen. Das waren nicht die zwei Flaschen apulischer Primitivo und der Rest Asti Spumante, es war die Botschaft eines Briefes, die da hämmerte. Schon am Vortag hatte er ihn aus der Post geholt, doch als er den Hamburger Absender „Wein und Wahrheit" sah, musste er sich erst an die Lektüre herantrinken:

Sehr geehrter Herr Beck,

der Umsatz Ihrer Filiale ist in den vergangenen Monaten auf niedrigem Niveau um fast 40 Prozent zurückgegangen. Zudem erreichten uns mehrere Beschwerden von Kunden, die ihre Lieferungen gar nicht, nur teilweise oder verspätet erhielten. Die Zufriedenheit unserer Kunden aber ist unser höchstes Gut.

Vorbehaltlich einer Aufkündigung unseres Geschäftsverhältnisses erwarten wir tadellosen Kundendienst und eine deutliche Belebung des Umsatzes. In den kommenden Tagen wird sich einer unserer Außendienstmitarbeiter in dieser Sache mit Ihnen in Verbindung setzen und Strategien entwickeln, um eine Lösung der derzeit für uns unbefriedigenden Situation herbeizuführen. Wir bitten Sie in dieser Angelegenheit um uneingeschränkte Zusammenarbeit.

Mit freundlichen Grüßen

Ihre i.vive-Geschäftsführung / Franchise Relations

Das war das Aus. Daran hatte Beck keinen Zweifel. Jahrelang hatte er einen kleinen Laden der Kette „In vino veritas" geführt, bis die Firma ihr Geschäft zu großen Teilen ins Internet verlagerte. Den Laden in der Innenstadt hatte er damals aufgegeben, dafür hier im Erdgeschoss, in einem ehemaligen Blumenladen am Eck, eine Weinpaketstation aufgemacht: Im Netz bestellen, bei Beck abholen und noch die neuen Sonderangebote probieren. Das hatte anfangs ganz gut geklappt, aber die Verwaltung all der Weinpakete, die per Spedition im Hof abgestellt wurden, überforderte ihn zusehends. Im Laden gab es kaum Stauraum, und so verstreute er die Kartons im Keller und vor allem in seiner Wohnung, wo er die Übersicht verlor. Ein Praktikant aus der Redaktion der „Neuen Post" hatte ihm vor über einem Jahr zwar mal den Laden perfekt geordnet, doch dieses System hatte Beck nie verstanden und sein eigenes war ihm seither ganz und gar entglitten. So türmten sich die Kartons in der Wohnung und waren meist nicht im Laden, wenn die Kunden kamen. Schon rein körperlich überforderte ihn die Schlepperei, und schlimmer noch ging ihm die keifende Kundschaft an die Nerven.

Er sah sich um. Im Wohnzimmer war kein Platz mehr, wo man sich hätte setzen können. Zwischen den Kartons gab es zwar Laufwege, auf denen aber leere Flaschen standen und lagen. Und heute wollte Paula wieder durchwischen. Sie war ein paar Tage bei ihrer Schwester gewesen, und ihm war es gelungen, in der kurzen Zeit maximale Unordnung zu schaffen. Im Wein war Wahrheit, und diese Wahrheit war nun nicht mehr zu übersehen. Er musste dringend aufräumen, damit sie aufräumen konnte. Nur wohin mit dem Altglas? Beck klaubte zwei Flaschen vom Schreibtisch und stellte sie auf den Couchtisch, wo schon drei andere Flaschen warteten. Auch auf der Fensterbank: ein leerer Sauvignon und ein halb voller Rose aus dem Languedoc. Erst mal ausschütten. Beck klemmte sich das Altglas unter die Arme, ging in die Küche und stieß an der Spüle auf eine ganze Buddel-Batterie. So hatte das keinen Sinn. Den Unrat immer nur von einer Ecke in die andere räumen, das brachte nichts. Mit hängenden Schultern stand er da, bis ihm ein Gedanke neue Spannkraft verlieh. Beck griff sich zwei Flaschen, ging wieder ins Wohnzimmer, ließ sich mühsam auf die Knie herab, stützte sich mit den Händen an den Flaschenhälsen ab und spähte unter das Sofa. Da war noch Platz. Und auch unterm Bett ließ sich noch was verstauen. Damit wäre erst mal Platz für Paula, und sie hätte nichts zu meckern. Der Gedanke weckte Lebensgeister in ihm, und als wäre es ein Kinderspiel, griff er sich eine Flasche nach der anderen und ließ sie klirrend unter Bett und Sofa rollen.

Jetzt noch die Kisten in Ordnung bringen, dachte er sich und schob sie mit dem Fuß zur Seite, stapelte sie in die Ecken. Dass er mittlerweile gar nicht mehr wusste, was wo stand, dass er gerade dabei war, die neuesten Lieferscheine mit immer neuen Kisten abzudecken, war ihm egal. Solange nur Paula keinen Anlass fand, an ihm rumzunörgeln. Diese Aussicht beflügelte ihn. Auch den Brief von „Wein und Wahrheit" sollte sie nicht sehen. Er schnappte das Schreiben und trug es in Julianes Zimmer, wo sich auch seine ärztlichen Bulletins stapelten. Im Büro seiner lang verstorbenen Frau aber umfing ihn eine Trauer, die tief aus dem Unterbauch aufstieg. Von der Bücherwand, die sie als Lehrerin bestückt und er bis heute nicht ausgeräumt hatte, war nicht mehr viel zu sehen, denn davor erhob sich eine Mauer aus Weinkisten. Bis vor kurzem hätte es das nicht gegeben, das hätte Juliane nicht zugelassen – die Juliane, die ihm im Geist geblieben war. Denn so lange sie schon tot war, hatte sie ihn doch nie ganz verlassen, sie war immer in der Wohnung. Beck spürte das, und manchmal sah er sie, wie sie ihn anlächelte oder ihm einen missbilligenden Blick zuwarf. Immer schwieg sie dabei, nie schien sie älter zu werden. Doch vor etwa einem Jahr war sie verschwunden. Anfangs hatte Beck gedacht, sie werde wieder auftauchen, dann zweifelte er an seinem Geistes-

zustand, weil ihm der stille Zuspruch seiner Halluzinati-
on so sehr fehlte, bis er einsah, dass seine Trauer nach
so langer Zeit einfach ihre vertraute Form verloren hatte. Die Trauer selbst aber war geblieben. Und da vermisste er Juliane nur noch mehr. Zu sehen, wie er ihr
Büro in eine Kartonhalde verwandelt hatte, zu wissen,
dass ihre stille Erscheinung ihn früher davon abgehalten
hätte, das versetzte ihm jetzt einen tiefen Stich links
unter der sechsten Rippe. Er war allein. Zeit, zum
Friedhof zu gehen.

2 Er kam zu spät, und das war gut so. Beck hatte im
kleinen Blumenladen Interesse an einem Grabge-
steck bekundet, nur um in dem Moment, als die
Verkäuferin nach dem Preis schaute, eine weiße Nelke
aus einem Eimer zu ziehen, unter seinem schwarzen
Stoffmantel zu verbergen und mit einem dahingenu-
schelten „Hab mir's anders überlegt" das Geschäft zu
verlassen. Draußen ließ er die Blume kopfüber neben
seinem Knie baumeln, während er der Aussegnungshalle entgegenstrebte. Die schmucklose Kapelle mit weiß
getünchten Wänden und verzinktem Pultdach lag unter
Birken am Hauptweg des kleinen Nordfriedhofs, von
wo weitere Wege sternförmig abgingen.

Die Zeremonie hatte schon begonnen. So war es
Beck am liebsten. Das Pult mit der Kondolenzliste für
den Abschied von Peter Posniak lag verwaist im Vor-
raum, er setzte seinen „Justus Beck" als letzten Namen
krakelig ans Ende, schlüpfte in die noch winterklamme
Halle und setzte sich auch dort ganz nach hinten. Vor
ihm waren drei Reihen frei, keiner hatte ihn bemerkt.

Posniak war nicht in der Kirche gewesen, deswegen sprach ein Trauerredner die letzten Worte, erinnerte an Peters Einsatz für den Bezirksverein der Ingenieure, seinen Sachverstand für Pumptechnik, den er bei einem Brunnenbauprojekt in Tansania eingebracht hatte, aber auch an seine Leidenschaft für Modellflugzeuge, seine Freude am Golfsport, vor allem aber sein Herz für die Familie.

Neben dem glänzend schwarz lackierten Sarg waren zwei prächtige einmotorige Propellermodelle zwischen einem Satz wuchtiger Golfschläger aufgestellt. Auf einer roten Decke lagen zwischen Chrysanthemen, Lilien und Rosen Dutzende Golfbälle verstreut. Ein Foto auf einer Staffelei vor dem Sarg zeigte, dass Peter Posniak wohl keine fünfzig Jahre alt geworden war. Seine Frau hielt die beiden halbwüchsigen Söhne umklammert, der kleinere, vielleicht elf, rechts, der ältere, wohl 14, 15, links. Als der Redner geendet hatte, das Pult verließ, zur gebeugten Witwe ging und ihre Hände mit den seinen umklammerte, erklang Samuel Barbers „Adagio for Strings". Sehr gut, dachte Beck, Barber ging immer, und er spürte, wie es ihm den Hals zuschnürte und sein Blick sich feucht trübte.

Er blieb noch eine Weile sitzen, bis das Streichquartett seine volle Wirkung entfaltet hatte und die Trauergäste alle am Sarg Aufstellung genommen hatten, dann schritt auch er mit gesenktem Kopf langsam nach vorne, stellte sich als Letzter an, bewunderte das schnittige gelbe Sportflugzeug und den roten Doppeldecker, verneigte sich vor Peter Posniaks Bild, folgte aber nicht dem Sarg und der Trauergemeinde durch das Tor in der

Rückwand, sondern ging wieder durch den Eingang heraus und begleitete den Zug mit einigem Abstand. Hinter einer hüfthohen Hecke blieb er stehen und betrachtete das Zeremoniell. Gut vier Dutzend Freunde, Verwandte und Kollegen nahmen Abschied von Peter, schüttelten seiner Frau die Hand, strichen den Kindern über den Kopf, warfen eine Schippe Erde in die Grube und Blumen hinterher. Als der Abschied vollzogen war und die Gruppe sich verstreut hatte, kam Beck aus seiner Deckung, ging zum offenen Grab, blickte zum Sarg, auf dessen Deckel nicht nur Erde, einzelne Blumen und ein kleiner Strauß, sondern auch ein Brief und ein handtellergroßes Modellflugzeug lagen. Beck zog die Nelke aus dem Mantel hervor, warf sie in die Grube und nickte Dipl. Ing. Peter Posniak zu. Jetzt ging es ihm besser.

Manchmal brauchte er das in letzter Zeit. Das Grab seiner Eltern auf dem Hauptfriedhof war schon seit mehr als zehn Jahren aufgelöst, er hätte nicht mal mehr die Stelle gefunden, an der sie einst lagen, weil er sich auch nie für ihre Ruhestätte interessiert hatte. Was sollte er mit einem Friedhof anfangen, wenn jene, die man vermisste, doch ihr Leben lang nie in solch einem Leichenpark gewesen waren. Die Erinnerung lebte dort, wo die Menschen gelebt hatten, das war Becks Trost. Und Juliane hatte ihm auch jahrelang den Gefallen getan, in seinen schwachen Momenten durch sein Leben und seine Wohnung zu geistern. Beigesetzt war sie in einem Friedwald vor den Toren der Stadt. Als er vor Jahren einmal dort gewesen war, um den Ort zu suchen, hatte er ihn nicht mehr gefunden, das Schild mit ihrem Namen war verschwunden, aber vielleicht hatte er an der falschen Stelle geschaut. Er war unverrichteter Dinge wieder abgezogen, es hatte ihn aber auch nur kurz beunruhigt, denn erst wenige Tage zuvor hatte er einen melancholischen Abend mit ihr im Wohnzimmer verbracht.

Seit sie aber nicht mehr zu ihm kam, zog es ihn auf Friedhöfe. So richtig verstand er sich selbst nicht, wenn er Beerdigungen wildfremder Leute besuchte, die Trauer aufsog, bis sich auch in ihm etwas löste und ausgespült wurde. Das hatte bisher noch immer geklappt. Selbst als vor einigen Wochen eine Frau beigesetzt wurde, die Peter-Maffay-Fan gewesen war, und in der Trauerhalle „So bist Du" und „Über sieben Brücken musst Du gehen" lief, ließ sich Beck zu Tränen hinreißen. Dass Kitsch so heilsam sein konnte erstaunte und erschreckte ihn, aber vor allem freute es ihn, denn danach ging es ihm besser. Und mit Peter Posniak und Samuel Barber hatte er heute nun wirklich einen sehr ordentlichen Abgang erlebt. Vielleicht war das parasitäre Pietät, aber es tat ihm gut, dachte er bei sich, als er den Rückweg antrat.

Kurz hinter der Trauerhalle kam ihm ein kleiner Mann mit einem dunkelgrauen Panamahut entgegen, den er zunächst gar nicht erkannte, bis der ihn grüßte: „Hallo, Herr Beck. Wollen Sie auch Abschied nehmen von unserer Frau Jungwirth? Die Beisetzung ist erst in einer halben Stunde."

Jetzt erst sah er, dass Kulturreferent Ostermann einen Strauß Maiglöckchen in der Hand trug. Beck war noch in Gedanken gewesen: „Bitte, wer ist gestorben?"

„Unsere Frau Jungwirth, hatten Sie das nicht mitgekriegt?"

Grete Jungwirth war die gute Seele des Kulturamtes, eine Dame, von der man seit Jahren annahm, sie müsste längst in Rente sein, doch sie dachte offenbar nicht daran und war auch nicht zu ersetzen. Was wo war, wer mit wem konnte, wann was geschehen musste – Grete Jungwirth wusste es. An ihr lief nichts vorbei, mit ihr lief alles besser. Das war bekannt, doch dass sie verstorben war, hatte Beck nicht mitgekriegt.

„Herrje, wie ist denn das passiert?"

„Montag vor einer Woche war sie nicht ins Büro gekommen. Da haben wir uns natürlich gleich Sorgen gemacht. Sie war ja immer pünktlich. Und nie krank. Die Nachbarin hat sie dann in der Küche gefunden, neben dem Tisch. Das Essen stand noch da. Sie hat ja immer so viel eingemacht und gekocht. Das wird uns auch fehlen, sie hat das halbe Dezernat ernährt. Na, und jetzt muss ich mich durch ihre Verwaltung arbeiten, bis eine Nachfolgerin gefunden und angelernt ist. Kann ja sonst keiner. Ich sage Ihnen, das ist nicht schön. Ich habe jeden Tag ihre Notizen gelesen und gleichzeitig ihre Beerdigung organisiert."

„Ach, das bleibt alles an Ihnen hängen?"

„Frau Jungwirth hatte ja keine nähere Verwandtschaft. Eine Cousine im Norden, aber die ist auf Kreuzfahrt vor den Kapverden. Na, und einer muss sich eben drum kümmern. Lenkt mich auch ein bisschen ab von all den Kooperationsprojekten, die mein Chef noch vor der Wahl sehen will. Ist nicht immer ganz einfach, die Herren Direktoren und Intendanten zur Zusammenarbeit zu bewegen."

„Kann ich mir vorstellen."

„Sie werden es ja auch morgen bei Premiere in der Kunsthalle merken. König wird eine Rede halten. Kommen Sie denn mit zur Beerdigung von Frau Jungwirth?"

„Nein, ich war nur am Grab eines alten Schulfreundes", flunkerte Beck, grüßte und ging zum Parkplatz. Sein Bedarf an Kondolenz aus der Konserve war für heute gedeckt.

3 Er ahnte es, bevor er überhaupt in der Wohnung war. Vor der Tür standen zwei große Kisten voll leerer Flaschen. Beck schloss auf, schaute in die Küche und sah einen Zettel, der auf mehreren Briefen lag. Mit Paulas tadelloser, leicht nach rechts geneigter Handschrift stand da:

Lieber Justus, habe durchgewischt und gelüftet und Dein Altglaslager rausgeräumt. Bitte wirf die Flaschen in einen Container. Dazu hatte ich wirklich keine Lust mehr. Ich habe beim Putzen auch die Schreiben von Deinen Ärzten und vom Weinladen gesehen, werde mit Franz sprechen, vielleicht kann er Dir helfen. Mit Deiner Gesundheit kannst aber nur Du Dir selbst helfen, hör auf die Ärzte. Ewig schau ich mir das nicht an, Du verkommst. Lass das bitte nicht zu. Ich hätte Dir das gerne selbst gesagt, aber Du warst nicht da. Frische Handtücher sind im Bad, Gemüseauflauf und Hähnchenfilet im Kühlschrank. Zur Premiere am Freitag kann ich nicht mitkommen, am Wochenende ist meine Schwester mit ihrer Enkeltochter zu Besuch. Ich frage Franz, ob er mitgeht ins Theater. Pass auf Dich auf. Paula

Mist, das war ja klar. Warum hatte er mit den leeren Flaschen auch so rumgepfuscht. Paula hätte das alles nicht merken müssen. Aber vielleicht war es ja auch besser so, besser, wenn sie mit Franz sprach. Denn wie er selbst den Laden nochmal auf Vordermann bringen sollte, das war ihm schleierhaft. Eins nach dem anderen, sagte sich Beck, nahm einen Stoffbeutel und begann, Altglas aus der Kiste vor der Wohnungstür hineinzupacken. Er musste ohnehin noch runter, das „i.vive" öffnen.

Treppab hörte er Schreie und ein Martinshorn. Was war denn da los? Im Innenhof angekommen, schloss er die hintere Tür des Ladens auf, sah durch die Scheibe flackerndes Blaulicht, hörte rau gebrüllte Befehle. Als er das Schaufenster erreichte, schien der Spuk gerade um die Ecke zu biegen. Vorsichtig schloss Beck die Eingangstür auf, spähte rechts und links die Straße hinauf. Nichts! Da plärrte es zu seinen Füßen: „Hey, Du Penner, was glotztn Du so saudumm. Gibma was zu trinken, Du alter Assi!"

Vor ihm lag an der untersten Treppenstufe ein kleiner dicker Kerl mit knallrotem Kopf und beschimpfte ihn, daneben lagerte am schmiedeeisernen Zaun des kleinen Vorgärtchens ein hagerer Typ mit schütteren Haaren, der versuchte, den Kopf seines unförmig dicken Nebenmannes von der eigenen Schulter zu schieben. Alle drei trugen sie langärmelige Trikots mit dem Fraktur-Schriftzug „Fan Front Teutonen-Terror" auf der Brust. Der kleine Dicke, dem das Shirt wie eine Wurstpelle auf dem Leib saß, hatte hinten, wo sonst der Spielername prangt, „Otze“ stehen. Der Hungerhaken mit Haarausfall nannte sich offenbar „Locke“, und der Koloss, dem das Trikot zu klein war, so dass sein halber haariger Bauch hervorlugte, hörte offenbar auf den Namen „Zacke“, wenn er nicht gerade im Suff vor sich hindämmerte wie jetzt gerade.

„Glotz nich so blöd, ich hau Dir auf Deine dumme Fresse“, kodderte Otze. Becks erster Schreck hatte sich mittlerweile gelegt, er war diese Art der Ansprache zwar nicht gewohnt, sah aber, dass die drei Gestalten offenbar mit Kabelbinder am Zaun fixiert waren. Das machte ihn mutig, zumal das Trio von oben betrachtet recht jämmerlich ausschaute. Dabei waren es ohne Frage Fußballfans, denen alles zuzutrauen war. Vielleicht sogar echte Hooligans. Davon hatte er gelesen. Und jetzt vor seinem Eingang – was sollte das denn?

„Meine Herren, so geht das nicht. Ich will meinen Laden jetzt öffnen, da kommt Kundschaft, der will ich ihren Anblick ersparen.“

„Dann mach uns halt los, Du dummes Arschloch“, bellte Otze.

„Mäßigen Sie sich. Was machen Sie überhaupt hier?“

„Du checkst aber auch nix. Die Bullenschweine haben uns hier angekettet.“ Aufs Stichwort ging nun auch durch seine beiden Kameraden ein Ruck, und im Trio riefen sie „Bullenschweine! Bullenschweine! Bullenschweine!“

„Tut mir leid, aber wenn Sie hier offiziell festgesetzt sind, kann ich Sie natürlich nicht losmachen."

„Ey, Du dummes Sackgesicht", pöbelte Zacke, und Locke rief „Äffzeh Teutoniaaaa…"

„Ich muss Sie um Ruhe bitten." Weiter kam Beck nicht, denn die Fans zu seinen Füßen hatten nun den Gesangsverein in sich entdeckt: „Schlagt die Mücken tot, schlagt die Mücken tot" zur Melodie des Siebziger-Hits „Chirpy Chirpy Cheep Cheep". Dann „Tod und Hass den Mückenschweinen", was Beck sehr originell fand, denn er versuchte, sich ein Mückenschwein vorzustellen. Schließlich zur Melodie von „Guantanamera" die Zeile „Grüne Schmeißfliegen, ihr seid nur grüne Schmeißfliegen."

Das genügte Beck, um sich musikalisch und fußballtheoretisch zusammenzureimen, dass es sich hier um ein Vorspiel jenes so genannten Derbys am Abend zwischen der Viktoria und dem FC Teutonia handeln musste, das offenbar mit großer Rivalität aufgeladen war. Die „Neue Post" hatte berichtet, Beck hatte es nicht genau gelesen, aber an Hinweise auf Ausschreitungen hätte er sich erinnert.

„Es ist ja schön, dass Sie so musikalisch sind, aber könnten Sie nicht ein wenig leiser singen?" Das war gut gemeint, aber sinnlos, denn der kleine Wortführer drehte nun erst richtig auf: „Du dummes Stück Scheiße, bring uns was zu trinken, die Bullen lassen uns hier verdursten. Ich will Bier."

„Bier her, Bier her, oder ich fall um", plapperte Zacke.

„Umumum", rülpste Locke und zog ein Gesicht, als wollte er sich gleich übergeben.

„Meine Herren, dies ist ein Weinkontor, ich führe kein Bier. Und Sie haben ohnehin schon zu viel getrunken."

„Dann bring uns halt ne Puffbrause", kläffte Otze.

„Jawoll", japste Locke und erbrach sich im hohen Bogen über Zeckes Bauch, der zwischenzeitlich schon wieder weggetreten war und nun kurz aus seiner Lethargie erwachte. „Dir hammse doch ins Hirn geschissen", blökte er, ließ dann aber wieder sabbernd den Kopf auf seine Brust fallen.

„Warten Sie, meine Herren." Beck verschwand im Laden. Er hatte zwar noch die Hoffnung, dass die Polizei bald auftauchen würde, um das Teutonia-Trio einzusammeln, aber lieber wollte er gleich für Ruhe sorgen. Also füllte er einen Eimer mit schäumendem Seifenwasser und brachte ihn raus, zusammen mit einer Kiste Dornfelder von der Saale. Ein Probierpaket, das wurde er eh nicht los. Er entkorkte drei Flaschen und reichte jedem der Männer seine Ration. „Ich erlaube mir, hier ein wenig sauber zu machen", sagte er und begann, das Erbrochene mit dem Feudel wegzuwischen. Dass die Fans dabei pitschnass wurden, schien sie nicht zu stören, wie ihnen auch das kühle Pflaster offenbar nichts anhaben konnte. Sie sangen jetzt sogar erstaunlich harmonisch: „Ihr seid Mücken, stinkend grüne Mücken, ihr haust unter Brücken und in der Kanalisation." Darauf noch einen Dornfelder! Die Flaschen kreisten, die Stimmung wurde immer besser, die Sängerknaben trafen fast schon die Töne: „Ihr seid Schaben, asoziale

Schaben, ihr treibt's mit Zikaden und mit der halben Fremdenlegion."

Beck holte mehr Wein, wischte noch mal schäumend durch und sah zufrieden zu, wie seine Zaungäste brabbelnd ruhiger und leiser wurden. Als wäre es ein Wiegenlied brummte Zacke ganz leise: „Wir lagen vor Madagaskar und hatten Teutonen an Bord." Und noch leiser: „In den Kesseln, da faulten die Mücken und täglich ging eine über Bord. Oh-hee Teu-too-niiia, oh-hee, oh-hee" Dann war er still. Zum Glück war noch kein Kunde gekommen. Jetzt noch schnell die Spuren dieser Belagerung beseitigen. Beck eilte in den Innenhof, schloss das Gerätehäuschen auf, in dem – herrje, dieses Chaos – auch noch Weinkisten lagerten, wühlte hinter den Werkzeugen und zog schließlich drei, vier, fünf staubende Säcke heraus. Er schüttelte sie aus, betrachtete sie zufrieden und trug sie durch den Laden auf die Straße, wo sich seine neuen Freunde nun gar nicht mehr rührten. Jeder kriegte zwei Behelfsdecken, nur der kleine Otze bekam bloß eine ab. Schon sah man ihr Elend kaum noch, hörte nur noch dreistimmiges Schnarchen im Sack. Beck sammelte die leeren Flaschen ein. Noch mehr klirrender Krempel. Dann lohnte sich der Gang zum Altglascontainer ja richtig. Er verstaute Eimer, Feudel und Flaschen sorgsam in seinem Laden und schloss die Tür. Jetzt konnten seine Kunden kommen. Und gerne auch die Polizei.

4 Beck war schwer aus dem Bett gekommen. Am Abend hatte er sich noch an den Resten des Dornfelders abgearbeitet, die ihm Otze, Zecke und Locke hinterlassen hatten. Doch der Anruf am Morgen hatte ihn immerhin geistig munter gemacht. Franz war dran gewesen, hatte zugesagt zu kommen, wieder Ordnung in sein Chaos zu bringen. Kein Problem, er kenne den Laden ja, und die Uni lasse ihm gerade Zeit. Seine Freundin wolle er vielleicht auch mitbringen, erzählen, was er so erlebt habe seit seinem Praktikum bei der „Neuen Post". Und am Freitag zu „Macbeth" könne er Beck auch gerne begleiten.

Beck fragte sich, wie Paula den Jungen alarmiert hatte, der ihm seine Hilfsbereitschaft fast schon aufdrängte, doch er beschloss, den Gedanken nicht zu vertiefen. Franz sollte ein gutes Handgeld kriegen. Aber auf jeden Fall eine schöne Kiste Wein. Nicht diesen Dornfelder. Er müsste gleich mal was raussuchen, sagte sich Beck, als er noch nachtsteif im Morgenmantel hinunter zum Laden wackelte. Wie ein Opa, schoss es ihm durch den Kopf und machte ihn ein wenig wütend auf sich selbst. In der kleinen Kammer des Verkaufsraums schob er planlos Kisten hin und her. Ein Soave aus Venetien? Bisschen billig. Cave vom Kap? Nein, das wäre auch wieder übertrieben. Aber trank Franz überhaupt Wein? Oder mischte er sich nur alles in die Cola und in die Energiebrause? Beck wollte sich gerade darüber ärgern, dass ihm zu dem Jungen nichts einfiel, da rappelte es an der Ladentür. Was sollte das denn jetzt? Er machte doch erst am frühen Nachmittag auf.

Beck schaute aus dem Lagerraum heraus und sah einen langen Schatten an der Scheibe und dann einen Kopf mit einer Hand über der Stirn: Bernd Rudolf spähte hinein. Beck schnürte den Morgenmantel zu und öffnete.

„Bernd, was machst Du denn hier? Willst Du Dich entschuldigen?" Rudolf war ein alter Freund, ein treuer Kunde und Theatergänger wider Willen, der vor Premieren dankbar für sachdienliche Hinweise war, wie er Kunstdiskussionen mit seiner Frau Gitta abwürgen konnte. Aber Rudolf war eben auch Fußballfan und Polizeipräsident, mithin unmittelbar verantwortlich für die ungebetene Degustationsrunde mit Otze, Zecke und Locke.

„Wollte nur mal schauen, ob Du zufällig da bist. Will nicht stören", sagte Rudolf mit einer beidhändigen Bewegung von unten nach oben, die nur als Hinweis auf Becks derangierten Zustand zu verstehen war. „Wofür muss ich mich entschuldigen?"

„Deine Jungs haben mir gestern eine Delegation der Fan-Front Teutonen-Terror an den Zaun gebunden, und ich konnte sehen, wie ich die Schreihälse wieder ruhig stelle."

„Tut mir leid, mein Lieber. Gestern war die Hölle los. Derby. Du weißt schon."

„Du weißt, dass ich nix weiß. Diese Kicker interessieren mich nicht. Aber wenn die Hooligans schon vor meinem Laden Wallensteins Lager aufführen, frag ich mich, ob in der Stadt der Irrsinn tobt. Hab Dornfelder in sie reingeschüttet, bis Ruhe war."

„Du hast was? Wo waren denn meine Leute?"

„Hab ich mich auch gefragt. Setzen mir ein Vandalen-Trio vor die Tür und – tatütata – sind sie weg."

„So geht das aber nicht. Da muss schon ein Beamter dranbleiben. Kann ja sonstwas passieren. Werde mich mal erkundigen. Aber Du hast doch auch mitgekriegt, wieviel Druck da im Kessel ist: Aufstieg nach all den Jahren, neues Stadion, Investor aus China, Dein Stadttheater soll ein Mücken-Musical aufführen, Deine Zeitung wird Trikotsponsor. Da kommt auch der Herr Beck nicht drum rum, sich mal mit den sozialen Aspekten des Fußballs zu beschäftigen, wenn ihn schon der Sport nicht interessiert. Tut mir leid. Sag ich Dir als Fan. Als Polizeipräsident sag ich Dir natürlich: Diese Affen vom FC haben uns gestern den letzten Nerv gekostet. Als wir sie zum Stadion eskortieren wollten, haben sie sich in alle Richtungen verstreut, Radau gemacht, und meine Jungs konnten sehen, wie sie den Mob wieder einfangen. Ich hab sogar die erste Halbzeit verpasst."

„Du tust mir aber leid."

„Haben ja eh verloren."

„Oh, wird's denn doch nichts mit dem Aufstieg?"

„Keine Bange. War eine unglückliche Niederlage. Abseitstor, Elfmeter verweigert. Aber die Viktoria braucht nur noch sieben Punkte und hat noch elf Spiele. Der Aufstieg ist so gut wie sicher."

„Na, dann gratuliere ich schon mal. Darauf einen Crémant aus der Bourgogne. Hab ich gerade offen."

„Wenn Du Zeit hast. Bin gerade unterwegs zum Markt, Gitta hat mir eine zweiseitige Liste fürs Wochenende geschrieben. Krieg ich alles gar nicht in den Korb. Sie ist mal wieder ziemlich aufgedreht. Und am Samstag geht's ja auch in die Kunsthalle. Davon redet sie schon ständig. Wieso spielen die denn nicht im Theater? Ist doch viel einfacher."

Beck war hinter der Kasse verschwunden und hatte gerade den Kopf im Kühlschrank: „Ich glaub, unser Herr König will ein Stadttheater, das die ganze Stadt bespielt. Also überall, bloß nicht im Theater." Mit diesen Worten tauchte er hinter der Kasse wieder auf, eine offene Flasche in der Hand.

„Ein anstrengender Mensch, was bin ich froh, dass unser Superdezernent nicht auch noch fürs Ressort Ordnung zuständig ist. Aber egal. Übermorgen, Macbeth: Was muss ich da wissen?"

„Also", sagte Beck und füllte zwei Sektkelche. „Wir sind in Schottland, 11. Jahrhundert, wüste Zeiten. Da spritzt das Blut, da ist schnell mal der Kopf ab. Wenn Gitta sich über das moderne Theater beschwert, das sei alles zu brutal, dann kannst Du ihr gleich sagen: Schatz, das gehört sich so. Das ist Shakespeare. General Macbeth kommt aus der Schlacht. Wahrscheinlich mit posttraumatischer Störung. Jedenfalls heißt es, er habe einen Gegner vom Nabel bis zum Kinn aufgeschlitzt und dann seinen Kopf aufgespießt. Das kommt beim König sehr gut an, aber wahrscheinlich hat Macbeth einen Dachschaden, denn ihm erscheinen drei hässliche Hexen. Sein Kamerad Banquo kann sie auch sehen, aber der hat wahrscheinlich auch zu viele Hiebe abgekriegt.

Jedenfalls redet das Trio Macbeth als Than von Cawdor an. Das ist ein Nest bei Inverness. Dabei ist er schon Than von Glamis. Das liegt bei Dundee. Und dann grüßen sie ihn auch noch als künftigen König. Und Banquo erzählen sie, er werde Ahnherr von Königen. Auf drei durchgeknallte Wahrsagerinnen am Straßenrand kannst Du normalerweise ja nichts geben, aber Macbeth hört das doch mit Wohlwollen. Und tatsächlich macht ihn sein König Duncan, sein Vetter, gleich darauf zum Lehnherrn in Cawdor. Der alte Than war ein Verräter, Macbeth ist ein Held. So weit geht das ja noch klar. Blöd für Duncan, dass er auch gleich noch verkünden muss, dass sein Sohn Malcolm Prinz sein soll. Die Thronfolge war bei den Schotten damals nicht klar festgelegt. So was gibt halt Ärger. In der irren Hexen-Logik heißt das für Macbeth: Wenn ich tatsächlich Than von Cawdor werde, muss ich jetzt beim König nachhelfen, um König zu werden."

„Puh!" Rudolf hatte sein Glas geleert und ließ den Kopf hängen. „Was ist denn das nun? Psychothriller oder Fantasy-Quatsch?"

„Kommt drauf an, was die Regie draus macht."

„Mit diesem Than, das kann ich mir so schlecht merken wie meine PIN. Was wird das denn nun?"

„Warte mal", sagte Beck und tauchte hinter der Kasse ab. „Ich hab hier doch noch…", hörte Rudolf ihn brummeln. „Wo isser denn? Ah, ja." Beck tauchte wieder auf und schwenkte eine halbvolle Flasche mit goldgelber Flüssigkeit, an der Staub auf Fett klebten. „Hier, ein Blend aus Inverness. Trink ich sonst ja nicht, steht auch schon ewig hier rum, aber wir wechseln jetzt mal den Drink, dann geht Dir das besser rein. Wo hat Paula denn…?" Wieder tauchte Beck ab, Rudolf hörte es klirren und schimpfen, er beugte sich über den kleinen Verkaufstresen, da schob sich Beck ächzend wieder hoch, und die beiden Männer standen verdutzt Nase an Nase, fast wie Banquo und Macbeth beim Anblick der Hexen. „Ich find keine gescheiten Gläser. Dann muss es eben so gehen." Beck griff die Sektkelche, leerte sie und schüttete Whisky ein, als würde er einen Piccolo ausschenken. Er hob sein Glas: „Heil Dir, mein Than! Auf Inverness Castle! Cheers!"

Rudolf schnüffelte misstrauisch an seinem Kelch. „Du kannst mich doch nicht morgens mit sowas abfüllen."

„Das nehm ich auf meine Thankappe. Haha, kleiner Scherz. Also, wo waren wir? Macbeth erzählt das mit den drei Vetteln seiner Frau, und Lady Macbeth springt gleich drauf an. Ihr Mann soll Karriere machen. Macbeth residiert auf Schloss Inverness, prompt kommt Duncan zu Besuch bei seinem vermeintlich besten Vasallen. Und das wird er nicht überleben."

Rudolf spähte in sein Glas und schien nicht richtig zuzuhören. „Jetzt pass auf: Anfang zweiter Akt. Da kannst Du den Fall schon abschließen. Die Lady stachelt ihren Mann zum Meuchelmord auf, sie hat Duncans Diener mit Betäubungsmittel abgefüllt. Macbeth schleicht sich nachts zum König und ersticht ihn, während die Kammerherren schlafen. Die Tatausführung ist dilettantisch. Macbeth nimmt die Mordwaffe mit. Das schlechte Gewissen macht ihn ganz konfus. Seine Lady muss noch mal an den Tatort gehen, das Blut auf der

Leiche und die Waffen so verschmieren, dass es aussieht, als hätten die Diener ihren Herren umgebracht. Am nächsten Morgen stürmt Macbeth beim Alarm als Rächer im Affekt zum toten König und erschlägt die Kammerherren. Die Söhne des Königs fliehen und machen sich damit verdächtig, Macbeth wird König, regiert als Tyrann, schickt Auftragskiller durchs Land und legt sich eine blühende Paranoia zu. Seine Frau schlafwandelt und geht mit neurotischem Blutwaschzwang in den Freitod. Macbeth fällt schließlich bei der Schlacht um sein Schloss. Und jetzt sag mir, wie Deine Soko Inverness dieses Drama noch vor dem dritten Akt beendet?"

„Also, von Spurensicherung scheint Dein Shakespeare ja keine Ahnung gehabt zu haben."

„Nicht umsonst muss die Lady sich ständig die Hände waschen. Das kommt davon, wenn man keine Handschuhe trägt. Das Schlafmittel in den Leichen der Diener sollte sich auch noch gut nachweisen lassen. Und bei der Blutschmiererei haben die Macbeths mit Sicherheit auch sonst noch ganz viele Hinweise hinterlassen. Vornweg Fingerabdrücke. Wahrscheinlich hätte es nicht mal DNA-Untersuchungen gebraucht, um zu ermitteln, wer der Mörder ist. Naja, Shakespeare war eben kein Krimi-Autor, sonst hätte die Lady Angst vor so einem Polizisten wie Dir haben müssen, der eben mal zur kriminaltechnischen Untersuchung geht, und dann klicken schon im zweiten Akt die Handschellen. Da spart man sich ganz viel Gemetzel."

Der Polizeipräsident lächelte und reckte sein leeres Sektglas durstig empor: „Ein Hoch auf McBeck!"

Die Männer füllten nach, setzten an und leerten den Scotch auf Ex.

„Ein Hoch auf CSI Inverness", rief Beck. „Wenn Du Gitta bei der Premiere gleich am Anfang damit kommst, wie Du den Wahnsinn im Ansatz stoppen würdest, hast Du Deine Ruhe, dann kann sie den ganzen Abend nix mehr wollen. Also, grüß mir Deine Lady daheim!"

5 Zwar tat ihm der Rücken weh, seine Füße hatten kaum Platz, und Beck wusste auch nicht, wie er ohne fremde Hilfe aus diesem Sitz wieder hochkommen sollte, dennoch war er froh, dass Franz ihn abgeholt hatte. Auch wenn sein R5 nur mehr eine rostige Scherbe war. Dagegen stand Becks alter Saab noch gut im Lack, aber vor allem stand er genau gegenüber des „i.vive". Diesen idealen Parkplatz sollte man nicht so schnell drangeben. Also hatte er sich neben Franz auf den Beifahrersitz gesetzt und atmete kurz durch, denn der Junge hatte endlich aufgehört ihm Vorhaltungen zu machen.

Alarmiert von Paula, war Franz zur Inspektion des Weindepots gekommen, das er selbst vor anderthalb Jahren so geordnet zurückgelassen hatte, dass Beck seine Wohnung wieder begehen konnte, ohne an Kisten zu rempeln. Und für kurze Zeit hatte er damals auch alle Bestellungen auf einen Blick im Griff. Doch davon war nichts mehr übrig. „Ist ja viel schlimmer als vorher", hatte Franz geschimpft, der zwar immer noch die Statur des schlaksigen Primaners besaß, sich aber als Drittsemester der Biologie das vorlaute Auftreten des Jungakademikers angewöhnt hatte. Beck konnte sich den

Jungen zwar nicht als Vogelkundler vorstellen, aber dass er zum Lagerlogistiker taugte, hatte er schon bewiesen, als er noch Praktikant bei der „Neuen Post" war, um herauszufinden, dass Journalismus keine Zukunft hat.

Mit der Routine eines Revisors war er jetzt durch die Wohnung gegangen, hatte Bestell- und Lieferzettel durchgeblättert, Kisten unter stiller, aber unüberhörbarer Missbilligung gedreht und verschoben. Mit unangenehmer Zielsicherheit griff Franz sich wichtige Magazine und Zeitungsdossiers, die Beck in Themen-Haufen auf Weinkisten gestapelt hatte, weil er dort leichter drankam. Und tatsächlich fanden sich darunter einige vermisste Quittungen und Rechnungen. Und unerklärlicherweise entdeckte Franz auch sehr schnell einige Kisten, die längst hätten ausgeliefert sein sollen, aber von Unbekannten aufgebrochen worden waren und in denen neben vollen auch leere Flaschen steckten. Beck war wütend über diese indiskrete Entdeckung, traute sich aber nichts zu sagen, und er war erleichtert, als der Junge nach vielleicht 15 Minuten Inspektion ganz ohne Vorwurf in der Stimme erklärte: „Okay, das kann klappen. Ich brauch Ihren Schlüssel, dann komme ich vorbei, wenn's passt. In drei, vier Tagen sollte ich das wieder hinkriegen. Ich schreib Ihnen auch alles noch mal auf, dann müssen Sie nur meinem System folgen. Ich nehme 25 Euro die Stunde, bar. Und das wird nicht in Wein umgemünzt, in der WG trinken wir alle Bier. Ich sag mal: Pauschal 400. Wäre gut, wenn Sie mir 100 gleich geben könnten. Der Kühlschrank ist leer, und ich bin dran mit Auffüllen. Und den Schlüssel nehme ich am besten auch gleich mit."

Es hatte nicht so geklungen, als wäre eine Verhandlung über die Modalitäten erwünscht, also zog sich Beck unter leisem „Aha" und „Ehemm" zurück zu seiner Geldbörse, fischte Scheine heraus, fand schließlich auch seinen zweiten Haustürschlüssel und händigte alles aus.

„Prima", sagt Franz. „Wenn Sie am Schlafen sind, hängen Sie einen Zettel an die Tür, dann bin ich leise. Wenn Sie schreiben wollen, machen Sie das Arbeitszimmer zu. Die Kisten hier räume ich als Erstes raus."

Beck hatte noch darauf gewartet, dass Franz ihm einen Vertrag mit eng bedruckten Geschäftsbedingungen aushändigt, doch stattdessen fing er unvermittelt an, von einer blauhaarigen Kommilitonin namens Leo zu erzählen, die er bei einer ornithologischen Exkursion ans Wattenmeer kennen gelernt hatte. Eigentlich hatte sie mitkommen wollen, doch sie musste bei einer Uni-Fete kellnern. Franz versprach, seine blaue Löwin Leonie bald vorzustellen.

Auch wenn Beck damals nur Bücher gewälzt hatte, erinnerten ihn die Schilderungen doch an seine eigenen unbeschwerten Studententage und sein erstes knoblauchumwolktes Treffen mit Juliane bei einer Fete in der Küche, als sie beide eine Überdosis Tsatsiki abbekommen hatten. Beck hing dem schon wieder halb verwehten Gedanken nach und folgte Franz fast traumwandelnd treppab. Die Holzstufen knarzten in unterschiedlicher Lautstärke, jede aber lauter als Becks leises Ächzen. Erst ein Stich im Ischiasnerv ließ ihn wieder ganz zu sich kommen, als er versuchte, sich auf den weit nach vorne gezogenen Beifahrersitz des R5 zu quetschen, dessen Rückbank von dicken grauen Rucksäcken überquoll.

Noch zwei Ecken, dann war die Kunsthalle erreicht. Franz fuhr an der Glasfront des Ausstellungshauses vorbei und rief unüberhörbar gut gelaunt: „Was geht denn hier ab?" Die Fenster waren mit schwarzer Folie verhängt, auf dem Rasen vor dem Gebäude bewachten Krieger mit Langschwertern drei Fässer, aus denen Flammen schlugen. An einem Schwenkgrill stand ein Berserker mit blutiger Metzgersschürze und Gasmaske, der Würste wendete. Dazwischen patrouillierten ein Mann und eine Frau mit gelben Warnwesten, auf denen „Security" stand. Als Franz nach hundert Metern eine Nische gefunden hatte, parkte er vorwärts ein und blickte zurück zu Macbeths Ghetto-Gartenparty: „Das kann ja lustig werden."

„Ich weiß nicht", seufzte Beck, der sich nur mit Mühe aus seinem Gurt schälte. „Mal schauen."

„Warten Sie!" Franz hatte das ächzende Elend neben sich erkannt, sprang aus dem Renault, öffnete die Tür und zog seinen Beifahrer langsam heraus. Halb Unfallbergung, halb Altenpflege. Beck seufzte nur zischend, bis er sich endlich ans Fahrzeugdach lehnen konnte.

„Mann, Sie waren aber auch schon mal fitter."

„Sehr freundlich, mein Junge. Komm Du mal in mein Alter."

„Also, mein einer Opa ist neulich mitgefahren, der kam besser raus."

„Nun ist's aber gut. Shakespeare ruft, komm!"

6 „Also wenn's im Theater immer so wär." Franz schluckte den Rest des Satzes runter, denn er hatte ein Stück Bratwurst im Mund und musste erst nachspülen. Es entfuhr ihm ein befreiter Luftstoß, als er die Bierdose absetzte und Beck angrinste. „Das macht ja schon mal Spaß. Ist ja wie auf einem Rockfestival." Hinter der abgehängten Fensterfront wummerte ein Bass, ein Schlagzeuger scherbelte zwischen das Riff einer Gitarre. „Sicher, dass dieser Shakespeare keine Punkband ist?"

Beck schaute mit skeptisch zerknitterter Stirn drein: „Spotte nur, mein Junge."

„Ach, ich glaube, das wird lustig. Wobei die Leute hier ja alle falsch angezogen sind. Wer hat denn den Dresscode ausgegeben?"

Rund zweihundert Premierengäste hatten sich mittlerweile vor der Kunsthalle eingefunden. Die meisten Herren trugen Regenjacken über Anzügen und sahen aus, als kämen sie gerade aus der Bank, die Damen waren mit langen Mänteln und Röcken opernschick angetan. Nur eine Frau stach mit himmelblauem Dirndl und Schürze heraus. Die Kulturausschussvorsitzende Traudel Kalbfleisch, die früher als Chefin des Landfrauenverbandes Theaterfahrten aus dem Umland organisiert hatte und über diese Funktion als Vertreterin einer bodenständigen Kulturanschauung ins Stadtparlament gekommen war, verstand die Künste nicht, was ihr ein chronisches Missfallen bereitete, welches sie bei jeder Premierenfeier landhausfesch kundtat, um sich dann von Regisseuren und Dramaturgen beschwichtigend um den blondierten Damenbart gehen zu lassen. Dabei wollte Traudel Kalbfleisch, deren dünner graubrauner Schopf lockig auf ihren Schultern lag, aber Teile ihrer rosig geschuppten Kopfhaut freilegte, gar kein Theater, das genauso spießig war wie sie. Insgeheim liebte sie jene Kunst, die sie derart empörte, dass sie sich in ihrem Verdruss als Kulturausschussvorsitzende sehr wichtig vorkommen konnte. Deshalb ging Frau Kalbfleisch gerne dahin, wo es ihr nicht gefallen würde.

Zwischen die brennenden Mülltonnen, wo eine Gruppe tätowierter Kerle in Springerstiefeln und mit sehr kurzen Haaren laut lachend ihr Feierabendbier trank, traute sich aber nicht mal diese Dame mit ihrem widerborstigen Kunstverdruss. Wahrscheinlich wegen des Schlächters mit Langschwert, der dreinschaute, als wolle er die Würste auf seinem Grillrost zu Tode foltern. Das war nichts für die Herren und Damen des Premierenabos, Franz aber war sofort wie magisch angezogen auf diesen Anblick zugesteuert. Die Zuschauer in Abendgarderobe hingegen drängten sich um ein Rednerpult. Zwei junge Damen trugen Tabletts mit Sektgläsern durch die Menge, was die Stimmung augenscheinlich entspannte.

„Ich glaub, wir hören noch eine Rede. Du kannst ja gerne mit Deinen neuen Freunden noch Dein Bier fertig trinken", sagte Beck und deutete auf die fröhlichen Dosenpilskrieger, die sich ihre Stammesbemalung auf Waden, Stirnen und Armen offenbar bei Kelten und Maori abgeschaut hatten. „Ich komm mit, hol mir nur noch ein Helles."

Beck ging einige Schritte voran über den schon etwas ramponierten Rasen der Kunsthalle. Eduard Pasblanc, der Direktor stand abseits auf dem Gehweg und redete erregt mit einem Herrn mit Warnweste, offenbar dem Chef der Sicherheitsfirma. Pasblanc stand im Halbdunkel, doch auch dort konnte man sehen, dass seine notorische Solarienbräune verschwunden war. Der Mann im anthrazitgrauen Anzug mit dem lilafarbenen Einstecktuch und dem pomadisierten Wellenscheitel war kalkweiß im Gesicht. Da hatte er jahrelang seinen Platz im Stadttheater leer gelassen, und nun kam das Theater zu ihm. Man sah ihm aus der Entfernung an, dass er dies für eine feindliche Übernahme hielt.

Ein paar Schritte vom Prosecco-Pulk der Premierengäste entfernt entdeckte Beck den kleinen Ostermann, winkte und beugte sich vertraulich zu ihm herunter: „Na, Monsieur Pasblanc wirkt aber gar nicht entspannt."

„Ach, mein lieber Herr Beck, als ich Kulturreferent wurde, habe ich ja nicht geahnt, welche kinderpädagogischen Kompetenzen es da braucht. Alle schmollen, alle wollen gepampert und getröstet werden, und wenn dann alle plärren, ist der Kindergärtner schuld. Erst hab ich auf den Herrn Intendanten eingeredet, er müsse doch zu seiner Premiere kommen, doch der hat mir dann am Telefon erzählt, sein Theater sei so schön, dass seine Künstler es nie verlassen müssten. Und er weiß auch gar nicht, was sie hier in der Kunsthalle sollen, vor allem weil Pasblanc ja auch vom Theater gar nichts hält."

„Touché", warf Beck dazwischen. „Oswald und Pasblanc zusammenzubringen, ist ja auch eine gemeine Konfrontationstherapie."

„Deshalb war es mir am Ende auch lieber, dass er sich hier nicht blicken lässt. Sein Chefdramaturg ist da viel umgänglicher. Dieser Herr Emig ist ja quasi der Chefdiplomat des Theaters, der kann auch mit Politikern. So einen brauchst Du einfach."

„Dabei hätten wir ja alle gerne hier auf dem Rasen den Zickenkrieg der Herren Künstlerdiven gesehen."

„Ja, mein lieber Beck, das kann man sich als Theaterkritiker natürlich wünschen. Als kommunalpolitischer Kindergärtner ist es mir so aber viel lieber, wie Sie sich denken können. Pasblanc ist ja jetzt auch schon die Ruhe selbst, seit er seine Security hat und die Absperrungen vor seinen Farbfeldmeditationen und der italienischen Postmoderne, die keiner sehen will."

„Hoppla." Soviel Vertraulichkeit hatte Beck gar nicht erwartet.

„Vergessen Sie das, das hab ich nie gesagt."

„Aber dieser Ghetto-Grill auf seinem heiligen Rasen scheint dem Herrn Direktor schwer zuzusetzen. Er ist ja kreidebleich."

„Das liegt wohl eher daran, dass ich ihm vorhin schonend beibringen musste, dass nach den fünf Vorstellungen, die das Theater angesetzt hat, noch nicht Schluss sein muss. Wenn das hier gut läuft, dann hängen wir auch noch ein paar Aufführungen dran."

„Wenn sich diese Location rumspricht, kommen hier vielleicht auch mal ein paar junge Leute hin", rief Franz, der sich von hinten mit zwei Bierdosen genähert hatte.

„Ich bin ja noch nie in der Kunsthalle gewesen, aber jetzt bin ich schon mal gespannt.“

„Das ist mein Begleiter heute Abend, Franz Mager, Student der Biologie mit einem von ihm selbst leider völlig unterschätzten Talent für Lagerverwaltung.“

„Dann bleiben Sie mal schön bei der Biologie“, sagte Ostermann mit einem Glucksen. „Und wenn noch mehr junge Leute wie Sie kämen, dann wäre das ganz im Sinne des Dezernenten. Herr König spricht gleich noch. Hoffe, die Inszenierung gefällt Ihnen. Es wird laut, greifen Sie bei den Ohrstöpseln am Eingang zu. Ich muss…“ Und weg war er.

Franz hob eine seiner beiden Dosen und signalisierte, dass er schon wieder Nachschub brauchte, was Beck zum Anlass nahm Richtung Rednerpult zu gehen, wo sich die Premierengäste um Wirtschaftssozialkulturdezernent König drängten, der sie mit strengem weißblondem Scheitel um zwei Haupteslängen überragte. Vor Beck stand mit dem Rücken zu ihm der kleine Chinese, den er schon bei der Feier beim zukünftigen Stadion der Viktoria gesehen hatte. Statt einer grünen trug er jetzt eine blaue Jacke mit aufgesetzten Brusttaschen. Die Frisur glänzte im Licht der Lampen vor der Kunsthalle, Beck konnte keine einzelnen Haare ausmachen, obwohl er sich spähend auf den Kopf des Mannes herunterbeugte. Seltsam, es sah aus wie ein schwarzer Teig, dachte er. Da drehte sich der Chinese erschreckend abrupt um, fixierte ihn scharf, bleckte die Zähne, was möglicherweise ein Lächeln bedeuten sollte und bellte: „Hoo Dojaa Huu!“ Beck grübelte, ob das ein Satz war und beschloss, sich vorzustellen: „Hello, I am Justus Beck, I work for the local newspaper. Nice to meet you." Die Antwort lautete unvermindert zackig „Hoo Dojaa Huu!" Beck beschloss, verstanden zu haben, dass der Chinese Ho heißen müsse, und Herr Ho drehte sich abrupt wieder zum Rednerpult, wo gerade Jörg König das Wort ergriffen hatte und darüber zu referieren begann, dass die wahre Kunst der Kulturpolitik das Schaffen von Synergien sei. Traudel Kalbfleisch, die sich ein Handtäschchen vor die Brust hielt, stand rechts halb verdeckt hinter ihrem Dezernenten und blickte ihn mit strahlender Bewunderung an.

König lobte Eduard Pasblanc, der noch immer auf der anderen Straßenseite beim Chef seiner Security stand, überschwänglich für seine Kooperationsbereitschaft, und wie er die Kunsthalle zur neuen Bühne der Stadt gemachte habe. Mit großem Bedauern, das unschwer als mächtige Empörung zu übersetzen war, quittierte der Dezernent die Abwesenheit von Intendant Oswald, der leider unerwartet verhindert sei. Umso freundlicher grüßte er den Chefdramaturgen am Fuße seines Rednerstandes: „Lieber Torsten, mit Leuten wie Dir macht die Neugestaltung der Kulturszene in dieser Stadt wirklich Spaß. Wir stehen vor großen Veränderungen, und Du gehst entschieden mit. So wird das was. Bald wird Dein Stadttheater bei uns im Parlament Theater spielen, und wir Kommunalpolitiker werden bei Dir im Theater tagen. Ich freue mich auch schon darauf, wenn Deine Schauspieler mit ihrer Kunst das idyllische Landgestüt erobern. Man hat mir gesagt, es soll eine Pferdeoper werden. Darauf freue ich mich schon besonders".

Wahrscheinlich hatte Gerd Ludwig Ostermann ihm die Rede geschrieben, dachte sich Beck, denn König interessierte sich eigentlich kein bisschen fürs Theater, und er freute sich schon gar nicht darauf. Aber er spielte seine Rolle als strenger fordernder Förderer einer neuen Stadtkultur durchaus überzeugend. Das musste Beck ihm lassen. Von seiner gespielten Begeisterung für die Kunst leitete er bruchlos weiter zu seinem echten Faible für den Fußball. „Und im nächsten Jahr werden wir den Aufstieg der Viktoria im neuen Stadion mit einem Musical Deines Stadttheaters feiern. Das wird großartig. Das hebt unsere ganze Stadt in eine neue Liga. Ich bedanke mich in diesem Zusammenhang auch bei der Firma Powerhouse-International, die bei der Ausschreibung für den Sportpark so ein interessantes Angebot abgegeben hat. Nicht zu vergessen die Sachspenden, mit denen unsere Partner am heutigen Abend zum Gelingen der Inszenierung beigetragen haben. So durchmischen sich die Milieus unserer Stadt, bringen wir Kultur, Politik, aber auch Wirtschaft in Bewegung und in Kontakt. Ich will, dass unsere IT-Unternehmen in die Kitas gehen, und ich wünsche mir dass die Stadtbibliothek sich dorthin öffnet, damit wir bald alle Medien in unserer City Cloud online zugänglich machen können. Meine Damen und Herren, William Shakespeare hat gesagt, die ganze Welt sei eine Bühne. Ich sage Ihnen heute, die ganze Stadt ist ein Theater, das Theater ist ein Marktplatz, und der Marktplatz liegt in der digitalen Welt. Nehmen Sie, liebe Kulturschaffende und liebe Kulturfreunde diese Herausforderung an, bringen Sie die Gesellschaft und ihr Wissen, die Menschen und ihre Träume ertragreich zusammen. Seien Sie dabei, wenn wir die Kultur ertragreich und die Ökonomie sinnstiftend zusammenführen für ein Leben in sozialer Integration und Inklusion. Aus diesem Geist heraus wollen wir heute zeigen, dass eine Punkband in der Kunsthalle Shakespeare rocken kann. Viel Vergnügen."

Nach einer kurzen Pause der Irritation erklang ein überschnappendes „Bravo". Traudel Kalbfleisch klatschte verzückt, und im nächsten Moment konnte Herr König vom Dezernat für alle Fälle im Beifall der Menge duschen. Am Rande der Menge ragte Bernd Rudolf heraus. Er hielt den Kopf gesenkt, hatte die Arme hinter dem Rücken verschränkt. Seine Gitta stand in einem gelben Ballonkleid neben ihm, eine Jacke über die Schulter gelegt. Als Rudolf zu ihm herüberschaute, reckte Beck aufmunternd den rechten Daumen hoch, Rudolf aber wiegte nur traurig den Kopf. Wie ein Schüler, der beim Geburtstag der doofen Tante Klavier spielen muss, obwohl er doch wirklich was Besseres vorhatte.

Auf dem Weg in die Kunsthalle gesellte sich Franz wieder zu Beck und drängte ihm nunmehr eine von drei Bierdosen auf. „Ich trinke kein Bier", wehrte sich Beck, doch Franz ließ nicht locker: „Ich kann die nicht alle halten, wir brauchen da drin Nachschub." Mit einer Dose in der Hand war Beck noch nie ins Theater gegangen. Es fühlte sich seltsam an, aber dies war ja auch kein Theater. Aus der Kunsthalle scherbelte gewaltiger Lärm. Der kleine Ostermann stand neben einer brünett gelockten Hostess, die ihn um fast drei Köpfe überragte, was den Spitznamen Quasi für den verwachsenen Referenten wieder mal sehr zutreffend wirken ließ. Er schnappte nach verschweißten Ohrstöpseln, die auf dem Tablett der schönen Esmeralda lagen.

„Nehmen Sie sich auch welche", rief der Glöckner vom Kulturreferat. „Die Witches sind furchtbar laut. Freie Szene, Sie wissen schon." Beck hatte keine Ahnung.

Franz hob die Bierdose, ließ einen lauten Jauchzer hören und ging voran. „Na, Hauptsache, der Junge hat seinen Spaß", dachte sich Beck, und sah mit Erstaunen, dass keine Stühle in der Kunsthalle standen. Sollte er etwa die ganze Zeit stehen? Ein paar Bierzeltbänke ohne Tische waren kreuz und quer im Raum verstreut, Sitzsäcke lagen in den Ecken. Alles nichts, womit Beck seinen ramponierten Rücken hätte stabilisieren können. Immerhin gab es in diesem Zuschauerraum auch keine Gelegenheit einzuschlafen. Viel zu ungemütlich und viel zu laut. Eine der drei Hexen an der Bassgitarre, die ein Mann mit fusseligem Damenbart und Gummibrüsten war, gurgelte ins Mikro. Die verhexte Gitarristin in Netzstrümpfen, Netzhemd und mit einem weißen Umhang, der nur aus Löchern zu bestehen schien, erzeugte ein schrillendes Rückkopplungsgewitter. Und die Schlagzeugerin, die nicht nur ihre beiden Drumsticks hoch erhoben in den Händen hielt, sondern zwischen ihren Beinen auch einen aufblasbaren Plastikpenis zur Schau stellte, begann wie tollwütig auf Trommeln und Becken zu dreschen. Der dralle Schwellkörper wackelte wild im Stakkato. Darüber legte sich aus den Boxen ein metallisches Hämmern wie aus der Schmiede eines Riesen auf Ecstasy.

In den Augen der meisten Gäste, die sich schick wie für eine Vernissage mit dem zweiten oder dritten Prosecco vor zur Bühne gewagt hatten, stand bereits Panik. Beck schaute sich um. Der Dezernent war ebenso wenig zu sehen wie der Chefdramaturg. Hatten sich offenbar rechtzeitig in Sicherheit gebracht. Auch der kleine Herr Ostermann war nicht zu entdecken, was bei ihm aber nicht hieß, dass er nicht doch da war. Nur Bernd Rudolf überragte unübersehbar alle. Als er Beck sichtete, hob er hilfesuchend die Hände und formte den Mund zu einem stillen Schrei, der leicht zu übersetzen war: „Warum hast Du mich nicht gewarnt?" Beck blickte unter sich.

Neben und hinter der Bühne waren Bauzäune errichtet, von denen man nicht genau sagen konnte, ob sie zur Kulisse gehörten oder allein dem Schutz von Pasblancs Kunstpalast dienten. Jedenfalls standen dahinter auch Security-Leute in gelben Warnwesten, die einen ästhetisch verstörenden Kontrast bildeten zu den monumentalen weißen Kreisen und Dreiecken auf grauem Grund an den Wänden. Noch verstörender aber war, dass die Security nun auch den Eingang zum großen Saal der Kunsthalle mit Bauzaun verstellten. Es gab kein Entrinnen. Das Publikum war gefangen, die „Witches" kannten kein Erbarmen, und dann endlich erhoben sich polternd und hustend aus einer Gipswolke Macbeth und Banquo als Bauarbeiter, die zuvor unter Schaufeln, Spaten und Bohrmaschinen, Zementsäcken und Armierungseisen gelegen hatten. Was von Shakespeare noch übrig war, konnte Beck kaum sagen. Da die „Witches", anders als im Stück geschrieben, nicht weichen wollten und immer weiter lärmten, verstand er kaum, was gesprochen wurde, sah aber, dass Macbeth statt Schwert einen Presslufthammer nach Hause brachte und seine Lady eine Betonmischmaschine bediente, deren Inhalt sie immer dann in eine Wanne füllte, wenn gerade wieder eine neue Leiche zu beseitigen war. Das ging so mit König Duncan, Banquo, Macduffs Frau und Kindern und gab dem Darsteller des Banquo die Gelegenheit, nochmal als bröselnder Geist im Zementmantel zurückzukommen. Offenbar stammte der alte Werbespruch „Beton, es kommt darauf an, was man daraus macht" ursprünglich auch von Shakespeare, der Macbeth in Wahrheit als Mafia-Epos unter Maurern angelegt hatte. Immer missverstanden, aber das hatte sich an diesem Abend ja nun auch endlich geklärt.

Es tat Becks Kopf und seinem Rücken noch mehr weh als befürchtet, doch war es auch schneller vorbei als erhofft. Nach wenig mehr als einer Stunde schrubbte die Netzhemd-Hexe ihr letztes Riff über einem Haufen Leichen zwischen Betonsäcken. Einige Theatertote lagen auch im Zuschauerraum, der sich gelichtet hatte. Nur noch wenige der Gäste im Anzug waren da, die meisten hatten sich bänglich zwischen den Bauzäunen ins Freie gedrängt. Dafür lagerte eine Gruppe von tätowierten Lederkuttenträgern mit zwei Kisten Bier, von denen Beck sich fragte, wie sie hier hereingekommen waren, direkt an der Bühne und prosteten den Hexen zu.

„Sehr geiles Konzert", sagte Franz beim Rausgehen.

„Eigentlich sollte es ja Theater sein."

„Egal, da geh ich mit meinen Jungs aus der Molekularbiologie noch mal hin."

„Ich hoffe, Du nimmst auch Dein Mädel mit den blauen Haaren mit."

Franz grinste. Sie hatten seinen Wagen erreicht, und Beck, der vom langen Stehen ganz schief war, zwängte sich mühsam hinein. Franz hockte schon quer auf dem Fahrersitz, zog ihn an Knie und Schulter ins Auto und half beim Sicherheitsgurt. Als Beck endlich ordnungsgemäß verladen war und der Junge den Motor mit einem scherbelnden Geräusch anwarf, bemerkte Franz Menschen auf der Straße. Es war die Richtung, die sie nehmen mussten, langsam fuhren sie an, und als der Wagen nah genug herangekommen war, erkannte Beck, dass es eine Unfallstelle war. „Fahr weiter, da sind ja genug Helfer", sagte er. „Wir wollen hier nicht Gaffer spielen." Franz passierte die Stelle langsam. Auf dem Boden lag ein Mann, über den eine Metallfolie gelegt war, ein Sanitäter beugte sich zu ihm hinunter. Schon waren sie vorbei. Doch im Seitenspiegel sah Beck noch, dass drei Polizisten offenbar einen Mann festhielten und verhörten. Seltsam. War das nicht Eduard Pasblanc? Mehr zu sich als zu Franz sagte er: „Na, wir werden ja in der Post lesen, was da los war."

Dritter Aufzug: Brutus

1 Sie hatte ihn rausgeschmissen. Das war Beck in all den Jahren noch nie passiert. Meist war er in den Laden gegangen, wenn Paula am Putzen war. Oder er hatte sich an seinen Schreibtisch verzogen. Doch diesmal war sie nicht allein, hatte ihre Enkelin, die gerade laufen konnte, sowie eine Nichte von fünf Jahren mitgebracht und ihm sehr deutlich zu verstehen gegeben, wie wenig er den Mädchen zuzumuten sei. Widerworte waren zwecklos. Die Wohnung sei vollgemüllt, er stehe nur im Weg rum, sie wolle nicht darüber diskutieren, was sie sauber macht und was sie gleich wegwirft. Ende der Diskussion. Raus! Beck hatte seine Windjacke genommen, die sich schon im Hof als zu dünn herausstellte, und war in den kleinen französischen Park drei Straßen weiter gegangen, wo ein offenbar avantgardistisch gestimmter Mitarbeiter des Gartenamtes das barocke Konzept der Heckengeometrie mit Kegeln und Kugeln, Pyramiden und Zylindern in einen geradezu futuristischen Manierismus gesteigert hatte.

Nun saß er an diesem feuchten Sonntagmorgen in der wie mit Lineal und Zirkel gebändigten Natur und fror missmutig in sich hinein. Mit seiner „Macbeth"-Kritik war er nicht weit gekommen. Was wusste er schon von dieser Lärmmusik, was hatte er bei all dem Krach noch von Shakespeare verstanden? Er hätte ja eine Abhandlung über Taubheit im Theater schreiben können, doch nach seinem untauglichen Versuch über die Schlafkrankheit Morbus Tschechow beim „Kirschgarten" wollte er sich da lieber nicht mehr so weit aus dem Fenster lehnen. Außerdem hatte sich Franz für den Mittag angekündigt, um das Kisten-Chaos in der Wohnung zu sortieren. Ihm hatte es ja gefallen, also würde Beck mal hören, mit welchen Argumenten die Jugend seiner Besprechung weiterhelfen könne. Zunächst aber kauerte er wie bestellt und nicht abgeholt auf der schmiedeeisernen Bank vor einem kahlen Rankgitter und bibberte still in sich hinein. Zwei Stunden Ausgang hatte Paula ihm verordnet. Er schaute zur Uhr: noch 97 Minuten.

Eine halbe Stunde später blickte er erneut zur Uhr, und es waren gerade vier Minuten vergangen. Was für ein Morgen. Da wackelte zwischen einer grünen Kugel und einem grünen Quadrat ein orangeroter Fleck in sein Sichtfeld. Beck beugte sich vor, schaute angestrengt und erkannte dann: Jutta Meiser, Inspizientin des Stadttheaters, die dank ihres karottigen Koboldschopfes schon von weitem auf sich aufmerksam machte: eine kleine, energische, untersetzte Frau mit einem weißen Totenkopf auf ihrem braunen Kapuzenpulli. Sie kam näher, stutzte. Nun hatte auch sie ihn erkannt.

„Hallo, Beck, was machst Du denn da? Ist doch ziemlich klamm heute früh. Haben sie Dich ausgesperrt?"

„Ach was." Er zwang sich ein Grinsen ins Gesicht. „Ein bisschen Frischluft schnappen. Das Hirn lüften. War so ein Krach gestern bei Macbeth."

„Du warst da?" Jutta Meisers gedrungener Körper spannte sich, und sie wirkte dadurch gleich ein Stück größer. „Ich hatte gestern frei, hab's aber schon gehört. Hast Du den Unfall gesehen?"

„Da war Polizei auf der Straße, als wir gefahren sind, aber wir wollten da auch nicht wie die Gaffer rumstehen. Was hast Du gehört?"

„Emig wurde überfahren!"

„Torsten Emig? Der Chefdramaturg?" Mit einem Schlag war Beck nicht mehr kalt. Hätten sie also besser doch angehalten, dachte er, doch er sagte: „Das ist ja schrecklich. Lebt er noch? Wie geht's ihm?"

„Weiß ich nicht, liegt im Krankenhaus, sieht wohl nicht gut aus. Aber der Hammer ist, dass die Polizei offenbar Pasblanc in Verdacht hat."

„Er soll ihn überfahren haben?"

„Nein, er soll ihn auf die Straße geschubst haben, als ein Wagen kam. Jedenfalls hat wohl der Fahrer behauptet, Emig sei ihm vors Auto gestoßen worden."

Vor seinem inneren Auge sah Beck den Kunsthallenchef Eduard Pasblanc, wie er den ganzen Premieren-Abend über vor seinem Ausstellungshaus stand. Begeistert über das Theater in seiner heiligen Halle war er nicht, das wusste jeder. Aber deswegen den Chefdramaturgen vor ein Auto werfen? „Pasblanc? Dieser Schöngeist? Also, das kann ich mir nicht vorstellen."

„Er wurde wohl ziemlich lange vernommen, hab ich gehört. Aber mehr weiß ich auch noch nicht. Mal sehen, ob morgen bei der PK noch was rauskommt. Aber vielleicht sagen sie die Pressekonferenz auch gleich ab."

Am Montagmittag wollte das Theater im alten Stadion „Schnakenloch" seine Kooperation mit der Viktoria bekannt geben und das Mücken-Musical vorstellen. Beck sollte gar nicht drüber schreiben, das war längst ein Politikum, ein Fall für Nachrichtenchef Kevin Jung. Jetzt aber dachte sich Beck, dass er doch mal vorbeischauen sollte: „Da geh ich morgen hin."

„Wahrscheinlich bleibt es ja auch bei dem Termin. Ist ja alles viel zu wichtig mit dem Fußball hier dieser Tage."

„Auch ein Fan, was?"

„Bloß nicht, sieht man doch", sagte sie und deutete auf ihren Kapuzenpulli mit dem Totenkopf.

„Ja, Du bist unter die Piraten gegangen. Karneval ist aber schon vorbei."

„Mann, Beck! St. Pauli? Noch nie gehört?"

„Doch, Schmidts Tivoli, St. Pauli Theater, kenn ich alles."

„Knapp vorbei, ich meine eher das Stadttheater…"

„Das Thalia? Das ist aber an der Alster und gilt streng genommen auch als Staatstheater."

„Herrje, nein, ich meine die Juxbude am Millerntor: St. Pauli! Der Fußballclub!"

„Ach, Jutta, was weiß ich denn von Fußball?"

„Eben. Nix. Na, jedenfalls brauche ich keinen Verein, der so tut, als wäre er stolz auf sein Biotop und dann das Schnakenloch mit einem Parkplatz tauscht. Schöne Mücken sind mir das."

„Aber sie eilen von Sieg zu Sieg."

„Ach was! Schlecht gespielt, verdient verloren. Ich sag's Dir: Am Ende wird das doch nix mit dem Aufstieg. Und dann noch einen chinesischen Investor dazu holen. Also, da lob ich mir doch meine Hamburger."

Beck konnte nicht wirklich folgen. „Ja, wenn Du meinst. Diesen Chinesen hab ich gestern getroffen. Herr Hu, hat sich mir sogar vorgestellt, hab ihn aber nicht verstanden."

„Heißt der nicht Gu? Wir nennen ihn im Theater jedenfalls nur den guten Mensch von Sezuan."

„Er sieht Bert Brecht aber nicht sehr ähnlich."

„Nein", Jutta Meiser lachte herzlich. „Er kommt tatsächlich aus der Provinz Sezuan, aus Chengdu."

„Sie an: Der gute Herr Hu aus Chengdu!"

Jutta Meiser lachte: „Wenn das Brecht gewusst hätte. Das muss so eine Boomstadt sein. Die wissen in diesem Chengdu offenbar nicht, wohin mit ihrem Geld."

„Dabei sollte man meinen, dass die Chinesen genügend eigene Mücken haben."

„Ja, ich find das auch suspekt. Aber wer hört schon auf die Inspizientin?"

„Ich schon. Immer wieder gern." Beck liebte es, wenn Jutta Meiser zum Tratsch in seinen Laden kam. „Komm doch mal wieder auf ein Glas Wein vorbei."

„Wann bietest Du endlich Export an? Dann wäre ich Stammgast." Sie schaute zum Himmel. Leichter Nieselregen hatte eingesetzt, ein dunkelgrauer Keil schob sich in die hellgraue Wolkendecke. „Also, ich muss weiter. Willst Du nicht mal ins Trockene umziehen?"

„Ist so schön hier am Morgen", sagte er und zog ein schmerzverzerrtes Grinsen über seine kleine Lüge.

„Dann mach's gut. Bis morgen."

Er blickte ihr nach und las auf ihrem Rücken „FCK NZS". Schau an, Jutta Meiser war also auch Fan von Köln. Oder war es Kaiserslautern? Aber was war der NZS? Nürnberger Zentralsportverein? Gab's den? Beck hatte keine Ahnung und wunderte sich noch, bis Jutta Meiser durch die Pforte des Parks entschwunden war, dann schaute er zur Uhr. Noch 81 Minuten. Er spürte die Nässe und die Kälte noch unangenehmer als zuvor. Er zog erneut den Kopf in den Nacken, redete sich ein, er könne schlafen. Als er aufzuwachen meinte, waren es noch 78 Minuten. Das ging so nicht. Beck erhob sich, steif von der harten Bank. Es nieselte stärker, seine Jacke war feucht. Er musste zurück ins Warme, selbst wenn er Ärger mit Paula riskierte.

2 Zu seinen Füßen bildete sich ein Pfützchen, die Haare hingen ihm bündelweise wie graue Spaghetti am Kopf herab. Justus Beck blickte betreten unter sich.

„Mein Gott, was machst Du denn?" Paula stand mit ausgebreiteten Händen vor ihm. Ein kleines Mädchen schaute an ihrem rechten, das größere Kind an ihrem linken Bein vorbei. „Bist Du in einen See gefallen? Was rennst Du denn in den Regen? Ich hab doch nur gesagt, dass ich Platz brauche zum Aufräumen, wenn ich die Mädchen da habe. Drei kleine Kinder kann ich hier wirklich nicht gebrauchen. Du hättest doch einfach in Deinen Laden gehen könne. Da ist doch wirklich genug zu tun.“

Beck ließ die Schimpftirade an sich abperlen, unangenehmer als der Regen war das auch nicht. Als die Dusche einsetzte hätte er schneller laufen müssen, aber das kriegte er nicht mehr hin, weshalb er durch den Schauer getrottet war. Wäre sonst noch jemand auf der Straße gewesen, er hätte denken müssen, Beck genieße es, nass zu werden.

„Mir ist kalt.“ Mehr sagte er nicht.

„Komm ins Bad, Hanna, geh spielen, Lucy hol mal ein großes Handtuch.“ Paula zog ihn aus der Diele, das kleine Mädchen trollte sich mit tapsigen Schritten ins Wohnzimmer, wo ein rosafarbenes Pony auf Rollen neben einem weißen Einhorn mit Regenbogenmähne parkte. Das größere Mädchen hatte sich schon ein Handtuch geschnappt: „Warst Du auf dem Spielplatz?“

„Frag nicht so ein dummes Zeug“, murrte Paula. Nichte, Enkelin und Becks wüste Wohnung waren wohl auch für ihre sonst unverwüstliche Laune etwas zu viel.

„Nein, ich hab nur im Park gesessen“, sprach er mit müdem Blick, während Paula seine Haare mit dem Handtuch verstruwwelte und ihm die Jacke herunterzog.

„Kannst Du Dich nicht selber anziehen“, kam die nächste Frage aus Hüfthöhe.

„Ja, das frage ich mich allerdings auch", sagte Paula. „Zieh Dir mal was Trockenes an, und dann pass bitte mal auf Hanna auf, damit ich hier fertig werde."

Beck schlich in sein Schlafzimmer an Hanna vorbei, die gerade dabei war ihr Rollpony vom Regenbogeneinhorn mit harten Schlägen decken zu lassen. Als er in frischen weißen Socken mit einer grauen Jogginghose und einem forstmeistergrünen Pulli bekleidet zurückkam und auf sein Sofa sackte, ließ Hanna ihr Einhorn gerade einen Kopfstand vollführen, während das Rollpony schwer hospitalistisch immer wieder vor und zurückfuhr. Hanna brauchte keine Aufsicht, das Kind war sich offenbar selbst genug, stellte Beck zufrieden fest. Der Gedanke wollte ihn gerade schläfrig werden lassen, da stand Lucy neben ihm und blickte ihn durchdringend an. Beck schaute weg. Sie schaute immer noch, die Hände hinterm Rücken. Er wich ihrem Blick aus, sie kam herum und stellte sich naseweis vor ihn.

„Was?" Solche kleinen Kinder waren ihm schon immer auf die Nerven gegangen.

„Kannst Du nicht putzen?"

Beck starrte sie nur an.

„Ich soll mein Zimmer immer selbst aufräumen, sagt meine Mama."

„Kluge Mama."

„Warum muss Tanta Paula bei Dir aufräumen?"

„Weil ich alt und müde bin."

„Dann musst Du früher ins Bett gehen", sagte Lucy und setzte sich ungefragt neben Beck aufs Sofa. Hanna knallte Regenbogeneinhorn und Rollpony gegeneinander, als wären es zwei Becken für die Marschmusik.

„Komm Du mal in mein Alter", brummt Beck.

„Hier stinkt's."

„Ich riech nichts."

„Als Tanta Paula Dich weggeschickt hat, hat sie gesagt, Deine Wohnung wäre ein Saustall. Und im Bad hat's auch ganz doll gerochen. Du musst auch auf die Spüle drücken, wenn Du auf dem Klo warst."

„Schön, dass Du Bescheid weißt."

„Kannst Du auch nicht kochen?"

„Doch, Wasser." Wann gab dieses Kind endlich Ruhe?

„Mein Papa macht mir immer Spaghetti mit roter Soße."

„Na, das krieg ich auch noch hin."

„Warum machst Du es dann nicht?"

„Keine Lust."

Lucy schien nachzugrübeln. „Naja, Tanta Paula kocht vielleicht auch besser als Du. Ihre Klöße mag ich."

„Schön für Dich."

„Wollen wir was spielen?

„Nein!" Beck wusste längst wieder, warum er keine Kinder hatte. Juliane hatte immer welche gewollt, aber gerade kleine Kinder waren ihm immer nur auf die Nerven gegangen. Nach ihrem Tod hatte er es manchmal bedauert, dass da kein Sohn und keine Tochter waren, die ihn mal besuchten. Mit Lucy neben sich wusste er wieder, warum das so war. Und dass es so sein musste.

„Guck mal!" Lucy sprang auf, lief zu einem rosafarbenen Rucksack, holte eine Puppe und einen Beutel heraus. Die Puppe litt an Magersucht im Endstadium, das sah Beck sofort, aus dem Beutel kramte das Mädchen Farben und Kämme. „Das ist Beauty-Bea. Die können wir frisieren, und dann malen wir ihr Tätowierungen."

„Vergiss es. Mach das mal schön selber." Beck ging die Kleine mittlerweile richtig auf den Wecker.

„Du bist doof", sagte Lucy. Hannah lachte und hustete gleichzeitig, und kommentierte sich selbst mit einem langgezogenen „Gahaaababababaaamamamamaaaa".

„Sprich in ganze Sätzen, Kind", seufzte Beck.

„Und hier stinkt's immer noch", motzte Lucy. Da schellte die Klingel. Endlich, dachte Beck. „Ich geh", rief er Paula zu, die er in der Küche vermutete. „Wer ist das denn jetzt?", schallte es zurück. „So werde ich ja nie fertig." Beck griff zum Hörer der Gegensprechanlage: „Ja, hallo!"

„Hallo, hier ist Franz, ich hab Leonie mitgebracht."

„Schön, kommt hoch." Beck war jetzt alles recht, wenn er nur nicht mehr das Kindermädchen spielen musste.

„Das wird heute nichts mehr." Paula klang resigniert, aber auch irgendwie erleichtert. „Das ganze Jahr ist hier kein Mensch, und jetzt, wo ich die Kinder habe und hier noch klar Schiff machen will, ist volles Haus."

„Lass gut sein", sagte Beck.

„Mit der Methode bist Du hier ja weit gekommen", nörgelte Paula. „Aber egal, ich mach Kaffee."

Es klopfte an der Tür. Beck öffnete, sah zunächst nur Franz, dann schob sich von hinten ein silberblauer Stuwwelkopf vor, mit Ringen in Nase, Lippen und Ohren. Beck zählte sieben. „Hallo, ich bin die Leonie", sagte die junge Dame. Auf ihrem T-Shirt stand „Overkill", dabei sah sie ganz freundlich aus. Ihre Hand schnellte vor, noch bevor Franz richtig grüßen konnte.

„Nett, Dich kennen zu lernen", sagte Beck. „Komm rein, es gibt Kaffee." Im selben Moment fiel ihm auf, wie er rumlief. Die Jogginghose zerknittert, der Pulli geflickt, dann fiel sein Blick auf die Socken, der rechte hatte ein Loch. Beck stieg mit dem linken Fuß drauf, um den Makel zu verdecken, stand nun aber da, als müsse er dringend austreten.

„Ich hab schon viel von Ihnen gehört", sagte das blaue Mädchen und blickte kurz irritiert zu Boden, denn Becks ballettöse Pose weckte ihre Aufmerksamkeit.

„Ohje", antwortet er. Mehr fiel ihm nicht ein, denn er sah, dass weiße Tennissocken für das Mädchen offenbar ein Kulturschock waren. Im selben Moment schob sich Lucy schon von hinten an Paula vorbei: „Wer seid denn ihr?"

„Ich bin die Leonie und das ist der Franz."

„Helft Ihr auch beim Aufräumen?"

Paula griff von hinten über den Kopf ihrer Nichte. „Lucy, geh mal ins Wohnzimmer." Lucy dachte aber gar nicht daran. „Kommt in die Küche", sagte Paula.

„Hier riecht's aber…". Leonie machte eine Pause, die ahnen ließ, dass sie jetzt nichts Falsches sagen woll- te. „Duftig. Wie im Urlaub."

„Vorher hat es ganz doll gestinkt", petzte Lucy.

„Lucy, jetzt hört's aber auf", zischte Paula. Beck hat- te längst resigniert und bestand nur noch auf korrektem Deutsch: „Das heißt gestunken."

Wenn Paula auch aus ihrer Putzordnung gerissen war, hatte sie doch im Nu Teller und Tassen, Kaffee, Bienenstich und Kakao für die Kinder auf der Arbeits- platte. So gemütlich war es hier schon lange nicht mehr gewesen. Franz, der die Schlüssel zum „i.vive" holen wollte, erzählte vom Studium, von der Exkursion ins Wattenmeer, bei der er Leonie getroffen hatte. Bald kamen sie zum Theater vom Vorabend. Den Unfall, der Beck nicht aus dem Kopf ging, hatte Franz schnell ab- gehakt. Leonie interessierte sich sehr für den „Macbeth", der eigentlich ein Konzert war. Sie schwärmte von Thrash Metal, Porngrind und Deathcore. Vertrauenerweckende Bandnamen wie Berzerker, Anth- rax, Sodom und Megadeth tanzten durch den Raum und in Becks Ohren. Er verstand immer noch nur Lärm. Mit dieser Expertise konnte er nichts anfangen, das wusste er jetzt. Als sich das Gespräch auf Skatepunk und Hatecore verlagerte, schob Paula die Kinder mit dem Kakao in den Flur und begann sie anzuziehen. „Ich komme morgen nochmal, muss jetzt heim, die Kinder sollen ja auch noch was zu Mittag kriegen."

Franz hatte es jetzt auch eilig, aber Leonie wollte noch Becks Schreibtisch sehen: „Ah, hier schreiben sie also. Schöner Ausblick. Wenn man die Vorhänge ein bisschen zur Seite zieht."

„Hm, blendet so."

„Ist doch total bewölkt, regnet immer noch", wandte Leonie ein und erzählte von daheim, von ihren Eltern, die früher immer Becks Kritiken in der „Neuen Post" gelesen hatten. „Sie haben immer lange darüber geredet, was das denn bedeuten würde, was Sie geschrieben haben. Meine Mutter hat sich sogar wegen Ihnen ein Fremdwörterbuch gekauft und dann all diese Theaterbegriffe nachgeschlagen. Die hab ich mir dann als Kind auch gemerkt. Sowas wie Teichoskopie! Da hab ich mir einen Teich vorgestellt, in dem die Figuren baden. Irgendwann hab ich's dann mal nachgeschlagen und gesehen, das heißt Mauerschau, weil die Figuren über eine Mauer auf eine Szene gucken. Da hab ich mich natürlich gefragt, warum sie das nicht gleich geschrieben haben."

Beck wusste nicht, was er von dieser Anekdote halten sollte: „Na, aber ist doch schön, wenn Zeitunglesen bildet."

„Ja, bloß, wenn meine Mutter dann Ihren Artikel und das Fremdwörterlexikon gelesen hatte, wusste sie oft immer noch nicht, wie Sie es fanden. Dabei war meinen Eltern das ganz wichtig. Sie waren für die beiden schon eine Instanz."

Beck lächelte verdrießlich: „Das hört man gerne."

„Und wenn meine Eltern dann aus dem Theater gekommen sind, wussten sie meistens immer noch nicht, wie sie es finden sollen. Dann haben sie ganz oft nochmal ihre Kritik gelesen. Und manchmal hat meine Mutter gesagt, dass sie glaubt, verstanden zu haben, wie es war und wie sie es fanden."

„Das tut mir leid. Theater soll doch auch ein Vergnügen sein."

Leonie lachte jauchzend. „Ja, das hat nicht so gut geklappt bei den beiden. Jetzt haben sie auch kein Abo mehr. Also das vom Theater. Mein Vater will die Zeitung ja auch immer abbestellen, aber meine Mutter ist dagegen. Und mein Vater durfte das Schauspielabo auch erst kündigen, als meine Mutter nicht mehr gut hörte. Früher hat sie immer gesagt, es würde zu viel geschrien auf der Bühne. Und immer nur Schimpfwörter. Da hat sie sich total aufgeregt, aber sie ist hingegangen. Aber jetzt versteht sie eben auch nicht mehr, wenn einer *ficken* ruft. Da hatte sie dann irgendwann keine Lust mehr. Verrückt, oder?"

„Gehst Du denn ins Theater", fragte Beck.

„Also, wenn Sie Punk spielen. Ich war mal mit der Schule in den Räubern, aber ich hab das Stück nicht verstanden, obwohl ich es gelesen hatte. Sah aus, als

94

würde es auf dem Mond spielen und der Vater vom Räuberhauptmann saß in einem Kühlschrank."

„Ja, ich erinnere mich. Hat Dir nicht gefallen?"

„Hätte halt lieber gehabt, dass mir einer die Geschichte erzählt."

„Aber bei Musik kann's Dir nicht schräg und heftig genug sein", ging Franz dazwischen.

„Schon, aber da muss ich ja nichts verstehen, die Musik fühlt man ja. Aber wenn Sie mal wieder jemand brauchen, der mitgeht, versuch ich es vielleicht noch mal."

Beck war von dem Vorschlag überrascht. „Das ist aber nett."

„Ich hab gehört, dass Sie immer jemand brauchen, der Sie aufweckt." Beck versteinerte kurz. „Aber Franz hat mir gesagt, dass es wegen Ihrem Herz ist und nicht, weil Sie das Theater so langweilig finden."

„So, hat er das", sagte Beck und schaute Franz an, der verlegen grinste: „Frau Berlepp hat mir gesagt, dass Sie beim Kardiologen waren und Medikamente nehmen."

„Sehr fürsorglich von Euch. Ich nehm Dich auch gerne mal mit, Leonie. Aber jetzt müsst Ihr mich entschuldigen. Ich muss meine Kritik noch schreiben." Ein wenig hastig komplimentierte er die beiden aus der Wohnung, dann ließ er sich vor seinem Computerbildschirm niedersinken. Megadeth und Macbeth, Duncan und Deathcore geisterten ihm durch den Kopf. Wie sollte er anfangen. Gerade als sich ein Eröffnungssatz in

seinem Kopf bilden wollte, zog schottischer Hochland-
nebel über den Worten auf. Beck sah die blutige Lady
Macbeth Arm in Arm mit Eduard Pasblanc. Und schon
war er eingeschlafen.

3 Es war noch zu früh im Jahr für Stechmücken am
Schnakenloch, auch wenn schon ein Hauch von
Frühling über dem Stadion der Viktoria lag. Auf
den Stehplätzen zeigte sich zwischen den schiefen und
zerborstenen Steinplatten erstes frisches Kraut, und die
Bäume, die den Sportplatz von den Schilfteichen und
dem dahinterliegenden Wohngebiet trennten, trugen
bereits sanftgrünen Flaum. Die lästigen Insekten, die es
zu geliebten Maskottchen der Fußballer gebracht hatten,
juckten jetzt noch niemanden. Bald schon aber würden
sie aufsteigen, heute jedoch ließen sich nur jene beiden
seltsam deformierten Exemplare blicken, die Beck bereits auf dem Festplatz gesehen hatte, wo bald schon das
neue Stadion entstehen sollte. Zur Pressekonferenz aber
hatten Theater, Verein und Stadt noch einmal ins alte
Schnakenloch geladen. Das Gesprächspodium, abgehängt mit einem Transparent in den Viktoria-Farben
Grün-Braun, auf dem man „Vicky schwirrt ab – Das
Mücken-Musical" lesen konnte, war parallel zur Tribüne an der Außenlinie des Fußballplatzes errichtet. Quer
dazu stand links eine Torwand, rechts eine kleine quad-
ratische Bühne für eine Band, von der bislang nur
Schlagzeug und Gitarren, Bass, Trompete und Saxofon
zu sehen waren. „Mosquito Coast" prangte auf der großen Trommel.

Wenn die „Mücken" bald aufsteigen sollten, dann würde das Musical ihren Ruhm rocken. So hatte es Chefdramaturg Torsten Emig verkündet, bevor er unters Auto kam. Nun hatten sich an seiner Stelle Intendant Jakob Oswald, von dem jeder wusste, wie wenig er mit Fußball am Hut hatte, und sein willfähriger Schauspieldirektor Bernd Huber auf den Weg ins Stadion begeben. Der Hut, an dem der Fußball keinen Platz hatte, war ein Dreispitz mit Feder. Oswald, der stets aussah, als stamme seine Garderobe aus dem Operettenfundus, trug Stiefel und einen bis zur Hüfte reichenden Umhang, weshalb nur noch ein Degen fehlte, um ihn zum Musketier zu machen. So kannte man ihn in der Stadt. Neu aber war eine Herrenhandtasche, aus der ein strubbeliger Kopf herausschaute. Sah aus wie eine ondulierte Ratte. Das Handtaschentier gab ein Bellen von sich, das man auch für ein Niesen hätte halten können. Ohne hinzuschauen, drückte Oswald den Strubbelkopf in die Tasche und knipste den Verschluss zu. Während der Intendant mit seiner nun leise knurrenden Handtasche über seine Brille hinweg das baufällige Stadion inspizierte, saß sein Schauspieldirektor mit hängenden Schultern, schwarzer Weste und hellbrauner Cordhose da, als sei der Tag seiner Enthauptung gekommen und kein Musketier in Sicht, um ihn zu retten. Noch hatten die beiden das schwarz verhängte Podium für sich. Beck betrachtete sie von der überdachten Tribüne aus, wo sich die ersten Zuhörer im Block „E" wie Ehrengäste einfanden. Dort gab es anstatt der morsches Bänke ganz außen und der brüchigen Sitzschalen auf den besseren Plätzen sogar rund fünfzig enge, aber gepolsterte Sitze, die extra für die Pressekonferenz mit weißen Tüchern abgehängt waren, denn der Schaumstoff der Rückenlehnen war längst bröselig und färbte gern auf Textilien ab.

Beck wunderte sich, dass in diesem Stadion überhaupt noch Sport getrieben und vor allem geschaut wurde. So runtergekommen hatte er es sich nicht vorgestellt. Wurde aber alles besser, hatte er am Morgen in der „Neuen Post" gelesen, wo Editor in Chief Online and News Kevin Jung einen Leitartikel verfasst hatte, der die Zukunft der Viktoria an der Seite des Verlages als Sponsor in den schönsten Farben ausmalte. Fünf erfolgreiche Spiele in zwei Wochen und der Aufstieg sei Formsache, erfuhr Beck an dieser Stelle, wobei er im Sportteil das Gegengutachten nachlesen konnte, wonach die Viktoria das Siegen verlernt habe, der Trainer die Mannschaft nicht mehr erreiche, der Schlendrian drin sei und das alles so nichts werden könne.

Davon aber wollte Kevin „The Icon" Jung offensichtlich nichts wissen, denn er war auch jetzt schon Kopf an Kopf ins Gespräch vertieft mit Beate Vorreiter-Beginski, der Parteivorsitzenden, die hinter Spitzenkandidat Jörg König ein straffes Regiment führte. Wer Karriere machen wollte, kam an ihr nicht vorbei, denn sie war es, die auf Parteitagen die Mehrheiten organisierte. Den Titel „Königsmacherin" hatte sie sich mit Fehden und Feindschaften hart erarbeitet. Ihr zweiter Spitzname war eher ein Spaß für Fußballfans, denn wegen ihres Kürzels BVB wurde Beate Vorreiter-Beginski hinter ihrem Rücken auch gerne „Borussia" genannt. Beck stand zu weit weg, um mitzukriegen, was der noch immer jungenhaft wirkende Mann mit dem rosaroten Bluthochdruckkopf und der straff gespannten Stresswampe über dem Gürtel zu der drahtigen Dame mit Kupfermähne im dunkelgrünen Kostüm sagte. Aber man konnte von weitem ahnen, dass Borussia und The Icon eine Verbindung hatten, die dem journalistischen Distanzgebot nicht angemessen sein konnte.

Eine blecherne Fanfare aus den Tribünen-Lautsprechern signalisierte den Beginn der Pressekonferenz. Vier mit Jeans-Kutten als Fans verkleidete Mitarbeiter der Geschäftsstelle liefen mit riesigen Fahnen aufs Spielfeld, die sie ungelenk schwenkten. In Ermangelung von Cheerleadern kam ein Dutzend Mädchen der Viktoria-Turnabteilung in Hotpants auf den Rasen, wedelte mit Lametta-Puscheln und zeigte Hebeübungen. Dazu lief die Vereinshymne „Viktoria, Dein Sonnenschein in meinem Herz ist immer da", die ein italienischer Pizzabäcker vor vierzig Jahren eingesungen hatte. Eine bessere hatte der Verein sich nie geleistet. Aber damit könnte ja nun Schluss sein, dachte Beck und setzte sich zum guten Dutzend schreibender Journalisten. Eine Handvoll Kollegen vom Funk hatte Mikrofone am Podium platziert, wo sich statt des Kulturdezernenten der kleine Herr Ostermann in der Mitte zu schaffen machte. Augenscheinlich versuchte er, seinen Sitz höher zu stellen, resignierte aber bald und ließ sich in der Mitte nieder, was ob seiner geringen Leibeslänge ausschaute, als würde er auf einem Kinderstühlchen unter lauter Erwachsenen hocken. Neben ihm nahm ein Mann im anthrazitfarbenen Anzug Platz, den sein Namensschild als Herrn Salisch von der Firma Powerhouse-International auswies, die das neue Stadion in Kooperation mit Partnern in Hongkong errichten sollte. Der Platz des Viktoria-Präsidenten war noch verwaist, denn

Werner Mühlbach hatte sich auf dem Weg dorthin in ein Gespräch mit Frau Borussia, Kevin The Icon und dem guten Menschen von Sezuan verfangen. Nun drängelte die Gruppe in Becks Reihe an ihm vorbei. Kevin Jung grüßte, fragte, als erwarte er keine Antwort: „Sie kennen sich?"

Dennoch fühlte sich Beck angesprochen und sagte: „Herr Ho hat sich mir am Samstag vor der Kunsthalle schon vorgestellt."

„Hoo Dojaa Huu!", sagte der Chinese, der heute eine braune Jacke mit aufgesetzten Brusttaschen trug.

„Nice to meet you", sagte Beck.

„Das ist Herr Gu, nicht Herr Ho. Nicht dass Sie das demnächst noch in einem Artikel falsch schreiben", verbesserte Kevin Jung.

Beck verstand nicht: „Aber hat er nicht eben seinen Namen genannt?"

In die kurze Verlegenheitspause stieß Beate Vorreiter-Beginski mit einem spitzen Lachen: „Nein, er hat How do you do gesagt."

„Mein lieber Beck", ätzte Kevin Jung. „Ihr Englisch ist ja noch schlechter als ihr Mandarin."

Um die Peinlichkeit gleich wieder abzuschütteln, fragte Beck, als hätte er die Spitze nicht gehört: „Was macht denn Ostermann auf dem Podium? Solche Termine lässt sich König doch sonst nicht entgehen."

Borussia grätschte dazwischen: „Es tut ihm so leid. Eben ging's ihm auch noch gut, aber dann… Der Magen, ganz schlimm, bestimmt Noro-Virus oder sowas."

„Oh, mitten im Wahlkampf, das tut mir leid." Tat es Beck gar nicht, aber BVB lächelte süß-säuerlich: „König ist schnell wieder auf den Beinen, der kann was einstecken, das ist ein Steher." Beck wunderte sich über die Boxersprache und wollte gerade etwas mit schlechtem Essen und Tiefschlag antworten, da reichte es Kevin Jung: „Entschuldigen Sie uns!" Die Gruppe drängelte vorbei – Präsident Mühlbach und Herr Gu Richtung Podium, die anderen auf die vordersten Plätze von Block E.

Vorne klopfte Aushilfsmoderator Ostermann auf dem Mikro herum, um eine Ansage zu machen, da überdonnerte ihn ein Gitarrenriff. „Mosquito Coast" legte los: „Football's Coming Home" in einer Fassung, die nach üblem Rumpelfußball klang, gefolgt von einem Song der „You'll never fly alone" hieß und kaum noch Ähnlichkeit mit der Originalhymne „You'll never walk alone" hatte. Kaum hatte die schwarzhaarige Sängerin mit der rauchigen Rockröhre die letzte Silbe ausgehaucht, kaum war der letzte Akkord scherbelnd verklungen, stürmten aus dem Kabinengang unter fröhlichen „Summsummsumm"-Rufen Dutzende Knirpse in grünen Fußballhosen und braunen Trikots, an denen kleine Flügelchen baumelten, am Podium vorbei, jeder einen Ball am Fuß, den er auf die Torwand kickte. Und weil keiner traf, kullerten die Bälle überall vor der Bühne herum, die Kleinen traten alles, was sich bewegte, bis ein Mann, der im Kostüm eines Grashüpfers steckte, aber offenbar der Schiedsrichter sein sollte, in eine schwarze Pfeife blies. Für einen Moment hielten die Kickerkinder inne, dann bolzten sie weiter und spielten mit dem pfeifenden Grashüpfer fangen.

Sah also alles schwer danach aus, als wolle das Stadttheater „Biene Maja vor, noch ein Tor" zeigen. Beck hatte eigentlich schon genug gesehen, schaute den Intendanten an, der als stoischer D'Artagnan das Kinn reckte und auf einen Abschnitt der Tribüne blickte, wo niemand saß. Sein Schauspieldirektor trug den Kopf eingezogen und spähte seitlich von unten zu seinem Chef. Herr Salisch von Powerhouse International schmunzelte geschäftsmäßig glatt. Herr Gu hatte die Augen geschlossen, die Arme verschränkt und schien zu meditieren. Viktoria-Präsident Mühlbach blies die Backen auf, als wolle er vor den Fragen der Journalisten die Luft anhalten. Doch an Fragen war nicht zu denken, denn nun kam der große Auftritt des kleinen Herrn Ostermann in seinem grün-gelb-schwarz karierten Jackett, der sich vor dem Mikro reckte, um halbwegs auf Augenhöhe der Anderen zu kommen: „Sehr geehrte Damen und Herren von der Presse, liebe Vertreter der Stadtverwaltung, des Stadttheaters und von Viktoria 95. Mein Name ist Gerd Ludwig Ostermann, ich bin der Kulturreferent und sollte gar nicht hier vorne sitzen. Aber leider ist Kulturdezernent Jörg König kurzfristig erkrankt. Ich bedauere auch sehr, an dieser Stelle nicht wie geplant den Chefdramaturgen des Stadttheaters, Herrn Torsten Emig, begrüßen zu können, von dem wir alle hoffen, dass er nach seinem schweren Unfall bald wieder bei uns ist. Lassen Sie mich zunächst umreißen, worum es heute gehen soll."

Ostermann lobte die Band, die kaum einen Ton traf, als integratives Sozialprojekt, fand nette Worte für die Fußballkinder, die immer noch nicht stillsitzen mochten und ständig Bälle kickten, verteilte Komplimente an die Statisten, die sich alle Mühe gaben, Stechmücken zu sein, obwohl sie doch nur aussahen wie Abortfliegen. So einnehmend wie Ostermann sprach, klang selbst die Geschichte des Mücken-Musicals gar nicht so schlimm, wie sie war: Eine kleine Schnake namens Vickie will aus ihrem Tümpel aufsteigen und schafft das mit ihren zehn besten Freunden, weil sie eine flotte chinesische Biene trifft, die ihr Honig mitbringt. Als die Mücken merken, dass Honig süßer als Blut ist, hören sie auf zu stechen, weshalb sie von den Menschen nie mehr eine Klatsche abkriegen, was Moskitos wie Fußballer ja gleichermaßen freuen muss.

Absolut grauenhaft. Beck stützte sein Kinn auf die linke Hand und schaute zerknautscht zum Podium, wo Ostermann nun alle Mitstreiter des Musicals zu Wort kommen ließ. Weniger was sie sagten, war bemerkenswert, sondern wie der Moderator sie zu gefälligen Beiträgen motivierte: Der eben noch mürrische Jakob Oswald, der seine nunmehr jaulende Handtasche unter seinem Stuhl geparkt hatte, scherzte launig, als habe er nie ein schöneres Musikprojekt gesehen als „Vickie schwirrt ab“. Der zuvor noch misstrauische Präsident schwadronierte leutselig vom kommenden Aufstieg und den glorreichen Siebzigern, als er selbst noch spielte, und Herr Gu, der sonst nur seltsam bellte, gab nun ausgesprochen lustige Lautfolgen von sich: „Ich freue mich, dass Chengdu Ihren Fußballern helfen kann. Auch wir sind bemüht, viel von Ihnen zu lernen.“ Ostermann übersetzte das, und Beck fragte sich, ob der offenbar notorisch unterschätzte Kulturreferent sich das nun gerade ausgedacht hatte, oder ob er auch noch Chinesisch beherrschte. Ostermann jedenfalls war es gelungen, das offensichtlich völlig fragwürdige Musicalprojekt einfach wegzumoderieren, jedenfalls kamen von der Tribüne statt kritischer Fragen nur zwei als Fragen getarnte Selbstdarstellungsmonologe über die chinesische Exportbilanz und den deutschen Ligafußball der Siebziger. Und dann feierte Kevin Jung auch noch im Namen des kommenden Sponsors „Neue Post" das künstlerisch verheißungsvolle Musical-Projekt, mit dem das Theater die Stadt und den Verein beschenke, weshalb die Zeitung ihre Leser auch mit Freikarten beschenken wolle.

Beck hatte genug und wandte sich zum Gehen. Er hoffte inständig, dass er, wenn es so weit war, nicht über die Abenteuer der kleinen Schnake Vickie schreiben musste. Sollte doch der Sportchef mal eine Theaterkritik verfassen. Er versuchte noch, den Refrain „You'll never fly alone" aus dem Kopf zu kriegen, da tauchte auf den Stufen zum Tribünenausgang Beate Vorreiter-Beginski vor ihm auf. Er wollte noch den Blick senken, da stand sie schon vor ihm, fragte nach Becks Befinden, ob er sich auch so sehr auf Vickie freue und wie oft er denn die Spiele der Viktoria besuche. Lauter Fragen, auf die Beck nichts zu sagen wusste, ohne grob unhöflich zu werden, weshalb er, statt zu antworten, das Thema wechselte und aus einer Laune heraus den Moderator lobte: „Ja, das hat der Ostermann aber sehr schön moderiert, da konnte man schon Lust bekommen. Wäre das nicht der richtige Mann für das Kulturdezernat nach der

Wahl? Ostermann kennt ja wirklich alle und kann mit jedem."

„Sie machen Witze!" Beate Vorreiter-Beginski schaute ihn mit einer Mischung aus Hohn und Abscheu an. „Unser Quasi? Bei aller Liebe für bucklige Gnome, aber wir können ja nicht jedes Mal Apfelsinenkisten unter den Dezernenten drunter schieben, wenn er eine Rede halten muss. Und Kinder sollen ja auch keinen Schreck kriegen, wenn sie Politiker sehen und hören. Hab ich recht?"

Beck war verblüfft: „Naja, aber einen kompetenteren kriegen Sie doch so schnell nicht."

„Da braucht's noch einiges mehr." Beate Vorreiter-Beginski hatte ihren ersten Erheiterungsschock überwunden und klang jetzt gnädig. „So ein Dezernent muss ja auch repräsentieren, muss was hermachen. Bei allem Verständnis für diesen ganzen Gleichstellungskram, wir wollen doch keine politische Freakshow aufmachen."

Beck schaute erschrocken, was die Parteichefin sah und einlenkte. „Entschuldigen Sie, das ist nicht nett. Aber unser geschätzter Herr Ostermann ist eben hinter den Kulissen viel besser aufgehoben. Davon profitiert unsere Kulturpolitik ja schon seit Jahren. Wer dann vorne den Grüßaugust macht, ist doch einerlei. Hauptsache, der Referent hat eine gute Rede geschrieben."

„Ja, wenn das so ist…" Beck wandte sich zum Gehen.

„Lieber Herr Beck, Sie sind doch lange genug dabei", sagte sie, während er schon zwei Schritte entfernt war. „Sie wissen doch, wie es läuft. Kommen Sie mal bei einem Heimspiel vorbei. Jetzt ist es spannend. Beim Aufstieg gibt's hier richtig Stimmung."

Beck winkte, rief etwas von „viele Premieren" und war froh, als er den Ausgang der Tribüne erreichte und Beate Vorreiter-Beginski hinter ihm verschwand.

Als er schon am Schlaglochfeld angekommen war, das hier als VIP-Parkplatz diente, schallte über das Tribünendach noch einmal Musik von „Mosquito Coast". Beck kannte die Melodie als Seelentrost für eine schwangere Witwe in einem amerikanischen Musical. Doch irgendwie war der Song vom Broadway ins Stadion des FC Liverpool gelangt, wo die Zuschauer inbrünstig „Yoll'll never walk alone" singen. Und weil es, wie Beck vermutete, für Fußballfans gar nicht pathetisch genug sein konnte, galt diese Singspiel-Schnulze längst als Hymne aller Fans: „When you walk through a storm, hold your head up high and don't be afraid of the dark." Hier aber sangen sie auch noch auf Deutsch und der Text war leicht, aber entscheidend abgewandelt: „Wenn Du fliegst ganz allein durch Sturm und Duuhunkelheit…" Beck fasste es nicht. Welche Mücke flog denn nachts im Wind? Die würde doch weggeweht. Er schlug die Tür zu, ließ den Saab röchelnd starten und gab Gas, dass die Pfützen spritzten. So verpasste er den mit knödelndem Bariton vorgetragenen Refrain: „Die Hoffnung stirbt zuletzt, und Du fliegst nicht allein, Du fliehiehiegst nie allein."

4 Die Tage waren ereignislos dahingegangen, der
Frühling schien auch wieder auf dem Rückzug,
und Franz hatte sich nicht mehr blicken lassen.
„Muss ranklotzen, Genetik-Prüfung, melde mich." Mehr
war seiner Mail nicht zu entnehmen gewesen. Dafür war
Juliane wieder aufgetaucht, was Beck an seinem Geis-
teszustand zweifeln ließ.

An einem grauen Tag, als er apathisch auf die nun
immerhin sortierten Kisten in seinem Wohnzimmer
gestarrt hatte, sah er sie am Fenster des Schlafzimmers.
Sie schaute nach draußen, lächelte noch immer so wie
die Studentin, in die er sich einst verliebt hatte. Früher,
als sie in seinen Gedanken noch regelmäßig zu Besuch
kam, war ihre Erscheinung so selbstverständlich, dass er
sich manchmal zur Ordnung rufen musste, um nicht
Paula von ihr zu erzählen. „Stell Dir vor, Juliane war
wieder da. Sie sieht toll aus, gar nicht mehr so krank
wie damals." Paula hätte ihm einen Psychiater ins Haus
geholt. Jetzt aber war Beck selbst soweit, dass er über
Hilfe nachdachte. Was bedeutete es, dass seine seit über
zehn Jahren tote Frau sich nach langer Zeit wieder blicken ließ? Was wollte sie ihm sagen? Oder doch besser:
Was wollte er sich selbst damit sagen?

Mit schweren Gedanken stieg Beck, nachlässig in eine am Rücken zerschlissene Strickweste gehüllt, wie
ferngesteuert hinab zu seinem Laden. Wozu noch aufmachen? Er würde seine Filiale ja ohnehin verlieren. Er
war so mutlos, dass es ihn schauderte. Wo sonst viel
Grau war, schaute ihn nun ein schwarzes Nichts an. Ein
derart tiefes Loch, dass Beck nicht mal Lust hatte, Wein
hineinzukippen. Er schloss die Ladentür auf, sah die

Bestellungen durch. Nicht viel los heute, sein Laden machte kaum noch Umsatz, und dann ging ihm auch immer noch was verloren. Beck zwang den Kopf hoch, damit er draußen am Briefkasten nicht so schlecht aussah, wie er sich fühlte. Die Blechklappe kippte ihm entgegen, und er erkannte sofort, wovor er sich die ganze Zeit insgeheim gefürchtet hatte: blauer Umschlag, weißer Schriftzug „i.vive“. Beck wusste, was drinstehen musste und riss ihn dennoch so ungeduldig auf, dass auch das Schreiben fast entzwei geteilt war: „Sehr geehrter Herr Beck, um die Lage Ihrer Filiale abschließend beurteilen zu können, wird sich ein Mitarbeiter mit Ihnen direkt in Verbindung setzen.“ Das Schreiben endete mit dem obligatorischen Gruß „in vino veritas“ und der Aufforderung, an einem Nachmittag in drei Wochen sämtliche Geschäftsunterlagen der vergangenen zwölf Monate bereitzuhalten. Becks Mattigkeit war wie weggewischt, er spürte sein Herz rasen, Schweiß auf der Stirn und großen Durst.

Ein Glas Wasser und zwei Glas vom Restposten Tempranillo aus Valdepenas machten ihn wieder matt. Beck dachte, er fühle sich besser, doch als nach ein paar Minuten die Ladentür aufging, wurde er vom Gegenteil überzeugt: „Du siehst aber scheiße aus.“ Jutta Meiser, Mütze mit Totenkopf auf dem Karottenschopf, Sweatshirt mit Anker und Herz unter der Jeansjacke, war grußlos eingetreten und merkte an Becks erschrockenem Blick, dass ein Rest Höflichkeit angebracht war. „Tschuldigung, dass ich so reinplatze. Aber Du bist ja kalkweiß. Schwitzt Du?“

„Alles gut, mir war nur ein bisschen flau. Aber der Spanier hilft immer.“ Beck hob die Flasche hoch. „Auch ein Gläschen?“

„Haste wieder kein Bier da?“

„Ja, vielleicht sollte ich lieber Bier verkaufen im Laden, das mit dem Wein läuft jedenfalls nicht.“

„Warst doch schon immer Dein bester Kunde.“ Jutta Meiser war offenbar nicht nach Mitleid zumute. Sie hatte selbst schlechte Nachrichten: „Emig ist tot“, platzte es aus ihr raus. „Mist!“ Viel mehr fiel Beck erstmal nicht ein, dafür sprudelte es aus der Theater-Inspizientin heraus.

„Wir wollten ihn noch besuchen. Ich hatte schon für ein Geschenk gesammelt. Aber wir kamen ja gar nicht zu ihm. Er war die ganze Zeit auf der Intensiv. Sein Kopf muss schlimm was abgekriegt haben. Es hieß, er habe nur einmal noch kurz die Augen auf gehabt. Man weiß ja auch nicht, was von ihm übrig gewesen wäre, wenn er es doch geschafft hätte. Aber, hey, er war Anfang vierzig, er hat zwei kleine Kinder. Das ist doch…“ Statt den Satz fluchend zu vollenden, griff sich Jutta Meiser den Rotwein und ein großes Wasserglas, schüttete es voll und trank halb leer. „Und das Ganze kriegst Du dann bei einer Abteilungsleitersitzung von einem selbstgerechten Intendantenarsch erzählt, der sich dabei nur drüber aufregt, dass sein karrieregeiler Chefdramaturg ja dem machtgeilen Kulturdezernenten hinterherrennen und zu einem Punkkonzert in der Kunsthalle gehen musste, statt das alles zu boykottieren wie er selbst es vorgemacht hat.“ Jutta Meiser leerte den Rest des Roten in ihrem Glas. „Ich sage Dir, ich bin so bedient. Genauso gut hätte unser Operettenintendant auf Emigs Grab pissen können. Widerlich."

Beck kam nach Schweißausbruch, Herzrasen und Weininfusion nur langsam zu sich: „Hast Du was von Pasblanc gehört? Hat er wirklich Emig vors Auto gestoßen?"

„Da kriegen wir im Theater auch nicht wirklich was mit. Klar, die Kantinengerüchte blühen. Aber ich sag Dir, wenn dieser Pasblanc einen Grund gehabt haben sollte, unseren Chefdramaturgen in die Grube zu stoßen, weil das Stadttheater seinen Kunsttempel entweiht, dann hätte Oswald ebenso ein Motiv gehabt. Weder der Chef der Kunsthalle noch der Chef im Stadttheater haben Bock auf all diese verordneten Kooperationen. Eigentlich müssten sich die beiden zusammentun und den Kulturdezernenten vor den nächsten Laster werfen. Das würde für mich eher Sinn ergeben. Aber ich arbeite ja nicht bei der Polizei, sondern nur in einem Irrenhaus."

Als Beck sich selbst den Rest Valdepenas einschenken wollte, nahm Jutta Meiser ihm die Flasche aus der Hand. „Du kriegst nix mehr, Du siehst immer noch scheiße aus. Prost." Jutta Meiser setzte die Flasche an, zog ab und stellte sie leer wieder auf den Kassentresen. „So, das kommt davon, wenn Du kein Bier für mich hast. Ich wollte Dich auch nicht lange stören, aber das musste ich loswerden. Oswald hat uns kurz vor Mittag Bescheid gesagt, Emig ist wohl schon gestern gestorben. Ich geh jetzt erst mal was essen. Und Du gehst besser mal zum Arzt. Mann, siehst Du scheiße aus."

„Ja, Jutta, ich hab's verstanden. Danke für die Anteilnahme." Beck war zwar noch verwirrt von der Todesnachricht, aber auch vom rüden Ton der Überbringerin angegriffen. Nicht nur sein Herz, auch seine Nerven waren an diesem Tag flatterig. Er brauchte jetzt ein unverfängliches Thema: „Seit wann hat Oswald eigentlich eine bellende Herrenhandtasche?"

„Du meinst Papagena?"

„Ach, es handelt sich um eine Zaubertöle, ich dachte eher, es sei ein Chihuahua."

„Das ist Sarastros Sauhund. Dummes Viech. Hockt in jeder Sitzung, fiept so komisch asthmatisch, knurrt jeden Mülleimer an und sabbert alles voll. Vor drei Wochen kam Oswald mit dem Kläffer an und seither ist Papagena die heilige Kuh des Verwaltungstraktes und jeder Schleimer erzählt dem Intendanten, was für ein hübsches Hündchen das sei. Ich könnte das Viech platt machen."

„Na, so ein Theater ist ja voller Todesfallen. Papagena wird schon auf Nimmerwiedersehen in irgendeinen Schacht plumpsen. Oder ein Klavier kippt um, und Du hast Deine Ruhe."

Beck lächelte gönnerhaft, und Jutta Meiser, die sich anschickte, wieder zu gehen, seufzte: „Bei diesem Westentaschenscheißerle langt es schon, wenn eine Bratsche umfällt."

„Viel Erfolg dabei", sagte Beck.

Jutta Meiser stand schon in der Tür: „Kommst Du Donnerstag zur großen Premiere?"

„Was für eine Premiere? Euer Gastspiel im Ratssaal ist doch erst kurz nach Ostern"

„Ja, aber vorher kommt doch das Stadtparlament ins Stadttheater. Ein Drama in tausend Tagesordnungspunkten. So kurz vor der Wahl, und dann geht's auch noch um Leitlinien der Kultur- und Wirtschaftsförderung. Also, die Show lass ich mir nicht entgehen.“

„Ich schau mal.“ Beck hatte derzeit schon wenig Lust aufs Theater. Aber auch noch Theater ums Theater? „Dank Dir, für Deinen Besuch. Schade um Emig. Sammelt Ihr für die Beerdigung?“

„Ja, kannst mir was geben, ich schreib Dich auf unsere Kondolenzkarte.“ Jutta Meiser war wieder einen Schritt in den Laden getreten, Beck kramte in einer kleinen Metallkassette, fummelte einen Fünfziger und zwei Zwanziger auseinander. Zwanzig war ihm die Trauer nun auch wieder nicht wert, weshalb er die Scheine mit einer Hand verbarg, mit der anderen geräuschvoll im Hartgeld rührte und leise, aber vernehmlich murmelte: „Schade, hab gerade nur Groschen.“ Dann lauter: „Ich geb' Dir das Geld ein andermal, schreib' mich schon mal auf die Karte.“

„Alles klar. Wir sehen uns, Beck.“ Und raus war sie. Beck musste sich auf einen Hocker setzen und stierte auf das Weinfass in der Mitte seines Ladens, das als Stehpult diente. Erst sein als Revisor getarnter Henker und dann auch noch ein toter Dramaturg. Der Tag war noch nicht halb rum, und es reichte ihm schon für die ganze Woche. Er sollte hochgehen in die Wohnung. Zwei Kopfschmerztabletten und sein Blutdrucksenker, das würde helfen. Oder doch lieber ein Kaffee und ein Prosecco? Weil er sich nicht entscheiden konnte, blieb er sitzen. Sein Blick wurde trüb, sein Oberkörper

schlaff, sein Kinn rutschte auf die Brust, sein Rücken
sackte gegen die Wand. So fand ihn Bernd Rudolf, als
er in den Laden kam.

„Justus, bist Du okay?" Beck schlug die Augen auf
und sah zunächst nur einen langen verschwommenen
Schatten. „Hm, was", sagte Beck und kniff die Augen
zusammen. Langsam schälte sich die Silhouette des
Polizeipräsidenten heraus, der ohnehin schon sehr groß
war, aber von unten betrachtet vollends wie der hagere
Riese aus dem Märchen wirkte. „Kannst Du mich hören", fragte der Riese, packte ihn bei den Schultern,
wiegte ihn dann sanft hin und her. „Oh, hallo Bernd",
langsam dämmerte Becks Bewusstsein hoch. „Hab Dich
gar nicht gehört. Muss eingeschlafen sein." Beck wollte
aufstehen, sackte aber weg. „Bleib sitzen." Rudolf
drückte ihn zurück auf den Hocker und suchte nach
einer Flasche Wasser. „Hier trink' was. Soll ich einen
Arzt rufen? Du siehst blass aus" Beck nahm die Flasche
in die Linke und wehrte mit der Rechten ab: „War nur
müde und ein bisschen traurig. Die wollen meinen Laden zumachen." Rudolf war empört: „Was, das geht
doch nicht." Dann erzählte Beck, wie schlecht die Geschäfte liefen und dass die Organisation ihn mehr und
mehr überforderte. „Hm", brummte Rudolf, „da muss
man doch was machen." Mehr sagte er nicht, sondern
leitete zu einem anderen Thema über.

Beck schien ihm viel zu sehr eingesunken in seinem
Kummer, als dass er dieses Gespräch hätte vertiefen
wollen, also kam er abrupt auf Fußball zu sprechen, was
er ohnehin am liebsten tat, was aber mit Beck eigentlich
keinen Sinn hatte. Jetzt aber schon: „Kann sein, dass

morgen wieder Fußballfans an Deinem Zaun hängen. Germania kommt. Spitzenspiel, verstehst Du." Beck sah zwar etwas munterer aus, aber nicht so, als würde er auch nur ein Wort begreifen. „Die Viktoria hat ihren schönen Vorsprung fast komplett verpulvert. Das musst Du doch mitgekriegt haben. Nur noch zwei Punkte, und die Germania ist direkt hinten dran. Wenn die gewinnen, dann war's das. Morgen Abend haben meine Leute alle Hände voll zu tun. Germania kommt mit 2000 Fans, und ein paar hundert sind auf Krawall aus."

„Da wolltest Du mich wohl warnen, dass ich lieber gleich meinen Laden zusperre und nicht wieder Hooligans mit meinen Aktionsweinen außer Gefecht setze."

„So ungefähr. Aber ich wollte auch mal hören, was Du so mitkriegst aus dem Theater."

Beck zog die linke Augenbraue hoch: „Nicht viel. Aber ich weiß, dass Torsten Emig gestorben ist."

„Ja, die Kopfverletzungen waren zu schwer. Der Wagen, der ihn erwischt hat, wurde erst gebremst, als er schon auf der Windschutzscheibe war. Der Fahrer schwört Stein und Bein, dass Emig ihm quasi von der Seite aufs Auto gestürzt ist. Das deckt sich auch mit der Aussage eines Wachmanns der Kunsthalle, der gesehen haben will, dass da jemand war, der ihn gestoßen hat."

„Und der Einzige der sonst noch draußen rumstand, war Eduard Pasblanc. Den hat an dem Abend jeder gesehen", sagte Beck. „Er hat ja fast schon dagegen demonstriert, dass in seiner Kunsthalle Theater gemacht wird. Aber ist er so blöd, dann den Chefdramaturgen

114

vors Auto zu stoßen? Quasi als Nachspiel zum Königsdrama."

„Im Moment können wir ihm nichts nachweisen. Aber Emig hatte doch kulturpolitische Ambitionen", sagte Rudolf. „Das könnte für Pasblanc ein Motiv gewesen sein."

„Wenn so einer wie Torsten Emig, der ihm Punker, Schauspieler und Schlimmeres ins Haus holt, Kulturdezernent wird, dann muss man ihn stoppen – so ungefähr? Also, Bernd, ich weiß ja nicht…"

„Die Frage ist doch: Wer ist unser Than von Cawdor?"

„Shakespeare hilft uns da doch nicht weiter."

„Schade, ich dachte, Du erklärst mir das Stück noch mal so, dass ich verstehe, was da auf der Straße passiert ist."

„Da muss ich passen. Aber als nächstes gibt's ja Julius Cäsar. Da musst Du bestimmt auch hin."

„Ja, Theater im Ratssaal, Gitta ist schon die ganze Zeit an mir dran. Aber das ist dann gar nicht Shakespeare, hab ich mir sagen lassen."

Beck war wieder wach, in seinem Element und schraubte am Verschluss eines Mosel-Riesling herum: „Schorle?" Rudolf nickte, Beck mischte Wein und Sprudel, und die Männer stießen an.

„Nein, das Stadttheater hat eine Bearbeitung in Auftrag gegeben: Irgendwas mit ‚Die Iden des März`, soll auch Anspielungen auf unseren Wahlkampf enthalten, wird gemunkelt“, sagte Beck zwischen zwei Schlucken. „Und der Autor Anton Mark ist ein Pseudonym.“

„Und dahinter steckt wer?“ fragte Rudolf so fordernd, als wäre dies eine Prüfung und er würde die Antwort schon kennen.

Beck nippte wieder an seiner Rieslingschorle und lächelte: „Du meinst: Torsten Emig? Das hätte was. Ich weiß nur, dass irgendein Dramaturg beauftragt wurde. Und den Text rückt das Theater vor der Premiere nicht raus. Das kann spannend werden.“

„Und dann ist ja vorher noch die Parlamentssitzung im Schauspielhaus. Ich glaube, ich sollte den Text vom Theater verlangen. Und den Autor will ich auch mit Klarnamen. Am Ende steht da drin, warum Emig sterben musste.“

„Dann weißt Du mal vor der Premiere mehr übers Stück als ich. Das fände ich gut. Glaube, ich muss doch zu dieser Stadtverordnetenversammlung gehen.“ Beck füllte sein Glas ein zweites Mal. „Gut, dass Du gekommen bist, mein Lieber. Jetzt bin ich aber wieder richtig wach.“

5 Auf dem Weg ins Stadttheater, wo Herr König die große Bühne für seine Kandidatur als Oberbürgermeister suchte, begegnete der Kandidat Beck gleich viermal. Direkt vor seinem Laden sah er ihn dynamisch in einer Marathongruppe, anstrengungslos schmunzelnd, die Sehnen herauspräpariert, das Pastabäuchlein sportlich abgeflacht. Dazu die Botschaft: „Mit König läuft's“. Mit Photoshop auch, dachte sich Beck.

Drei Ecken weiter beugte sich der Kandidat mit freundlichem Lächeln zu zwei Mädchen und einem Jungen herunter, und die Parole lautete: „Ein König für die Kinder". Auf der Einfallstraße in die Innenstadt grüßte der Superdezernent dann vor dem Bauschild eines neuen Gewerbegebiets, und die Losung war: „Durch König reich". An der Einfahrt zum unterirdischen Theaterparkhaus war der Mann schließlich umringt von Fußballern in einem Stadion, das es noch gar nicht gab, da es offensichtlich die schmucke Computersimulation der neuen Viktoria-Arena war. „Unser König für die Torschützen", stand auf diesem Plakat.

Man entging der Werbung nicht, die Regierungspartei hatte offenbar zu viel Geld, besetzte jede Ecke in der Stadt. Von den Kandidaten der Opposition war wenig zu sehen, und wenn, dann waren es meist Floskeln mit besseren Passbildern: „Mit uns endlich sozial und frei" zeigte eine biedere Blonde mit mehr Dauerwellen, als ihr guttaten. „Für mehr Grün und bessere Luft", forderte ein grauer Struwwelpeter senior. „Wir lieben die Vielfalt", gehörte zu einem kahlköpfigen Schwarzafrikaner mit buddhahaftem Grinsen. Man hätte die Köpfe und die Parolen aber auch beliebig austauschen können. Der einzige Gegenkandidat, der Königs Bildergalerie in der Stadt zumindest quantitativ etwas entgegensetzen konnte, war Willy Schwarz, dessen Name nicht zu seiner Partei passte, die sich wiederum zwar viele Plakate, aber keinen gescheiten Fotografen und Grafiker leisten konnte, weshalb Willy eher grau rüberkam. Gleich aber würde er Schwarz in Farbe sehen, dachte sich Beck, als sein Saab die Schranke der Theatergarage passierte und eine dunkelbraune Wolke hinter sich ließ.

Endlich wieder im Theater. Dass er diese Routine mal vermissen würde, hätte er nicht gedacht, aber seit Jörg König den städtischen Einrichtungen Kooperation verordnet hatte und das Stadttheater in der Kunsthalle, im Ratssaal, im Landgestüt und sicher bald auch im neuen Stadion spielen sollte, sehnte sich Beck geradezu nach einem altmodischen Guckkasten mit Vorhang und Polstersitzen im Parkett. Schwache Augen und lädierte Bandscheiben machten ihn immer weniger empfänglich für strapaziöse Experimente. Heute aber würde er sich im Schauspielhaus niederlassen können, wo das Gerüst der Lehnen sich noch nicht so schmerzhaft gegen Steiß und Hüfte bohrte wie im schon leicht verschlissenen Parkett der Oper.

Was für Becks Knochen ein Segen war, hatte im Vorfeld schon für Ärger mit der Theaterverwaltung gesorgt. Weil jetzt mehr Vorstellungen des Schauspiels außer Haus gespielt wurden, hatte die Dispo für kleinere Renovierungsarbeiten längere Schließzeiten ins Programm gesetzt. Doch Jörg König wollte auf keinen Fall, dass seine Stadtparlamentsbühne mit ihm als Schwerem Held im klassizistischen Opernhaus gastierte. Das wuchtige Gebäude sah mit seinem Säulenportal viel zu sehr nach römischer Machtarchitektur aus. Das ging gar nicht, denn Königs großes Thema war ja Kooperation und Transparenz. Er musste seine Rede also nebenan im Glaskubus des Schauspielhauses halten. Das würde gleich viel offener und demokratischer wirken. Nur konnte der Dezernent, der Oberbürgermeister werden wollte, das so öffentlich nicht sagen. Also musste hinter den Kulissen mal wieder der emsige Herr Ostermann leise und beharrlich Druck machen. Hatte Beck von

Jutta Meiser gehört. Und obwohl Verwaltungsdirektor Kornmeier tobte, weil ein Dezernent in der Planung seines Hauses rumpfuschen ließ, geschah alles so, wie Jörg König es sich gewünscht hatte. Becks Bandscheiben sollte es nur recht sein.

Er hatte sich gerade aus dem Fahrersitz gezwängt, da sah er auch schon den heimlichen Zeremonienmeister: Der Kulturreferent hatte sich offenbar als Hausmeister verkleidet und schob einen Karren mit Stühlen durchs Parkhaus zu einem Lastenaufzug. Beck grüßte und sah, dass es Ostermann wohl nicht lieb war, als Möbelpacker ertappt zu werden. „Betreiben Sie jetzt ein Umzugsunternehmen?"

Ostermann riss die ohnehin großen runden Augen noch ein Stück weiter auf. Seine schweißfeuchte Stirn legte sich in wulstige Falten. „Hallo Herr Beck, ja, da sehen Sie mal, was man als Mädchen für alles in dieser Stadt so machen muss."

„Na, ich habe doch gehört, dass Kornmeier nach Ihrer Pfeife tanzen muss." Wenn er was erfahren wollte, brauchte es Schmierstoff, dachte sich Beck und schleimte weiter: „Und neulich im Stadion haben Sie doch den Dezernenten so gut vertreten, dass wir uns alle gefragt haben, wozu es einen Herrn König braucht."

Das war es, was Ostermann jetzt gut tat. „Zu freundlich. Kommen Sie doch, Herr Beck, Sie können mit mir im Lastenaufzug ins Foyer fahren. Mag sein, dass die Dispo eingelenkt hat, aber Sie sehen ja, dass ich nicht die Macht habe, Herrn Kornmeier zum Stühleschleppen abzuordnen. Im Gegenteil, in der Verwaltung war auf die Schnelle leider kein einziger Arbeiter zu finden, der heute noch mit anpackt. Ein bisschen Blockade, und schon muss ich Möbel durchs Theater schieben." Beck hielt sich am Karren fest und tat so, als würde er dem längst erschöpften Ostermann kraftvoll zur Seite springen. „Das ist nett von Ihnen", ächzte der kleine Mann, als es daran ging, den Karren mit den gut zwanzig Stühlen um eine Säule zu manövrieren. „Es kommt ja selten vor, dass ich mal vors Publikum treten darf."

„Dabei können Sie das doch gut. Sie kennen die Leute in der Kulturszene, Sie können mit Ihnen umgehen."

Ostermann seufzte: „Ja, vor allem interessiere ich mich auch dafür, was sie machen. Kann man ja nicht von jedem behaupten."

„Ich weiß, ich weiß." Beck lächelte verschwörerisch. „Aber wenn König die Wahl gewinnt, dann sind Sie doch als Kulturdezernent gesetzt. Mehr Kompetenz kriegt die Stadt doch nicht auf dem Posten." Das war jetzt fast schon seelisch grausam, wusste Beck, doch er wollte sehen, wie der Kulturreferent auf Schmerz reagierte. Ostermann beschleunigte auf den letzten Metern zum Aufzug, ließ sich aber sonst nichts anmerken.

„Es kommt ja nicht nur auf Kompetenz an, das wissen wir doch beide. Sonst wären Sie ja Kulturchef der Neuen Post. Vor allem würde es überhaupt noch einen satisfaktionsfähigen Kulturteil der Zeitung geben. Mit Justus Beck, auch bekannt als Saint-Just, das Fallbeil des Feuilletons. Und nicht das Messerchen. Das hätte ich Ihrer Sekretärin damals aber gleich wieder ausgeredet: Beck, Beckmesser, Messerchen, also wirklich. So ein Quatsch. Warum nicht gleich Neck-Messerchen?

Für mich sind und bleiben Sie die letzte Institution der Kritik. Sie sind das Feuilleton, das es nicht mehr gibt."

Beck war innerlich zusammengefahren und hatte starr zugehört. Woher kannte dieser Ostermann seine peinlichen Spitznamen aus alten Feuilletontagen? Das war gut dreißig Jahre her, und er selbst hatte es fast vergessen, dass er und seine Kollegen sich einst nach deftigen Verrissen in jugendlichem Überschwang bei französischem Roten als Kultur-Jakobiner gefeiert hatten, woraufhin Sigrid Huxhorn, die damals Feuilletonsekretärin war, ihn, das scharfe Fallbeil, in Anspielung auf den pedantischen Nörgler Sixtus Beckmesser aus den „Meistersingern" zum „Messerchen" degradiert hatte. Es war Beck gleichermaßen unangenehm und unheimlich, dass der Kulturreferent so etwas aus dem Ärmel schüttelte. Aber er sagte nur: „Sie kennen sich aber gut aus."

„Das braucht man in dieser Stadt. Wenn Sie umzingelt sind von mächtigen Ignoranten und Dilettanten, dann müssen Sie wenigstens besser Bescheid wissen."

„Da ist wohl was dran."

„Überall Unfähigkeit!" Möbelpacker Ostermann kam jetzt in Fahrt: „Man kriegt ja auch keinen guten Nachwuchs. Für unsere selige Grete Jungwirth im Kulturamt haben wir immer noch keinen Ersatz. Drei Mädchen hat mir die Personalverwaltung hingesetzt. Alle fürs Sekretariat völlig unbrauchbar. Ich weiß nicht, was die als Verwaltungsfachangestellte heute noch lernen, ich musste sie alle wieder wegschicken. Sie können mich jetzt Frau Jungwirth nennen." Beck musste sich ein Grinsen verkneifen, denn die Vorstellung, den verwachsenen Referenten, der hinter vorgehaltener Hand mit dem Glöckner von Notre Dame verglichen wurde, nun Gretel Quasimodo rufen zu dürfen, war doch vergnüglich kurios. Dabei tat ihm sein Vergnügen auch gleich wieder leid, denn der kleine Herr Ostermann hatte es wirklich nicht leicht in diesem Laden.

„Was würde die Kultur in dieser Stadt machen ohne Sie?" Das war nun keine Schmeichelei mehr, das war schon Mitleid.

Ostermann schien den Unterscheid nicht zu spüren. „Schön, wenn's einer merkt", seufzte er und drückte die Fahrstuhltaste fürs Foyer.

Einem guten Kulturreferenten konnte gewiss Brecht Trost spenden, dachte sich Beck: „Wie heißt es doch so schön: Denn die einen sind im Dunkeln, und die andern sind im Licht."

Ansatzlos ergänzte Ostermann: „Und man siehet die im Lichte, die im Dunkeln sieht man nicht. Sie halten mich aber nicht für Mackie Messer?"

Beck schoss die Antwort „Nein, aber für Quasimodo" durch den Kopf, konnte den Gedanken aber gerade noch daran hindern, über seine Zunge zu rutschen. Er hielt kurz inne, der Aufzug kam rumpelnd zum Stehen, die Tür schob sich langsam auf, da wusste Beck wieder, wie er aus der Brecht-Nummer rauskam: „Ich dachte, der Mann mit dem Messer heißt König. Werden wir ja jetzt sehen, auf geht's ins Dreigroschenschauspiel." Beck gab dem Wagen des Möbelpackers einen Schubs mit, blickte Gretel Quasimodo noch einen Moment nach, wie er zwischen den Abgeordneten und einigen

Besuchern durchs Foyer zog. Die meisten ignorierten ihn, dachten wohl, ein Bühnenarbeiter sei hier unterwegs, doch jene, die Ostermann erkannten, schauten ihm verwundert nach und begannen dann zu tuscheln.

Beck blickte sich um und entdeckte Kevin Jung in einer Gruppe Regierungspolitiker, von denen er kaum zu unterscheiden war in seinem hellblauen Anzug mit cremefarbenem Einstecktuch und dem weißen Hemd, die ihm wie eine Designer-Wurstpelle standen. Ein grauer Schlips würgte seine Gurgel derart, dass sein ohnehin stets rötlicher Kopf nun fast schon purpurfarben strahlte. Sah aus, als wäre er schon seit Jahren Staatssekretär im Landwirtschaftsministerium und müsse sich dort täglich bei Saumagenbüffets und Klöße-Wettessen verausgaben. Das passte zum Geruch von Gulaschsuppe, der heute durchs Foyer waberte, denn ohne fetten Eintopf war eine Stadtverordnetensammlung wohl nicht denkbar. Das Rathaus roch nach jeder Sitzung tagelang danach, und jetzt kontaminierte die Kommunalpolitik eben das Stadttheater. Beck hatte schon die Nase voll.

Dann eben Ohren auf und durch. Mal hören, dachte sich Beck und ging zum Nachrichtenchef, den er schon als freien Mitarbeiter gekannt hatte – mittelmäßig talentiert, aber überragend ehrgeizig. Seine ersten Artikel standen mit ihrem biederen Bemühen in strengem Gegensatz zum Selbstbewusstsein des Abiturienten, der über Goldene Hochzeiten und Seniorenweihnachtsfeiern schrieb, sich aber allzeit zu Höherem befähigt fühlte. Das einzige von Kevin Jungs frühen Werken, das Beck als absolut denkwürdig in Erinnerung hatte, drehte sich denn auch um eine Sache, von der dieser junge Mann damals keine Ahnung hatte. Es ging um eine Ausstellung über Reformatoren, und Kevin Jung berichtete über einen der größten von ihnen, einen gewissen Karl Wien. Der Name schaffte es tatsächlich in die Zeitung, und viele Leser fragten nach, wer das denn bitte gewesen sein soll. Es stellte sich schließlich heraus, dass der ahnungslose Herr Jung nicht richtig zugehört und schon gar nicht nachgelesen hatte. So wurde aus dem guten alten Calvin der unerhörte Karl Wien. Lange hielten sich damals in der Redaktion die Witze über den Karlwienismus, was Kevin Jungs Aufstieg zum Volontär, Planungsredakteur und schließlich Editor in Chief Online and News aber nicht um einen Tag verzögert hatte.

Wie Beck sich dem Mann näherte, der so gern mit „Eicon" kürzelte, dachte er bei sich, dass Karlwienismus wohl die Steigerung von Karrierismus sein musste. Das verschaffte ihm jene gute Laune, die er auch umgehend brauchen konnte. „Guten Tag, Herr Jung, schön, Sie auch mal im Theater zu sehen."

„So lange im Theater kein Theater gespielt wird, komme ich gern, das wissen Sie doch. Ansonsten interessiert mich dieser Bau nur, wenn er abbrennt. Aber wenn Jörg…", Jung brach ab, setzte neu an. „Wenn Herr König seine Pläne umsetzt, dann komme ich öfter, dann ist Ihr Theater überall, und im Theater ist alles möglich. Ich finde das wirklich wegweisend. Bei aller gebotenen journalistischen Distanz. Aber wie hier Synergie als strukturelle Durchdringung urbaner Potenziale gedacht wird, das hat was. Da müssen halt alle Prozesse nicht nur optimiert, sondern auch synchronisiert werden."

Beck schaute ihn verständnislos an, was Kevin Jung ungnädig stimmte: „Das müssen Sie aber auch verstehen, wie wollen Sie sonst für uns berichten? Es hat doch seine Gründe, warum unser Verlag jetzt als Hauptsponsor bei der Viktoria einsteigt. Das gehört doch alles zusammen, um diese Stadt zu entwickeln. Sie entschuldigen das Wortspiel: Das ist eben der Königsweg – bei aller gebotenen journalistischen Distanz. Naja, am besten, Sie lassen von der Politik die Finger. Ich erkläre dem Leser, was gut für die Stadt ist, und Sie erklären dem Leser, wie es ihm im Theater gefallen hat. Das ist quasi das Servicemodul, das sie befüllen müssen, so ganz prozessorientiert."

Becks Blick war offenbar immer noch nicht von Durchblick erhellt, was Jung zu einem Tonfall mitleidiger Verzweiflung brachte: „Vergessen Sie das mit dem Theater. Sie könnten ja auch eine Restaurantkritik schreiben. Da kommt es auch darauf an, dass Sie den Leuten beibringen, dass es nahrhaft und gesund war, obwohl es nicht geschmeckt hat. Wirklich, ich mag Ihre Kritiken am meisten, wenn die Zuschauer kotzen, und Sie schreiben, dass man nur länger auf dem zähen Stück rumkauen muss, damit es bekömmlich wird. Sind doch schließlich nur Geschmacksfragen."

„Aber die Ästhetik..." Beck wollte zu einer grundsätzlichen Erwiderung anheben, kam aber nicht weiter. „Interessiert doch keinen. Wir verstehen uns doch", sagte Jung nun gönnerhaft, denn mittlerweile war Beate Vorreiter-Beginski mit wallenden Locken, kühn geschwungenem Ausschnitt und hohem Schlitz im langen Rock von hinten an ihn herangetreten, hatte ihn rechts an der Schulter und links an der Hüfte gefasst, als wären sie alte Freunde bei einer Gartenparty – oder auch mehr. „Sie gestatten, ich muss Ihren Chef entführen", sagte BVB zu Beck gewandt und zu Kevin Jung: „Mein Lieber, ich will Dir jemand vorstellen. Das wird unserer Kampagne noch mehr Schwung geben." Die Parteivorsitzende hakte sich bei Jung ein, der nur noch ein „Sie entschuldigen mich" rausbrachte, und schon war er weg, verschluckt von einer Gruppe Parlamentarier.

Beck ging zur Foyerbar, holte sich sein Premierengedeck Espresso und Prosecco, gönnte sich zum Kaffeekeks eine Kopfschmerztablette und hatte das Sektglas kaum angesetzt, da ertönte der Gong. Es kam Bewegung in die Stadtpolitik, nach und nach strebten die Fraktionen ins Parkett. Beck ließ sich Zeit. Er musste ohnehin ganz hinten sitzen. Die ersten zwölf Reihen waren für die Parlamentarier reserviert. Alle zwei Sitze war ein Sessel abgeschraubt und an seiner Stelle eine Planke gelegt, sodass man von überall im Zuschauerraum leicht auf die Bühne gelangen konnte, wo ein trutzburgartiges Podium für den Magistrat aufgebaut war. Per Hubpodium war der Tisch der Vorsitzenden in die Höhe gefahren worden, wo sie bereits mit Klapprechner und Stoppuhr saß, um über die Redezeit zu wachen. Hinter ihr hing das Stadtwappen, das ausschaute, als hätte es schon einige Sturmnächte und Kochwaschgänge hinter sich. Der Eindruck, dass dort ein zerschlissener Lappen prangte, verstärkte sich noch, weil das Theater den gerafften blauen Gala-Vorhang im Hintergrund aufgezogen hatte. Als Beck sich ganz am Rand in

der letzten Reihe einen Platz gesichert hatte, sah er, wie
Gerd Ludwig Ostermann vorne die letzten Stühle gera-
derückte. Gleich würde die Sitzung beginnen.

Kaum hatte sie begonnen, fing Beck schon an, sich
über sich selbst zu ärgern. Wieso war er eigentlich so
pünktlich gekommen? Das, was ihn interessierte, stand
unter Punkt elf auf der Tagesordnung. Das hätte er sich
aber auch vorher anschauen können. Wenn er sonst ins
Theater ging, wusste Beck ja auch, was wann gespielt
wurde. Nun saß er da und musste sich Dinge anhören,
die ihn kein bisschen interessierten. Beck las mit Schre-
cken: Bestätigung der Tagesordnung; Einwohnerfragestunde; Beratung über eventuelle Einwendungen gegen
die Niederschrift der vorhergegangenen Stadtverordnetenversammlung; Beratung und Beschlussfassung über
die erste Änderung der Entgeltordnung für die Überlas-
sung der Räume in der Grund- und Realschule Mitte;
Beratung und Beschlussfassung über die Ermäßigung
der Nutzungsgebühr städtischer Turnhallen; Beratung
und Beschlussfassung über die Bereitstellung von Ei-
genmitteln für das Förderprogramm „Fit in der Stadt"
zur Errichtung eines Kunstrasenplatzes auf dem Grund-
stück der Kommune, Flur 16, Flurstück 19/2. Das war
Punkt sechs, und er war jetzt schon ganz schläfrig, obwohl die Tagesordnung noch nicht mal bestätigt war.
Besonders fürchtete er Punkt zehn, das Zielabwei-
chungsverfahren zum Regionalplan im Rahmen der
Aufstellung der vorhabenbezogenen Bebauungspläne
Karl-Schmidt-Ring.

Das Amtsdeutsch quälte ihn, also ging er noch einmal nach draußen, holte sich an der Bar einen Merlot,

den er betont langsam zu trinken gedachte, doch nach
zehn Minuten war das Glas restlos mit Luft gefüllt, und
Beck tappte missmutig zurück auf seinen Platz. Immerhin war bereits die Einwohnerfragestunde dran, und die
Wissbegier der Bürger schien sich in Grenzen zu halten.
Er hörte auch kaum zu, nahm lieber Oberbürgermeister
Rudi Lichtkein unter die Lupe, genannt „Das kleine
Licht" oder auch „Die Tranfunzel". Dass er nicht zur
Wiederwahl antrat, wunderte niemanden, denn er galt
schon lange als amtsmüde, hatte auch schon in den Wochen vor dem eigentlichen Wahlkampf alle großen re-
präsentativen Termine an Jörg König abgetreten. Und
auch jetzt saß er zusammengesunken auf seinem Sessel
in der Mitte des Podiums, als warte er darauf, von Saal-
dienern möglichst bald mitsamt dem Sitz aus dem Theater und in den Ruhestand getragen zu werden. Beck sah,
dass Lichtlein, den seine schwere Amtskette zu Boden
zu drücken schien, immer wieder blinzelte. Offenbar
kämpfte er mit dem Schlaf.

Es war aber auch sterbenslangweilig. Vorne auf der
Magistratsbank blätterte der Umweltdezernent in der
„Neuen Post", die zuständige Dame für Sport und Freizeit, die aussah, als würde sie in ihrer Freizeit alles, nur
keinen Sport treiben, studierte offenbar einen Modeka-
talog, und Jörg König wischte unablässig auf seinem
Smartphone herum. Auch unter den Abgeordneten war
wenig Elan auszumachen. Die Blonde mit der monströ-
sen Dauerwelle, die auf dem Wahlplakat sozial und frei
sein wollte, war so frei, gleich vorzumachen, was sie
darunter verstand, zog ihren Schlabberpulli über die
rechte Schulter runter und drückte ein Kleinkind an die
mächtige Brust. Der graue Struwwelpeter mit der grü-

nen Gesinnung, hatte gerade seinen Stiefel aufge-
schnürt, die Socke ausgezogen. Und was tat er jetzt?
Beck sah es nicht gut. Das gab's doch nicht, aber es war
so: Peter Struwwel schnitt sich die Fußnägel.

Es gab wohl auch nichts Besseres zu tun. Vorne war
ein Redner am Werk, den Beck nicht kannte und den er
lieber auch nicht kennen gelernt hätte, denn sein Vortrag bestand vor allem aus „äh, öh, ämm". Was er dazwischen über Campingwagen in einer Spielstraße zu
sagen hatte, erschloss sich Beck nicht so recht, dafür
quälte es ihn umso mehr. Er hatte in diesem Theater ja
schon schlechte Sprechkultur erlebt, aber solche Auftrit-
te wie jetzt gab es sicher nicht mal in der Laienspiel-
gruppe von Traudel Kalbfleischs Landfrauenverband.
Warum, wenn man schon auf der Bühne tagen musste,
dann nicht Hilfe von Leuten annehmen, die sich dort
auskannten? Wie anmutig ließe sich eine Kleine Anfra-
ge mit Battement, Plié und Pirouette tanzen. Oder eine
Haushaltsberatung, vorgetragen vom Bass für das tiefste
Minus und einer Koloratursopranistin für die höchsten
Ausgaben. Und überhaupt würde der Magistrat viel
besser ausschauen, wenn dort rotbärtige Machtdarsteller
mit Feder am Dreispitz und Halskrause im Stentor-Ton
deklamierten. Das volltönende, singende, tanzende
Stadt-Theater eroberte bald schon die Bühne. Beck erkannte viele Ensemblemitglieder, die sich durch die
Sitzreihen schwangen. Auf der Magistratsbank formierten sie sich zum Cancan, und auf dem Podium des Vorsitzenden thronte nun Jakob Oswald, dem das orientali-
sche Paschagewand, das er sich heute ausgesucht hatte,
noch nie so gut gestanden hatte wie jetzt. Wo waren
eigentlich all die Politiker hingekommen? Seltsam, dass

sie alle fort waren, dachte Beck, aber es fühlte sich gut an.

Im nächsten Moment zuckte er zusammen, als eine vollschlanke Frau von vielleicht vierzig sich über ihn beugte und sich räusperte. Beck sah zunächst nur einen Kranz von buntem Modeschmuck um ihren Hals, der vor seiner Nase tanzte, dann hörte er die Stimme leise mit einer Spur mütterlicher Sorge: „Geht es Ihnen gut? Sie haben geröchelt." Beck nickte. „Gut, aber seien Sie doch leise, es stört", mahnte die Dame nun deutlich strenger und mit einem Gesichtsausdruck, der ahnen ließ, dass sie Becks Merlot erschnüffelt hatte. Er flüsterte eine Entschuldigung und sah sich verstohlen um, ob ihn noch mehr Leute bemerkt hatten. Die Blicke der wenigen Zuschauer signalisierten ihm, dass sein Schnarchen niemandem entgangen war. Beck tat so, als wenn er selbst nichts bemerkt hätte und heftete seinen Blick nun fest auf die Bühne. Die beschwingten Tänzer, Sänger und Schauspieler waren verschwunden, die traurigen Laienspieler waren zurück. Nach kurzer Zeit wusste er: Das musste die Beratung und Beschlussfassung über die Erteilung des gemeindlichen Einvernehmens zum Neubau eines Lebensmittelmarktes in der Gemarkung, Flur 14, Flurstücke 29, 17/1, sein. Punkt acht! Ja, wie lang war er denn weggetreten gewesen? Er blickte zur Uhr. Fast anderthalb Stunden. Das schaffte er nur selten, wenn hier das Theater spielte. Aber da war ja auch Paula an seiner Seite. Nun aber fühlte er sich ausgeschlafen, bald würde Punkt elf kommen: die Aussprache über die Synchronisierung urbaner Regelungssysteme zum Zweck der sozioökonomischen Optimierung kommunaler Prozesse. Kaum zu glauben, dass dies etwas mit Kultur zu tun haben sollte, aber Dezernent Jörg König und sein Konkurrent Willy Schwarz, der Oppositionsführer, standen auf der Rednerliste. Endlich konnte es losgehen. Da rief der Vorsitzende seine Kollegen zur Pause ins Foyer.

Na gut. Beck hatte sich vorgenommen, das Beste aus diesem Vormittag zu machen und ging zielstrebig zur Theaterbar, bevor alle Stadtparlamentarier sich an der Tränke drängelten. Obwohl er sich so beeilt hatte, war Beck nicht der Erste. Inmitten einer Gruppe Bühnenarbeiter erblickte er einen karottigen Schopf: Jutta Meiser löste sich von ihren Kollegen, als sie Beck sah und winkte mit einem Bierglas: „Na, jetzt aber schnell einen Pausensekt bei dieser Premiere: Wie sind die Hauptdarsteller? Gefällt das Bühnenbild? Schlägt die Regie wieder über die Stränge? Wie wird die Kritik ausfallen?"

„Ach, Jutta, ist ja trostlos. Laienspiel ohne jede Sprechkultur über wüsten Textflächen. Das muss ich mir jetzt schöntrinken." Er blickte zu der jungen Frau an der Bar, wollte einen Roten bestellen, aber sie hatte den Merlot schon eingeschenkt und stellte ihm das Glas auf den Tresen. Soweit waren sie also schon. Das Theater kannte die Trinkgewohnheiten seines Rezensenten. Beck wusste nicht, ob er das gut finden sollte, aber er fand es bequem. Tauschte den Wein gegen einen Schein. „Stimmt so!" Die junge Dame hinterm Tresen nickte mit einem Schmunzeln.

Beck hob seinen Wein Jutta Meisers Bier entgegen. „Auf die Kunst", sagte sie. „Gute Idee", erwiderte er. Die Inspizientin leerte ihr Glas, dann sprudelte es aus ihr heraus: „Was für eine Scheiße."

„Aber, aber junge Frau“, entgegnete Beck spöttisch.

„Du siehst hier die feindliche Übernahme des Stadttheaters durch die Truppen des Königs. Wir dürfen diesem Selbstdarsteller hier die Bühne bauen, das halbe
Haus müssen wir auf den Kopf stellen. Und bei unserer
Vorstellung im Ratssaal musst Du bei jedem Stuhl fragen, ob man ihn anfassen darf. Dann dieser Wahnsinns-
aufwand in der Kunsthalle. Auf der einen Seite soll es
da aussehen, als wären die Wikinger eingefallen, aber
der Kunst darf nix passieren. Und die Show im Reitstall
wird völlig irre. Unsere Technik dreht am Rad. Ich
könnte Dir Dienstpläne zeigen. Da schieben alle Sonderschichten bis tief in die Nacht. Im Prinzip müssten
wir die Hütte jetzt zusperren und bis zur nächsten Sai-
son Überstunden abfeiern. Oswald ist derart auf 180,
dass er sich sogar mit Kornmeier versteht. Der Intendant
und der Verwaltungsdirektor vereint im gerechten Zorn
gegen die Besatzer.“

„Aber nach außen macht jeder gute Miene. Haben alle so viel Angst vor dem nächsten Oberbürgermeister?“

„Frag ich mich auch. Oswald lässt sich sonst ja auch
nicht alles vorschreiben. Aber wenn dieser Gnom aus
dem Kulturamt kommt…“

„Unser Herr Ostermann?“

„Ich weiß nicht, wie der Zwerg das macht, aber er
hat sie alle im Griff, am Ende springt jeder über das
Stöckchen, das er ihm hinhält.“

„Ich hielt ihn immer für einen guten Menschenken-
ner“, sagte Beck.

„Ich glaub eher, er hat kompromittierende Fotos von Oswald mit Dreispitz und nackten Knaben in der Badewanne. Oder er hat übersinnliche Fähigkeiten. Wahrscheinlich ist dieser Ostermann ein Alien. Egal, vornerum sind alle ganz freundlich zu ihm, aber im Grunde sind sie stinksauer. Und dann hat die Polizei auch noch den Text für die nächste Premiere bestellt, seither herrscht in der Dramaturgie Alarm. Das muss ja was mit Emigs Tod zu tun haben. Er hatte sich ja auch ganz stark in die Inszenierung reingehängt. Eigentlich sollte das ja eine Bewährungsprobe für den Regieassistenten werden, aber der kam bei den Proben wohl gar nicht zum Zug. Jetzt musste jedenfalls der Schauspieldirektor übernehmen.“

„Autsch, das kann ja nix werden.“

„Und weißt Du, was ich noch gehört habe?“ Der Karottenschopf näherte sich Becks Gesicht verschwörerisch.

„Ich höre.“

„Die Chinesen wollen die Oper kaufen, abreißen und in Chengdu wieder aufbauen.“

Beck musste laut loslachen: „So ein Quatsch. Was ist denn das für eine Verschwörungstheorie.“

„Ich hab's gehört.“ Jutta Meiser schaute jetzt ganz ernst. „Du wirst noch an mich denken. Ich glaube, es geht ohnehin nur noch um Schadensbegrenzung“, sagte Jutta Meiser, als der Gong ertönte und die Fortsetzung der Sitzung ankündigte.

„Der zweite Akt muss es jetzt aber rausreißen", sagte Beck.

„Na, viel Spaß, ich trink hier noch ein Bierchen."

Ein wenig beneidete er die Inspizientin, aber nun hatte er es schon so lange ausgehalten, jetzt wollte er auch das große Duell erleben.

6 Anders als das müde Häufchen Elend mit der Amtskette des Oberbürgermeisters war Jörg König hellwach und straff gespannt. Federnd schritt er zum Rednerpult. Schon seine Körpersprache und der Maßanzug verrieten, dass hier einer aus einer ganz eigenen Liga auftrat. Keiner von diesen Feierabendpolitikern mit schon leicht verschlissenen Pullis, hochgekrempelten Hemdsärmeln oder stricklieselhaften Blümchenröcken. König machte sofort klar, für welche Maßstäbe er antrat. Und er hielt sich auch nicht mit den Niederungen der Lokalpolitik auf. König spielte gleich Kaiser von China, beschwor eine mögliche Verschwisterung mit der Metropole Chengdu, malte die Zusammenarbeit mit dem Investor Sichuan Syndicat aus, grüßte mit einem weltmännischen „Huanying" – Willkommen! – Herrn Gu, den Bevollmächtigten aus Sezuan, der sich auf ein Zeichen Königs auf der anderen Seite des Besuchersektors erhob, woraufhin sich alle Stadtparlamentarierer umdrehten und einige Ovationen im Stehen nicht zurückhalten konnten. Herr Gu, den Beck zum ersten Mal in einem schwarzen Anzug sah, lächelte, deutete eine Verneigung in Richtung des Rednerpultes an.

Als der Applaus verrauscht war, malte König mit Gruß an „unseren guten Menschen aus Sezuan" die Kooperation mit den Chinesen in den schönsten Farben aus: Wie das Sichuan Syndicat, unterstützt von der Hongkong-Filiale des deutschen Investors Powerhouse International, beim Stadionbau einsteigen werde, wie das Syndikat eine Beteiligung bei der Viktoria anstrebe, bald schon internationale Spieler anlocken könne. Und dann kam es: Die Chinesen seien interessiert daran, städtische Institutionen zu erwerben, die dann von der Stadt zurückgeleast werden sollen. Was anderswo mit Straßenbahnen und Klärwerken gehe, müsse hier doch auch mit Städtischen Bühnen und Kunsthalle funktionieren. König versprach Steuerersparnisse in Millionenhöhe und konjunkturelle Belebung durch enge Wirtschaftsbeziehungen zu Wagniskapitalgebern im Reich der Mitte, die sich sogar am Bau eines Verkehrsflughafens vor den Toren der Stadt beteiligen wollten. Jetzt musste Beck tatsächlich an Jutta Meiser denken. Ganz so abwegig war die Sache mit dem Abbau der Oper also doch nicht gewesen. Doch während Beck vor seinem geistigen Auge sah, wie das Theater in Container verpackt und nach China verschifft wurde, war der Redner vorne in seinem Vortrag schon weiter geprescht: Bei solchen Projekten, das werde doch selbst die verstockte Opposition verstehen, sei es eben wichtig, dass alle kommunalen Prozesse und Leistungen abgestimmt, angepasst und austauschbar sein sollten, um belastbare Kennzahlen fürs Cross-Border-Leasing zu haben.

„Wir tagen heute im Stadttheater, diesem gläsernen Monument vorbildlicher Transparenz, und zeigen mit unserer politischen Debatte dort, wo sonst Faust und

Maria Stuart sprechen, dass dieses Haus auch als Kongresszentrum zu nutzen wäre. Ich kann mir hier sehr gut Firmenfeiern und große Hochzeiten vorstellen. Das wunderschöne Glasfoyer wäre ein idealer Ort für Galas und Partys. Und auch unseren Karnevalisten soll die ganz große Bühne gehören. Wir wollen doch hier nicht elitär sein." König machte eine Kunstpause, schaute in den Saal, als suche er Theaterleute, die er tadelnd ins Visier nehmen konnte. „Dieser transparente Bau muss offen sein für alle Teile unserer Bevölkerung, nicht nur für Menschen, die sich ein Premierenabonnement in der Oper leisten können. Ich weiß nicht, ob alle in dieser Stadt Kultur wollen, aber die Orte der Kultur müssen für alle offen sein. Deshalb geht es heute auf dieser Bühne um Politik, und das Theater bespielt in diesen Wochen die ganze Stadt, demonstriert, dass die darstellende Kunst überall sein kann. Ich möchte mich an dieser Stelle beim ehemaligen Chefdramaturgen dieses Hauses bedanken, der so tragisch aus unserer Mitte gerissen wurde. Torsten Emig war mir auf unserem Weg in die Zukunft stets ein verlässlicher Mitstreiter. In seinem Geist müssen wir alle anpacken. Wie sagt der große Dramatiker Shakespeare? Die ganze Welt ist eine Bühne. Wenn wir also die ganze Stadt zum Theater machen, dann brauchen wir irgendwann kein Stadttheater mehr, weil die fahrenden Spielleute überall spielen können. Was die Künstler dieses Hauses vormachen, das muss eines Tages in der ganzen Stadt gelten: Wir brauchen eine Flexibilität im Denken und Handeln, die verkrustete Strukturen aufbricht und den Anschluss an internationale Standards schafft. Dafür will ich mich einsetzen."

Jetzt müsste eigentlich Jakob Oswald, angetan als orientalischer Sultan mit dem Krummsäbel, auf die Bühne springen und den König mit drei, vier Hieben zerteilen, dachte Beck bei sich. Doch nichts dergleichen geschah, und Jörg König lobte sich noch eine Weile selbst, streute die unvermeidlichen Begriffe „Public Private Partnership" und „Win-Win" ein, nahm alsdann den tosenden Beifall seiner Fraktion huldvoll entgegen, sammelte betont umständlich seine losen Blätter vom Pult, als wäre es ein Friedensvertrag oder ein neues Grundgesetz und ging dann gemessenen Schrittes zurück zum Magistratspodium, als sollte ihm dort gleich eine Krone aufgesetzt werden.

Derweil schlurfte Oppositionsführer und OB-Kandidat Willy Schwarz schon aus dem Parkett zum Rednerpult. Mit Strickweste und kariertem Flanellhemd war er deutlich zu warm angezogen, weshalb er schon in seinen Fusselbart hineinschwitzte, als er gerade ans Mikro gekommen war. Schwarz, der aussah wie der Studienrat, der er war, wollte jetzt auch global dagegenhalten, schimpfte wild über Königs „China-Syndrom", „den kommunistischen Staatskapitalismus", den „Ausverkauf der Stadt" und eine „Gelbe Gefahr". Solche Geschäfte könne man nicht mal mit den Amerikanern machen, geschweige denn mit den Chinesen. Das hatte gesessen, die Opposition rührte sich. Doch Willy Schwarz schaffte es, den ersten Elan sofort wieder abebben zu lassen, denn er verlor sich viel zu schnell in weinerlichen Mängelrügen über überfüllte Flüchtlingsheime, marode Kitas und Lücken im Nahverkehr. Falls er ein Konzept gehabt haben sollte, lag es wohl noch auf seinem Platz im Plenum. Schließlich nahm Schwarz die

Vision seines Vorredners sogar zum Anlass, die Zuschüsse zum Stadttheater generell infrage zu stellen, wo doch der Schulbau das Geld viel dringender brauche.

Beck war schwer enttäuscht. Von diesem Rededuell hatte er sich deutlich mehr versprochen, aber Willy Schwarz verlor sich irrlichternd in Gefasel, und Jörg König hörte ihm gar nicht mehr zu. Beck sah, wie er mit Beate Vorreiter-Beginski tuschelte, die sich aus dem Parkett zur Bank des Magistrats geschlichen hatte. Die beiden schienen bester Laune, Lady Borussia klopfte König auf die Schulter, ging hinter dem Podium ab, tauchte an der linken Seite der Bühne wieder auf, und dann war es Beck, als würde er ein Stück Barocktheater sehen, bei dem die Bühnenmaschine bei der Höllenfahrt des Schurken den Schauspieler effektvoll verschluckt. Jedenfalls war Beate Vorreiter-Beginski mit einem schnalzenden Geräusch und einem spitzen Schrei plötzlich verschwunden. Eben noch tanzte da die wilde Kupfermähne im Takt ihrer Schritte und im nächsten Moment: nichts! Toller Trick, dachte Beck. Das Theater verschlingt seine Feinde. Als er sich gerade über dieses Bild wundern wollte, machte sich vorne Tumult breit, Parlamentarier in den ersten Reihen sprangen auf, der Schuldezernent, der am Rand des Podiums saß, rief nach dem Arzt. Ein Feuerwehrmann kam von der Seitenbühne und blieb vor der Stelle stehen, wo eben noch die Fraktionsvorsitzende gewesen war. Schnell umringten mehrere Leute den Ort und starrten nach unten. Beck konnte nicht sehen, was sie sahen, aber er wusste: Beate Vorreiter-Beginski war vom Bühnenboden verschluckt worden. Was für ein Abgang.

7 Becks Schritte knirschten auf den Scherben. Überall lag das zersplitterte Glas. Damit war die Sache gelaufen, der Revisor musste gar nicht mehr kommen. Becks Laden war jetzt schon am Ende. Es sah aus, als wäre eine Rinderherde durch den Verkaufsraum galoppiert. Und so ähnlich war es ja auch gewesen. Die Germanen hatten gehaust wie die Vandalen. „Met Maniacs" stand in roten Runen über einem umgekippten Weinregal. Draußen hatten die Freunde des Honigweins mit weißer Farbe „Germania rules" und „Wotan Warriors" gesprüht. Überall lagen zerknautschte Bierdosen, und obwohl die Getränkeversorgung offenbar ausreichend gewesen war, hatten die Hooligans der Germania auch noch drei Kisten Vernatsch aus dem Schaufenster mitgenommen. Beck konnte das durchaus verstehen, so ein leichter Vesperwein ließ sich gut zwischenrein schütten. Er selbst trank ja bisweilen ein Glas zum Frühstück oder nachts einen Schluck auf dem Weg zum Klosett. Schade nur, dass die Germanenrotte den Roten auch noch als WC-Spülung verwendet hatte, nachdem sie die Kasse als Urinal zweckentfremdet hatten.

Es sah also nicht nur wüst aus, es roch auch übel. Und wenn es nach Beck gegangen wäre, dann hätte der Glaser, der gerade dabei war, die geborstene Schaufensterscheibe mit einer Pressspanplatte abzudecken, nach dem Festdrehen der letzten Schraube nie mehr wiederkommen müssen. Beck hätte einfach den Laden verriegelt und mit diesem Kapitel seines Lebens abgeschlossen. Aber nicht mit Paula! Als er ihr morgens am Telefon von dem Überfall der Fußballfans erzählte hatte, löste sie sofort Alarm aus. Nun waren sie, Franz und Leonie damit beschäftigt, den Laden leerzuräumen und um Beck herumzufegen, der ihnen schlaff im Weg stand. „Das kriegen wir wieder hin", rief Leonie aufmunternd, lächelte ihn unter ihrem zerzausten Bob an, der diesmal einen weiß-blauen Glanz hatte. Irgendwie leuchtete das Mädchen jedes Mal anders, die Frisur wirkte auch bei jedem Treffen verändert. Aber vielleicht bildete Beck sich das auch nur ein. Jedenfalls zählte er diesmal in ihrem Gesicht acht Ringe an Nase, Lippen und Ohren. Waren das nicht mehr als beim letzten Mal? „Ich wisch jetzt mal feucht durch. Gehen Sie gerade ein Stück zur Seite? Schnappen Sie doch mal frische Luft", sagte Leonie und stupste Becks Schuhe mit dem Feudel an. Was für ein freundliches Mädchen, dachte Beck und las erst jetzt die Schrift auf ihrem T-Shirt. „Cock and Ball Torture" war da zu lesen. Hoffentlich war das nur ein Bandname. Sicherheitshalber tat Beck, wie ihm geheißen, trat neben die Tür und stand im Sprühnebel. Franz bearbeitete gerade die „Wotan Warriors" mit dem Druckstrahlreiniger. Beck tat einen Schritt aus der Gischt und sah, dass nur noch „W an W rr rs" zu erkennen war. Nicht dass es seine Stimmung gehoben hätte. Vertieft in den Anblick von Franz, der die Farbe mit Wasser von der Wand zu kratzen schien, hörte er die Fahrradklingel nicht und erkannte Bernd Rudolf erst, als der schon vom Sattel gestiegen war und neben ihn trat.

„Verdammt, wie sieht's denn hier aus?" Es klang nicht so, als erwarte er eine Antwort. „Ich hab's Dir ja gesagt: Kann sein, dass Du noch mal Besuch von diesen Bolzplatzbarbaren kriegst. Aber dass es so schlimm würde…" Rudolf stemmte die Hände in die Hüften. „Wir haben versucht, die Germania-Fans aus der Innenstadt rauszuhalten, da haben sich dann einige in die Viertel abgesetzt. Hast Du die Kerle gesehen?"

„Nur von oben", seufzte Beck. „Ich war gerade dabei, im Internet nachzuschauen, ob es schon was zum Unfall von Frau Vorreiter gibt, da hat es unten schon Schläge getan. Ich hab nur schwarze Kapuzen gesehen, wie sie die Scheibe eingeschlagen haben und in den Laden rein sind."

„Wieviel waren es?"

„Weiß nicht. Fünf, sechs, vielleicht auch mehr. Ich hab noch gerufen, sie sollen aufhören. Aber da hat einer gleich eine Flasche genommen, mir den Mittelfinger gezeigt, gerufen „Chill mal, Alter", und dann flog die Flasche bis zum dritten Stock. Da bin ich dann in Deckung gegangen. Sonst wär der Vernatsch noch zu mir ins Schlafzimmer geflogen."

„Hast Du denn gesehen, wie der Typ mit der Flasche aussah?"

„Nee, der hatte ein Tuch vor dem Gesicht."

„Ist wichtig für die Versicherung. Das bringen wir alles noch zu Protokoll. Das wird schon wieder." Rudolf, der Beck weit überragte, klopfte ihm wie einem Pennäler, der noch einmal um den Schulverweis herumgekommen war, väterlich von oben auf die Schulter. „Tut mir leid, dass meine Jungs nicht rechtzeitig hier waren. Es war aber auch rund ums Stadion die Hölle los, nach dem Spiel erst recht. Und dann gewinnt diese verdammte Germania auch noch. Unsere Jungs sind völlig von der Rolle. Der ganze schöne Vorsprung ist im Eimer. Und dann diese Chinesen. Wieso der Trainer plötzlich vier Juniorenspieler aus Chengdu aufstellt, hat ja kein Mensch verstanden. Wieso sind die im Winter überhaupt in den Kader gekommen? Und was haben die seither trainiert? Die wussten überhaupt nicht, was sie machen sollen. Ich war mir nie ganz sicher, ob denen überhaupt einer gesagt hat, auf welches Tor sie spielen müssen. Der Trainer ist ausgeflippt." Rudolf hielt inne. „Entschuldige, ich glaube, das interessiert Dich gerade gar nicht."

„Das interessiert mich sonst auch nicht." Der mürrische Trotz in der Stimme zeigte Rudolf, dass Beck wieder aus seinem schwarzen Loch auftauchte. Dafür immerhin war der Fußball doch gut. „Ich wollte ohnehin mit Dir übers Theater reden. Also, ich hab mir den Stücktext besorgt und gelesen."

„Moment mal, vorher würde mich interessieren, was denn gestern im Parlament passiert ist. Weiß man, wieso die Vorsitzende verunglückt ist?"

„Mensch, vor lauter Viktoria und Germania hätte ich das fast vergessen." Rudolf griff sein Rad und schob Beck vom Laden weg ein Stück in die Seitenstraße zu einer Bank: „Setzen wir uns! Also, ich sag Dir ganz im Vertrauen: Ich weiß nicht, ob das ein Unfall war. Die Klappe hätte geschlossen sein müssen. Und alle schwören Stein und Bein, dass sie kurz vorher noch verriegelt war. Das Problem ist, dass so viele Leute auf der Bühne und wohl auch hinter der Bühne im Theater waren, die dort sonst nichts zu suchen hatten."

„Also ein Anschlag auf BVB?"

„Was meinst Du als Theaterfachmann denn dazu“, fragte Rudolf und schaute Beck mit hochgezogenen Brauen an.

„Wenn ich gehört habe, was der Herr König so vorhat mit dem Theater, dann wundert es mich, dass nicht er in der Versenkung verschwunden ist.“

„Stimmt, aber hält ihm nicht die Vorreiterin die Steigbügel? Hielt muss es heißen. Ob sie jemals noch was hält, wissen wir nicht.“

„Oje!“ Mehr fiel Beck nicht ein, um seiner Neugier Ausdruck zu verleihen.

„Schwere Verletzungen der Halswirbelsäule, sie wurde in künstlichen Tiefschlaf versetzt. Üble Sache. Aber Du verstehst, dass ich jetzt vor dem Rückspiel im Ratssaal nervös bin. Erst landet ein Chefdramaturg mit politischen Ambitionen vor dem Auto, dann stürzt die oberste Strippenzieherin ihrer Partei in den Orchestergraben. Was passiert dann bei der nächsten Premiere?“

„Hüte Dich vor den Iden des März“, zitierte Beck seinen Plutarch.

„Wobei dieses neue Stück ja ein bisschen anders heißt: Die ID des Merz. Klingt bescheuert.“

„Ich glaube das ist noch der Arbeitstitel.“

„Auch recht“, sagte Rudolf. „Wenn ich es richtig verstehe, geht es um einen Herrn Merz und seine geheime Identität oder ein Passwort. Auf jeden Fall hätte ich gerne, dass Du mir erzählst, was im Original passiert, dann erzähle ich Dir, wie ich dieses neue Stück verstanden habe, und dann überlegen wir beide, was daraus folgt. Hast Du Lust?"

Alles, was ihn von der Germanenhöhle, die einmal sein Laden gewesen war, ablenkte, war Beck recht. „Also, die Sache ist eigentlich ganz übersichtlich", sagte er, beugte sich vor, und Rudolf machte es sich auf der Bank bequem. „Shakespeare folgt dem römischen Historiker Plutarch. Da gibt es keine verwirrenden Nebenhandlungen, obwohl über vierzig Figuren auftauchen: Der erfolgreiche Politiker und Feldherr Julius Cäsar will als Alleinherrscher den Staat umbauen. Seine Diktatur 46 vor Christus gilt ja als Ende der römischen Republik und als Beginn der Kaiserzeit. Eine Gruppe von rund achtzig Senatoren um den Verschwörer Cassius will ihn stoppen. Dessen Schwager Brutus, der als besonders tugendtreu gilt und das Vertrauen von Cäsar genießt, soll unbedingt dabei sein. Der Mann ist Idealist, aber auch naiv, macht mit für die gute Sache, dabei geht es ja um Macht und Karriere. Cäsar wird zwar gewarnt, es gab seherische Mahnung vor den Iden des März, also der Zeit Mitte des Monats. Am 15. März 44 vor Christus wurde Cäsar schließlich im Senat von Verschwörern umringt und erdolcht, darunter auch sein politischer Ziehsohn, was für den berühmten letzten Satz *Auch Du, mein Sohn* sorgt."

„Na, das kenn ja sogar ich", sagte Rudolf. „Also, aus dem Geschichtsunterricht, nicht aus dem Theater."

„Ja, das Stück wird hier nicht oft gespielt. Es ist ja auch eine Geschichtsstunde, ein Schuldrama über Tyrannenmord und ein politisches Debattenstück. Insofern passt das schon in einen Ratssaal. Shakespeare hat die ersten drei Akte auf zwei Handlungstage konzentriert, die Titelfigur ist schon auf halber Strecke tot. Danach geht es zwischen dem Attentäter Brutus, der den Mord mit noblen Argumenten rechtfertigt, und Cäsars Vertrautem Marcus Antonius, der in einem Triumvirat die Regierung übernimmt, hin und her. Erst in Reden, dann bei Säuberungsaktionen gegen die Verschwörer und schließlich auf dem Schlachtfeld im nordgriechischen Philippi. Mehr als zwei Jahre nach dem Anschlag auf Cäsar besiegen Mark Anton und Cäsars Großneffe Octavius dort die Einheiten von Brutus und Cassius, der die Schlacht irrtümlich für verloren hält und sich erstechen lässt. Da ist die Sache dann tatsächlich verloren, und Brutus stürzt sich auch ins Messer. Mark Anton darf am Ende des letzten Aktes den Nachruf auf Brutus halten, wird aber von Octavius politisch ausgebootet und neun Jahre später zusammen mit seiner Geliebten Kleopatra bei der Seeschlacht von Actium geschlagen. Octavius ergreift daraufhin als Kaiser Augustus die totale Macht. Die Republik, die Brutus sichern wollte, ist verloren. Aber das ist eine andere Geschichte."

Rudolf hatte aufmerksam zugehörte, kratzte sich das Kinn und sagte dann: „Hm, jetzt geht die Geschichte doch ganz anders."

„Du meinst das Stück von diesem ominösen Mark Anton? Alias Torsten Emig", warf Beck ein.

„Das weiß ich eben nicht. Beim Theater behaupten sie, der Name stehe für ein Kollektiv, das ganze Produktionsteam habe daran mitgearbeitet, auch die Schauspieler."

„Das gibt es", sagte Beck.

Bernd Rudolf verzog das Gesicht und wiegte den Kopf hin und her. „Das glaube ich in diesem Fall aber nicht. Also, pass auf, meine Geschichte geht so: Es ist Wahlkampf und ein gewisser Julius Keyser, wohlgemerkt nicht mit -ai-, sondern mit -ey- will als Spitzenkandidat die totale Kontrolle. Erst über seine Partei und später wohl auch über das Land. Kommt Dir das bekannt vor?“

„Du meinst, der Mann heißt eigentlich Gaius Julius König“, erwiderte Beck mit einem Lächeln.

„Klingt irgendwie danach. Nun, vierzig Figuren kann ich Dir nicht bieten. Die Sache konzentriert sich eher auf ein Dreieck.“

„Also, ein Politkammerspiel.“

„Wenn Du das so nennen willst. Keyser unterwirft alle Entscheidungen knallhart seiner Kampagne und macht sich dabei in der eigenen Partei viele Feinde. Ein gewisser Bernd Merz, mit -e- statt -ä- wohlgemerkt, schmiedet ein Komplott.“

„Wir wissen ja, die Steigerungsform von Feind ist Parteifreund.“

Bernd Rudolf nickte: „Ich sehe, Du kannst mir problemlos folgen. Als Schlüsselstück ist das ja auch nicht besonders knifflig verschlüsselt. Treu an der Seite von Herrn Keyser steht Parteichefin Antonia Markwort.“

Beck verzog das Gesicht. „Das ist ja schon dreist und platt.“

„Tut mir leid, eine bessere Geschichte hab ich nicht.“

„Naja, jetzt wo unsere Mark-Antonia Vorreiter-Beginski in die Grube gefallen ist, wird's natürlich spannend", sagte Beck und drehte sich auf der Bank ganz Bernd Rudolf zu.

„Und jetzt kommt es: Bernd Merz, der zwar nicht Brutus heißt, aber eine geheime Datei dieses Namens besitzt, wird Keyser nicht mit dem Dolch ausschalten. Er hat kompromittierendes Material, gesichert mit dem Code SPQR44vC. Herr Beck, bitte dekodieren Sie!"

„Senatus Populusque Romanus. Soviel Latein ist bei mir noch drin. Der Senat und das Volk von Rom. Bernd Merz ist also ein aufrechter Republikaner und freut sich auf Cäsars Ende 44 vor Christus."

Rudolf faltete die Hände mit einem Klatschen: „Ich freue mich, dass Du das Stück genauso verstehst wie ich."

„Kann man ja kaum anders deuten. Oder?"

„Wohl nicht."

„Und nun, da wir den Code kennen, oder sollte ich sagen die ID des Merz, was steckt dahinter?" Beck war nun doch richtig gespannt. Seinen verwüsteten Laden hatte er für einen Moment völlig vergessen und schaute seinen Freund erwatungsvoll an.

„Bernd Merz hat Dateien mit belastendem Material gegen Keyser. Allen voran Aufnahmen von Strichjungen, die beim Spitzenkandidaten ins Büro kommen."

„Autsch", entfuhr es Beck.

„Ja, aber es reicht nur so halb für einen Skandal. Es wird aus den Aufnahmen nicht recht klar, was Keyser getrieben hat. Aber als die Bilder im Netz auftauchen, gibt er eine Pressekonferenz und räumt Gruppensex im Parteibüro ein. Total tabula rasa."

„Das wäre dann aber kein Mord, eher politischer Selbstmord nach einer Schmutzkampagne", sagte Beck.

„Genauso hab ich es auch gelesen. Die Frage ist für mich nun: Steckt in dem Stück eine geheime Wahrheit, die mit dem Tod seines mutmaßlichen Autors Torsten Emig und diesem seltsamen Sturz der Parteichefin zu tun hat? Gibt es irgendwo geheime Dateien, die Jörg König politisch gefährlich werden könnten? Oder ist der Mann sogar in Lebensgefahr?"

„Und jetzt glaubst Du, bei der Premiere gibt es sachdienliche Hinweise von der Bühne."

„Ich fürchte vor allem, dass bei der Premiere wieder etwas passiert. Und deshalb habe ich beschlossen, mit Dir ins Theater zu gehen."

Beck stutzte und sah Bernd Rudolf ein wenig erschrocken an: „Nanu, wie bringen wir das denn Gitta und Paula bei?"

„Paula ist ja sicher mal ganz froh, dass sie Dir nicht beim Einschlafen zuschauen muss."

„Aber, aber". Becks Widerspruch war kleinlaut.

„Und Gitta mache ich klar, dass Sie diesmal polizeiliche Ermittlungen stören würde. Ich werde nämlich noch ein paar Kollegen in Zivil in die Vorstellung setzen."

„Wie soll ich da einschlafen", fragte Beck und grinste. „Klingt ja, als würde das Theater diesmal viel zu spannend dafür."

„Gut, dann haben wir jetzt eine Verabredung für Samstag in einer Woche." Bernd Rudolf erhob sich: „Komm, wir schauen mal, wie es Deinem Laden geht."

Sie schlenderten um die Ecke. Franz traktierte die Wand noch immer mit dem Hochdruckreiniger, doch von den „Wotan Warriors" waren nur noch die Umrisse von W und W zu sehen. Sie blieben vor der Fassade stehen, und Rudolf legte die Hand auf Becks Schulter: „Das wird schon wieder, das kriegen wir hin."

8 Er hatte sich schon gewundert, wo Kevin Jung blieb. Nun sah er ihn in der Aula des Rathauses, die jetzt ein Theaterfoyer darstellte. Der Nachrichtenchef der „Neuen Post", der sonst Skandale aufdeckte, wo gar keine waren, hatte sich in der Zeitung lange Zeit auffällig zurückgehalten. Als wäre der mysteriöse Tod eines Theatermachers mit politischen Ambitionen kein Anlass zur Recherche gewesen. Erst jetzt, da die von ihm offenbar mehr als nur journalistisch verehrte Parteivorsitzende verunglückt war, legte er los. Kein Tag ohne Artikel über den lebensgefährlichen Wahlkampf, wilde Spekulationen über eine Verschwörung der Kulturelite gegen Reformpolitiker. Und dann als Krönung „Macleaks" und „Gallery-Gate", wie Jung getitelt hatte: Die Zeitung hatte Dokumente erhalten, die belegen sollten, dass Eduard Pasblanc bei der Sanierung der Kunsthalle einem befreundeten Glaser einen Auftrag zugeschanzt hatte. Pasblanc galt nun wieder als einer

der Verdächtigen beim Anschlag auf Torsten Emig, den man als Quelle der Dokumente in Verdacht hatte. Nur, wer hatte sie nach seinem Tod verschickt? Weil Kevin Jung schon mal in Fahrt war, bescheinigte er auch Jakob Oswald, gute Gründe gehabt zu haben, um Emig, den Feind im eigenen Haus, aus dem Weg zu räumen. Gewiss würden sich bald neue Enthüllungen auftun.

Kevin Jung war bereit, und nun stand er vor der schweren braunen Tür des Ratssaals und wollte doch tatsächlich Theater schauen: jener bekennende Banause, den das nur interessierte, wenn die Bühne abbrannte. Offenbar erwartete auch er sich etwas von diesem Abend. Der Eindruck verdichtete sich noch, als Beck sah, wie der Nachrichtenchef auf Jörg König und Traudel Kalbfleisch zusteuerte, um sofort heftig gestikulierend mit ihnen zusammen in den Ratssaal zu gehen. Alle drei schauten seltsam ramponiert aus: der sonst so adrette König, als habe er zu viel getrunken und zu wenig geschlafen, die sonst so ländlich fesche Kalbfleisch, als wären ihre Finger und Handgelenke wurstig angeschwollen, und der zunehmend hypertonische Jung, als stünde er endlich kurz vor seinem ersten Infarkt.

Beck blieb stehen, zog Bernd Rudolf an der Jacke, deutete auf Jung und ließ ihn erst mal hinter dem Eingang verschwinden. „Ah, da ist ja Euer Windhund“, grummelte Rudolf, dem es gar nicht geschmeckt hatte, dass in der Zeitung Daten ausgebreitet wurden, von denen seine Leute nichts wussten. „Würde eher Bluthund sagen“, erwiderte Beck. „Seit seine Borussia im Krankenhaus liegt, ist er wie wild, hab ich aus der Redaktion gehört.“ Beate Vorreiter-Beginski war zwar mittlerweile aus dem Koma erwacht, würde aber wohl nie wieder laufen können. „Komm, jetzt gehen wir aber rein, meine Leute sind schon alle auf den Plätzen", sagte Rudolf, blieb dann aber ruckartig stehen, musterte Beck und drehte ihn zu sich wie ein Vater seinen Sohn vor dem Besuch bei der Tante. „Was hast Du denn da?" Beck verstand nicht und schaute Rudolf fragend an, während dieser anfing, an seinem Jackett herumzufingern. Er wischte über seine Schultern, zog den Kragen glatt. Und „tschuldige, bitte", langte ihm an den Hosenbund, um das Hemd hineinzustopfen. „So kann ich Dich nicht reinlassen, sonst wirst Du von meinen Männern verhaftet." Klang wie ein Witz, nur war sich Beck nicht sicher, ob es lustig war. „Umdrehen", befahl der Polizeichef, als wäre er bei einer Leibesvisitation. Beck tat, wie ihm geheißen, und Rudolf zog ein zerfleddertes blaues Heftlein aus seiner Gesäßtasche und las: „Lektüreschlüssel Macbeth. Falsches Stück. Oder?"

„Ach, das such ich schon seit der Premiere."

„Du willst mir nicht sagen, das Buch steckt seit einer Woche in Deiner Hose?"

„Weiß auch nicht, ich hab die Hose ja nicht jeden Tag an."

„Mann oh Mann, Du läufst rum."

Beck wurde das jetzt doch zu persönlich. Er kam sich vor, als wäre er mit Paula unterwegs. „Lass gut sein, Papa. Wir gehen jetzt rein." Es sollte lässig klingen, aber Rudolf hörte seine Zerknirschung, und sie schwiegen, als sie ihre Plätze erreicht hatten.

Die dunklen Holzbänke waren elend hart. Das spürte Beck schon, kaum dass sie sich niedergelassen hatten. Hundert Minuten ohne Pause wies das gefaltete Programmblatt aus. Viel mehr Wissenswertes stand dort nicht. Hoffentlich würde es so spannend werden, wie Rudolf es ihm ausgemalt hatte, dachte Beck. Er brauchte dringend Ablenkung. Schon im Stehen zwickte sein linker Ischias. Mehrfach durchsuchte er sein Jackett nach Tabletten. Rudolf guckte schon irritiert: „Na, vermisst Du noch ein Buch?" Beck antwortet nicht. Er brauchte jetzt eigentlich ganz dringend einen Wein oder einen Sekt. Aber in diesem Rathaus, das ein Theater sein wollte, hatte er neben der verwaisten Hausmeisterloge nur einen Getränkeautomaten mit Wasser, Diätlimo und Kakaotrunk entdeckt. Der Automat für die Heißgetränke war defekt. Verdammte Behörde, grummelte Beck in sich hinein. Kunst, so ganz nüchtern, das ging gar nicht. Musste er sich denn bald schon eine Thermoskanne mit Cognac-Kaffee mitnehmen? Alles wegen diesem Idioten von Jörg König, der nicht nur die Schauspieler, sondern auch ihren Kritiker aus seinem Theater vertreiben wollte. Beck hätte ihn auf der Stelle ermorden können. Vollidiot! Sein einziger Trost: Auf seinem Sitz in der Holzklasse konnte er unmöglich einnicken. Die Bänke ohne Kissen waren Folter.

Missmutig reagierte sich Beck am Programmblatt ab, drehte und faltete den Zettel, schaute die Buchstaben scharf strafend an. Den Arbeitstitel „Die ID des Merz" hatte man offenbar verworfen, das Stück nannte sich jetzt „Die Akte Keyser". Das war immerhin mal eine Verbesserung. Von einer Mitwirkung des verstorbenen Torsten Emig war nichts mehr zu sehen, obwohl er als

Chefdramaturg die Produktion vorbereitet hatte und dem Regieassistenten, der sich hier zum ersten Mal ausprobieren sollte, auch ständig in die Parade gefahren war, was man so hörte. Unter „Regie" war nun Schauspieldirektor Bernd Huber verzeichnet, von dem man wusste, dass er ein paar Dinge konnte, zu denen das Inszenieren gewiss nicht gehörte. Wieviel von Torsten Emigs Handschrift würde wohl noch zu lesen sein? Würden geheime Botschaften, wie mit Zaubertinte geschrieben, plötzlich aufleuchten? So ungehalten Beck war, so gespannt war er auch. Nur siebzig Zuschauer passten in den Ratssaal. Vorne auf dem Podium für den Magistrat und rund um das Rednerpult lag die Spielfläche, wenn man davon reden wollte, denn Platz für Aktionen bot sich dort eigentlich nicht. Die Schauspieler kamen denn durch eine abgehängte Hintertür, nahmen auf den Bänken der Stadtregierung Platz, jeder legte seinen Stücktext vor sich, und wenn er dran war, begab er sich zum Pult, um zu sprechen. Julius Keyser, Bernd Merz und Antonia Markwort, die modernen Wiedergänger von Cäsar, Brutus und Mark Anton kamen mit Toga und Sandalen daher wie Figuren aus einem klassischen Römerdrama. Mit Papyrusrollen und Lorbeerkranz schienen sie alle Hinweise darauf, dass dieses Stück auf die Gegenwart gerichtet war, tunlichst tilgen zu wollen. Gravitätisch war die Geste und die Deklamation betont fern der Alltagssprache. Also das genaue Gegenteil von dem, was sich Rudolf und auch Beck erwartet hatten.

Nach fünf Minuten schauten die beiden sich zum ersten Mal ratlos an, nach 20 Minuten musste der Polizeipräsident den Kritiker zum ersten Mal anstoßen, weil dieser verdächtige Geräusche von sich gab. Als dann endlich der freundliche Beifall plätscherte, mit dem sich das Publikum für sein Durchhaltevermögen auf hartem Holz selbst Applaus spendete, zischelte Rudolf: „Wie willst Du denn darüber schreiben? Du hattest ja ständig die Augen zu? Du warst mir jedenfalls keine Hilfe"

„Du mir auch nicht. Mit Paula bin ich immer wach." Was für eine dreiste Lüge. Aber das konnte Rudolf ja nicht wissen und fing an, sich zu entschuldigen.

„Keine Ahnung, wie Deine Paula das macht, aber Du sackst ja sofort wieder weg." Er schüttelte verständnislos den Kopf und flüsterte: „Im Ernst: Was schreibst Du denn jetzt?"

„Das war nur eine szenische Lesung. Um darüber zu schreiben, muss ich wirklich nicht mehr als fünf Minuten wach gewesen sein." Ja, insgeheim schien es ihm, als sei er aus purem Trotz eingeschlafen. Jedenfalls konnte er sich nicht erinnern, auch nur eine Sekunde gegen den bleiernen Sog angekämpft zu haben. Nein, er hatte sich der Umnachtung geradezu hingegeben. Als hätte sein Kreislauf damit gegen die künstlerische Zumutung protestieren wollen. Beck nahm seinen jüngsten Blackout aber auch mit einer ungekannten Gleichgültigkeit, die sich aus Resignation speiste. Seit Kevin Jung den Kulturteil zu einer Wochenendausflugsserviceseite gemacht hatte, war für ihn nach 60, 70, spätestens 80 Zeilen ohnehin Schluss. Zwischen den „Köpfen der Woche" und den „Dance-Charts der DJ-Szene" war das, was er sich unter einer Theaterkritik vorstellte, ohnehin nicht mehr gefragt. „Mehr als eine Inhaltsangabe wird das nicht", sagte er mehr zu sich selbst als zu Rudolf.

Und das macht Beck in diesem Fall auch gar nichts aus. Der Abend war theatralisch wie kriminalistisch eine herbe Enttäuschung. „Gib's zu", sagte er und schaute dem Polizeipräsidenten in die Augen: „So schlau wie jetzt warst Du doch auch schon, nachdem Du das Stück gelesen hattest."

„Wohl wahr."

„Und bis jetzt ist ja auch immer noch keiner tot von der Bühne gefallen."

„Ist mir auch deutlich lieber so", erwiderte Rudolf mit einem nun strengen Unterton.

„Da hat der Schauspieldirektor wohl alle Spuren verwischt, die Torsten Emig gelegt hat."

„Meinst Du?" fragte Rudolf, als sie aus der Reihe traten.

„Na, was ich so gehört habe, war die Produktion schon recht weit gediehen. Ich hab schon gehofft, dass man klare Anspielungen sieht, so eine Art satirisches Stadt-Theater."

„Aber was da zu sehen war, bevor es wieder verschwunden ist, weißt Du eben nicht."

„Leider nein", sagte Beck, machte ein Hohlkreuz und massierte sich die schmerzende Hüfte. „Da bleibt Dir wohl nur eins." Rudolf sah ihn fragend an: „Der Herr Polizeipräsident muss das Produktionsteam und das Ensemble befragen. Viel Spaß beim dramaturgischen Verhör."

Vierter Aufzug: Richard

1 Es war der Tag der Hinrichtung. Soviel stand fest. Beck schob die Hände übers Gesicht und knautschte seine Stirnfalten, schlug die Decke zur Seite und starrte erst zum Fenster. Die Sonne streichelte den Rahmen. Ein schöner Tag zum Sterben. Heute würde der Revisor kommen und seinen Laden dichtmachen. Der Besuch war nur Formsache. Zu schlecht liefen die Geschäfte, auch wenn in den letzten Tagen ein paar Bestellungen mehr reingekommen waren. Zu eklatant waren die Fehler, zu heftig die Beschwerden gewesen, auch wenn Franz tatsächlich noch Ordnung in sein Chaos gebracht zu haben schien. Beck blickte bei seinem System nicht durch, wusste nur, dass es irgendwie funktionierte und dass wundersamerweise keine Weinkisten mehr in seiner Wohnung standen. Franz hatte alle Kartons im Laden, im Keller und in einem Schuppen im Hof untergebracht. Und bei dieser Räumaktion schien die Zahl der Pakete auch deutlich geschrumpft zu sein. Wie immer der Junge das hingekriegt hatte, es war egal.

Fast hätte es Beck sich mit seinem Kummer auf dem Kissen noch ein wenig gemütlich machen können, doch von der Straße drangen Geklapper und Stimmen, die ihn ärgerten. So ein Lärm in aller Früh um kurz nach neun. Er wälzte sich aus dem Bett, drückte seine schmerzende Hüfte, kam ächzend zum Stehen und humpelte steif zum Fenster. Er sah Bänke und einen Schirm. Ausgerechnet heute hatten irgendwelche Idioten ein Straßenfest anberaumt. Mitten in der Woche. Wer kam auf so eine Idee? Jetzt würde es auch noch Publikum bei seiner Exekution geben. Beck hatte sich aufs Fensterbrett gestützt, zog sich am Rahmen aufrecht und beschloss, er müsse sich einen Schluck Mut antrinken. Sein Depot im Wohnzimmer war aufgelöst, also schlurfte er in die Küche, wo Paula alles abgeräumt hatte, um Böden und Ablagen so krümelfrei zu kriegen wie lange nicht mehr. Beck, der in der Küche schon schlecht orientiert war, als Juliane noch gelebt hatte, zog Schubladen heraus, klappte Türen auf: Töpfe und Nudeln, Gewürze, Geschirr, der Kühlschrank voll mit Orangensaft, Joghurt, Äpfeln, Butter, Marmeladen, Milch. Wer brauchte das alles? Und vor allem: Wo war der Wein? Da musste doch zumindest noch ein offener Malbec und ein Chablis stehen. Das konnte doch nicht wahr sein. Was hatten Franz und Paula denn hier getrieben? Sie konnten ihn doch nicht derart aufs Trockene setzen. Nur Milch und Leitungswasser – sollte er verdursten? Der Gedanke machte ihn nervös, als er ins Bad ging, mit der Zahnbürste in seinem Mund stocherte, dass sein Zahnfleisch blutete, und dann einen Schluck rotschaumiges Wasser herunterspülte. Er blickte in den Spiegel, ein verkniffener Penner mit schütterem Viertagebart und verschuppten braungrauweißen Strähnen blitzte ihn böse an. Passend zu seiner Laune griff er sich eine graue Trainingshose, zog sie bis zum Bauchnabel, warf eine Flanellhemd über sein Feinrippleibchen und stapfte in seinen ausgelatschten Pantoffeln zur Tür, bereit zum letzten Gang in die Todeszelle, die einmal sein Laden gewesen war. Gegen Mittag wollte der Henker kommen. Beck war bereit.

Am Hintereingang zum Laden stutzte er. Die Tür stand einen spaltbreit auf, und von drinnen drang Gerumpel. Er spähte hinein. Auf einer Leiter hockte ein Mann, den Beck noch nie gesehen hatte, und spannte eine Girlande quer durch den Raum. Er war ja in den vergangenen Tagen daran gewöhnt, dass sich Handwerker in seinem Laden tummelten. Sie hatten die wüste Wuthöhle der Wotan Warriors wieder hergerichtet. Ja, es war Beck, nachdem der letzte Weißbinder fort war, erschienen, als sähe der Laden nach der Renovierung besser aus als zuvor. Freundlicher, heller. Aber was in aller Welt war denn jetzt das? An der Decke hingen rote Luftballons. Eine Tischdecke und Kerzen bedeckten das Weinfass in der Mitte des Raumes. Am kleinen Schaufenster stapelten sich Sonderangebote, an der Rückwand war ein Buffet mit Käse, Keksen, Baguette, Oliven und Pasten aufgebaut. Beck brauchte einen Moment, um seine Verblüffung herunterzuschlucken, dann fragte er mit belegter Stimme und unterbrochen von Räuspern: „Was soll das? Was machen Sie hier? Wer sind Sie überhaupt?" Der Mann auf der Leiter, drehte sich zu ihm um und lächelte: „Tag, Brunner mein Name. Paula, kommst Du mal." Aus dem Abstellraum lugte Paulas Kopf hervor: „Ah, der Herr Beck ist auch schon wach. Das auf der Leiter ist der Josef, der Sportwart aus meinem Turnverein. Er geht uns heute ein wenig zur Hand."

„Was gibt denn das?"

„Siehst Du doch. Wir machen das hier jetzt mal ein bisschen gastlich. Heute ist Straßenfest."

„Heute kommt der Geschäftsprüfer von i.vive. Ich mach heute dicht, da ist nichts mit Straßenfest. Paula, lass das."

„Ganz im Gegenteil. Der Laden ist schon hübsch, jetzt machen wir Dich mal flott. Hab mir schon gedacht, dass Du runterkommst, als hättest Du unter der Brücke geschlafen. Hier, hab schon alles bereit gelegt." Paula deutet auf einen Stapel mit Kleidern in der Ecke, der ihm bislang entgangen war: dunkelgraue Stoffhose, gelbes Hemd, hellgraues Jackett, schwarze Halbschuhe. Aus welchen Ecken seines Schranks hatte sie das denn geholt? „Das ziehst Du bitte an, aber vorher duschst Du und rasierst Dich. So will ich Dich hier unten nicht sehen." Man merkte Paula an, dass sie zwei Kinder großgezogen und jetzt auch mit Enkeln und Nichten umzugehen hatte. Ihre Ansprache war von klarer Autorität, und Beck war ein wenig nach Quengeln zumute, doch er schluckte den Geschmack der Larmoyanz herunter und entschied sich für ein Bad im Phlegma. Er hauchte nur ein „ach so" dahin, drehte sich um, schlich heraus, und als Paula ihn nicht mehr hören konnte, entfuhr ihm mit leisem Missmut: „Mit mir kann man's ja machen. Mich muss man ja nicht fragen."

Oben angekommen, betrachtete Beck den Clochard im Spiegel und fand nun auch, es sei besser, aufrecht zu sterben. Würde er also mit Stil vor den Scharfrichter treten, dachte er sich und schabte die Haare aus seinem Gesicht, dass es an einigen Stellen blutete. Eine knappe halbe Stunde später war Beck gewaschen und gekämmt zurück. Allein das Hemd hing ihm noch halb aus der Hose. Steif wie ein Schulbub stand er vor Paula. „Nun mach Dich mal geschmeidig, hilf mal mit", befahl sie, zog den Stoff glatt. „Ist ja schlimm mit Dir." Nun war ihm auch das Jackett übergestülpt.

Beck fühlte sich wie in einer Zwangsjacke. Unbehaglich drehte und wendete er den Kopf, bis sein Blick an der Decke hängen blieb. Dort waren Schnüre mit Wimpelchen gespannt: Frankreich und Italien, Österreich, Ungarn, Portugal, Spanien und die USA. Beck erkannte auch Argentinien, Australiens Union Jack mit den Sternen auf blauem Grund. Seine ungebetenen Helfer hatten Fähnchen jener Länder durch den Laden gespannt, deren Weine im Angebot waren. Weißer Stern in blauem Quadrat mit weißem und rotem Balken musste dann wohl Chile sein. Und das gekippte grüne Ypsilon inmitten schwarzer, blauer und roter Flächen? Da blieb nur noch Südafrika. Beck ruckelte sich das Jackett zurecht und schaute nach draußen, wo mittlerweile Bänke und ein Grill standen. „Paula, was soll denn die Mühe? Wieso ist hier überhaupt so ein Trubel."

„Was glaubst Du denn?" Mehr sagte sie nicht, sondern wies ihm den Weg zur Tür. Draußen war es noch etwas frisch, doch es kündigte sich ein überaus freundlicher Frühlingstag an. Neben den Tischen waren ein Grill, ein Getränkestand und an der Straßenecke eine Hüpfburg mit gelben Mauern, roten Zinnen und einem grünen Drachenkopf auf dem Dach aufgebaut. Der Drache wackelte heftig mit dem Haupt, weil in der Burg ein Kind wie irre tobte. Es sah aus, als müsste die Echse gleich speien. Feuer, Galle oder Feuergalle. Über rauchenden Briketts hantierte ein junger Mann mit schwarzer Schürze und blonden Haaren, der Beck den Rücken zuwandte. Das war doch…, dachte sich Beck und rief: „Franz, was machst Du denn hier?“

„Ah, da sind Sie ja endlich.“ Franz, der die halblangen blonden Haare in einem Zopf gebändigt hatte, drehte sich um und winkte mit der Grillzange. „Wollen Sie eine grobe Bauernbratwurst? Sind schon einige Leute von Ihrem Hilfskomitee da“, sagte er und deutete auf einen Tisch hinter dem Grill. Beck sah nicht sonderlich gut, kniff die Augen zusammen, da erst erkannte er Paulas Mann Jupp, daneben die längst erwachsenen Kinder, die Tochter Jana und den Sohn Jens, die Beck noch als Sextaner kannte, als Juliane ihnen Nachhilfe gegeben hatte. Beck winkte verhalten. Von hinten rief Paula: „Ja, geh mal zu Deinem Fanclub.“ Schon war sie neben ihm und schob ihn zu ihrer Familie. Aus der Hüpfburg stieg die kleine Hanna und schleifte einen wurstförmigen Plüschhund von der Größe eines Baguettes hinter sich her. Lucy, die offenbar gerade den Drachen auf dem Dach bis zum Erbrechen durchgeschüttelt hatte, preschte hinter ihr her, zupfte an Hannas Hundi, dass die Plüschwurst hinfiel und ihre kleine Cousine losplärrte, während Lucy „Der Herr Beck ist wach, der Herr Beck ist wach“ rief. Jana schnappte sich die heulende Hanna, Lucy zog an Becks Hose und schaute zu ihm auf: „Bist Du noch müde?“ Beck verneinte. „Siehst aber so aus“, sprach das Mädchen und lachte. „Hat Tante Paula Dich jetzt angezogen?“ Die Tante zischte und hob mit strengem Blick hinter Becks Rücken den Finger. „Irgendwas verstehe ich hier nicht“, sagte Beck, obwohl er gerade dabei war zu ahnen, was vor sich ging. „Wieso seid Ihr alle bei diesem komischen Straßenfest, wo Ihr doch gar nicht hier wohnt?“ Paula schaute ihn ein wenig mitleidig an: „Vielleicht weil wir das Fest organisiert haben? Vielleicht weil es Dein Fest ist? Ein Fest für Deinen Laden.“

„Ja, aber, was soll denn das?“

„Wir wollen mal sehen, ob sich dieser Vollstrecker von i.vive nicht beeindrucken lässt“, sagte Paula, ihr Mann reckte seinen bärtigen Glatzkopf und rief über seine Bratwurst im Kartoffelsalat hinweg: „Was glauben Sie, was meine Frau seit Wochen vorbereitet?“

„Das ist ja lieb gemeint, aber das bringt doch nichts.“ Beck ließ seine Schultern hängen und sah aus, als würde er gleich nach unten aus seinem Jackett herausrutschen. „Die entscheiden rein betriebswirtschaftlich. Und da ist die Sache klar. Mein Vertrag wird nicht verlängert.“

„Und warum kommt dann heute einer nachschauen?“ Darauf fiel Beck zunächst nichts ein. Dann sagte er halbherzig: „Formsache.“

„Na, das wollen wir doch sehen. Jetzt setz Dich erst mal. Paula packte ihn an den Schultern und schob ihn zur Bank. „Trink was, iss was, es kommen noch viel mehr Leute.“

Neben Jana und der noch immer schniefenden Hanna, die ihren Wurstwaldi würgte, war noch Platz. Beck ließ sich eine Orangenlimo einschenken und eine Rindswurst mit Nudelsalat vorsetzen, worauf er keinerlei Appetit verspürte. Während er im Essen stocherte und halb abwesend registrierte, dass Jana von Besuchen mit Kaba und Buchstabennudelsuppe bei ihm erzählte, als seine Juliane ihr als Mädchen Nachhilfestunden gegeben hatte, drängte sich Lucy rechts neben ihn auf einen Platz, den sie sich erst schaffen musste, indem sie mit dem Ellenbogen gegen Becks Hüfte drückte und sofort losplapperte: „Was machen Sie eigentlich?"

Beck, froh von der stechenden Erinnerung an Juliane abgelenkt zu werden, antwortete: „Ich schreibe über Theater."

„Meine Mama sagt immer, ich soll kein Theater machen. Schreibst Du dann auch über mich?"

„Nein, das ist etwas anderes."

„Schade".

„Warst Du denn schon mal im richtigen Theater?"

„Weiß nicht."

„Das wüsstest Du." Beck fiel jetzt auch nicht ein, wie er dem Kind das Theater erklären sollte. Also versuchte er es mit einem Klassiker, den in seiner Kindheit doch noch jedes Kind gekannt hatte: „Kennst Du Peterchens Mondfahrt?"

„Nö", muffelte Lucy und konterte: „Kennst Du Hexe Lilly?"

„Was?"

Das Mädchen triumphierte: „Wenn's die nicht im Theater gibt, will ich nicht ins Theater." Dann schaute sie ihn mit einem skeptischen Blick an und reckte die Nase zu ihm: „Heute riechen Sie aber ganz anders." Beck senkte den Kopf prüfend zu seiner rechten Achsel und sagte ratlos: „Rasierwasser!"

„Und wieso sind Deine Zähne so gelb. Putzt Du die nicht?“

„Lucy“, schimpfte Jana von links. „Lass den Herrn Beck in Ruhe essen“. Lucy stemmte den Kopf schmollend auf die Fäuste und schien nachzudenken. „Entschuldigen Sie, Herr Beck“, sagte Jana und wollte gerade zu neuen Erinnerungen über ihre Kindheit mit Englischvokabeln in Julianes Arbeitszimmer anheben, da hatte Lucy genug gebrütet, tippte Beck an: „Was ist eigentlich ein Pflegefall?“

„Wie kommst Du denn da drauf?“ Doch bevor Beck eine Antwort kriegen konnte, war Jana aufgesprungen, hatte Lucy geschnappt und zog sie zur Hüpfburg. „Lass den Mann jetzt in Ruhe“ hörte er noch und wie Lucy trotzte: „Aber wieso, ihr habt doch gesagt…“

Beck musste sich nicht lange mit der Bratwurst quälen, denn Leonie kam dazu, grüßte schier euphorisch, ihre Haare leuchteten schon wieder anders blau, irgendwie mit einem Stich in Grünliche, schien es Beck, der diesmal zehn Ringe in ihrem Gesicht zählte. Oder waren es elf? Er musste ja ganz unauffällig zählen, und ihr T-Shirt mit dem Aufdruck „Anthrax“ lenkte ihn davon ab. Sie wolle jetzt Franz am Grill ablösen, damit er an die Kasse im Weinladen gehen könne. Beck fragte sich, ob das eine gute Idee war, wenn man mit einem Bekenntnis zum Milzbrand herumlief? Leonie aber schien die Seuche auf ihrer Brust keine Bauchschmerzen zu bereiten: „Heute machen Sie ordentlich Umsatz!“

„Woher willst Du das wissen?“

„Weil wir die ganze Zeit schon im Studentenwohn-
heim für Sie getrommelt haben. Einige Kommilitonen
haben ja auch schon Weinschläuche für ihre Feten bestellt. Und heute zeigen wir mal, was ein Flashshop ist.“

„Was soll das sein?“

„Flashmob mit Shoppen. Na, Sie werden schon sehen.“

Beck nutzte die Gelegenheit, das Essen stehen zu
lassen und ging mit Leonie zu Franz, der seiner Freundin einen Kuss gab, ihr zugleich die Grillzange in die
Hand drückte, um dann mit Beck in den Laden zu gehen. „Hier sind alle Unterlagen.“ Franz zeigte auf einen
Stapel von vier Aktenordnern. „Jetzt fehlt nichts mehr,
steht überall drin, wo die Ware lagert, alle Abrechnungen sind beigeheftet. Und im Computer ist auch alles
nachgetragen. Da kann keiner mehr meckern.“ Beck
war sich sicher, dass sein Besucher aus der i.vive-
Zentrale nicht kommen würde, um zu meckern. Beschwerden und Mängelrügen hatte es ja bereits genug
gegeben. Beck wollte den Elan all der Helfer, die hier
ein potemkinsches Straßenfest feierten, nicht ausbrem-
sen und sagte nur: „Werden sehen.“ Er klopfte Franz
mit einem leisen „danke“ auf den Oberarm und ging
wieder vor die Tür, wo gerade zwei weitere Tische besetzt wurden. Das Einzige, was Beck auf den ersten
Blick erkannte, war ein orangefarbener Fleck in der
Menge. Da kam Jutta Meiser auch schon auf ihn zu.
„Theaterkampftrinkerbataillon vollständig angetreten.
Wir saufen Deinen Kontrolletti unter den Tisch. Tolle
Aktion. Du siehst ja: Maske und Theaterkasse sind da-

bei, auch aus der Malerwerkstatt und der Schneiderei ist eine Abordnung da."

Beck sah über den Grillstand hinweg nicht wirklich viel, war aber jetzt doch ein wenig beeindruckt, da rammte ihm von hinten etwas in die Waden. Er drehte sich um und sah eine gebückte schlohweiße Frau mit einer gestrickten schwarzen Weste, die wie ein Vorhang über ihrem schmalen Körper hin- und herschwankte und von einer Perlmuttbrosche zusammengehalten wurde. „Guten Tag, entschuldigen Sie, ich sehe nicht mehr gut", sagte sie und nahm einen neuen Anlauf, Beck zu rammen. Er hatte keine Ahnung wer sie war. „Aber Ihre Frau hat mir gesagt, dass ich kommen soll, um Ihren Laden zu retten." Sprach's und fuhr ihm mit einem Rollator-Rad über den rechten Fuß. Langsam dämmerte es ihm, dass es Käthe Collet war, die schon so lange im ersten Stock lebte, dass er sie fast vergessen hatte. Das Einzige, was er von ihr all die Jahre registrierte, war ihr Rollator, der im Eingang stand und ihm im Weg war, wenn er mal wieder Kisten durchs Treppenhaus schleppte. Er hatte sich zwar manchmal gefragt, wie es die alte Frau überhaupt in den ersten Stock schaffte, doch über diesen Gedanken hatte er irgendwann völlig vergessen, wer sie war und wie sie aussah. Nun stand sie vor ihm.

„Das war nicht meine Frau, das ist Frau Berlepp gewesen, sie führt mir den Haushalt", erklärte Beck mit einer Betulichkeit, als wäre Frau Collet senil, was die alte Dame auch bemerkte, weil ihre Augen und ihre Hüfte zwar schwach waren, ihr Verstand aber durchaus noch munter. „Was reden Sie denn, ich kenne doch Ihre

Putzfrau. Ich hab mit Ihrer Frau gesprochen, wir reden immer mal wieder. Im Gegensatz zu Ihnen ist sie ja sehr nett. Aber das ist ja auch egal. Ich setzte mich dazu, trinke mein Wasser, und das wird schon alles gut."

Beck schaute Frau Collet fassungslos an. War sie übergeschnappt? Oder hatte sie dieselben Wahnvorstellungen wie er an schwachen Tagen. Weil er nicht weiter wusste, sagte er bloß: „Nehmen Sie sich doch eine Wurst. Das Mädchen mit den blauen Haaren gibt Ihnen eine."

„Ja, die blaue Fee, die blaue Fee", gurrte Frau Collet und schob ihren Stützwagen weiter. „Machen Sie's gut, und grüßen Sie Ihre Frau, ich muss bald ins Heim, nächste Woche holen sie mich ab." Beck war beruhigt, denn ganz offenbar war seine vergessene Nachbarin auf harmlose Art verwirrt. Als er ihr noch nachblickte, erschallte schon von der Straße ein Ruf. Aus dem Augenwinkel sah er zwei Radfahrer, die auf ihn zukamen und hörte: „Da ist er ja!" Bernd Rudolf kam mit seiner Gitta. Er zwei Köpfe größer und deshalb mit leicht hängendem Oberkörper, sie drahtig, mit einer enormen Dauerwelle, die im Takt ihres Wortschwalls wippte. Gitta legte schon los, als sie noch nicht vom Rad gestiegen war, von Macbeth und Cäsar sprach sie, von ihrem Mann, der zwar eigentlich keinen Sinn und keine Zeit fürs Theater hatte, aber dem politischen Verbrechen in der Stadt selbst dort noch auf der Spur war. Sie zitierte Passagen aus Becks „Kirschgarten"-Kritik, die sie nicht verstanden hatte und kündigte zugleich das Kommen von einem Dutzend ihrer Freunde vom Premierenabo an. All das schoss in knapp einer Minute aus ihr heraus, und Beck wusste, warum Bernd Rudolf es nach dem Theater mit seiner so übersprudelnd eloquenten Frau schwer hatte. Er ahnte, dass seine kriminologische Theaternachhilfe für den Polizeipräsidenten von solch einem Wasserfall der Worte weggerissen werden musste. Aber er sagte einfach nur: „Schön, dass Ihr auch da seid." Mittlerweile hatte er sich daran gewöhnt, dass vor seinem Laden eine Bratwurst-Demo aufzog. Dass im nächsten Moment auch noch die Kitagruppe „Sandwürmer" um die Ecke bog und sich mit Würstchen versorgen ließ, fand Beck schon fast normal.

Und dann kam er: Mit einer Kladde unterm Arm lief ein junger Mann mit weißem Hemd und Jeans zunächst auf der gegenüberliegend Straßenseite, schaute sich prüfend um, blickte in seine Unterlagen, wunderte sich wohl darüber, dass der Laden, den er zu inspizieren hatte, zugebaut war mit Tischen, Grill, Hüpfburg und allerlei anderem Kinderspielzeug. Beck, der sonst ja nicht gut sah, erkannte das Unglück sofort, das da auf ihn zukam. Es schnürte ihm die Kehle zu. Doch er wollte sich jetzt stellen, wendete sich dem Besucher zu, aber der Mann, kaum dass er die Straße überquert und den Bürgersteig erreicht hatte, wurde von Gitta Rudolf und Jutta Meiser angefallen. Man konnte es gar nicht anders sagen. Sie zogen ihn zum Grill, drückten ihm ein Glas Weißwein in die Hand und ließen erst nach einigen Minuten von ihm ab. Becks Überraschung über diesen Guerilla-Einsatz hatte sich gelegt, als er sah, dass auf der Mappe des Mannes, das Logo von „i-vive" prangte – ein leichtes Ziel. Seine beiden Abfangjägerinnen waren auf der Hut und wiesen dem Besucher dann lächelnd den Weg zu Beck, der ihn mit schmallippigem Grinsen begrüßte.

„Guten Tag, Justus Beck. Entschuldigen Sie, heute ist hier leider Straßenfest"

„Hallo, Gunderloch mein Namen, Jason Gunderloch. Wir sind ja verabredet. Ich hoffe, wir können trotzdem alles durchgehen." Das musste ein gutes Omen sein, durchzuckte es Beck: Gunderloch! Da regten sich die Reflexe des Theaterkritikers, und fast jubelte er: „Oh, der fröhliche Weinberg!" Gunderloch sah ihn verständnislos an. Beck zögerte und nahm eine zweiten Anlauf: „Ich meine Carl Zuckmayer."

„Ist das ein Winzer? Sie müssen entschuldigen, ich kenne mich in der Branche nicht aus."

„Ja, sicher, Jean Baptiste Gunderloch."

„Nie gehört, in unserer Familie gibt es niemand, der so heißt."

„Gewiss, das ist ja auch eine Theaterfigur." Einerseits ärgerte sich Beck über die mangelnde Allgemeinbildung des jungen Mannes, andererseits fürchtete er, ihn nun brüskiert zu haben. Vielleicht war der Name doch kein so gutes Omen. Aber Gunderloch machte keine Anstalten, beleidigt zu sein.

„Ach, vom Theater weiß ich genauso wenig wie vom Wein. Sie müssen entschuldigen, ich bin wegen der Zahlen hier. Controller, wissen Sie, der Besuch gehört zu meinem Traineeprogramm. Vorher war ich bei der Versicherung, da gab es auch keinen Wein, dafür aber zum Quartalsende ganz viel Kaffee und Energy Drinks.

Aber die Sache mit dem Weinberg muss ich mal googeln. Kann ja in dem Job nicht schaden, sowas zu wissen. Lässt sich das auch irgendwo streamen?“

Beck war erleichtert, dass der Prüfer es locker nahm: „Weiß ich nicht, das gab's mal mit Gustav Knuth im Kino.“

„Ich dachte, der Mann heißt Gunderloch wie ich.“

„Ja, Gustav Knuth war ja auch der Schauspieler.“ Langsam kam ihm dieser Kerl etwas doof vor. Ob das eine Chance war, die unvermeidliche Schließung abzuwenden? Der Gedanke hatte kaum Form angenommen, da zerplatzte er schon wieder mit einem hässlichen Knall. „Knuth Zackmayer im Kino und dann noch mein Namensvetter im Theater. Sie machen's aber kompliziert, was für ein Durcheinander. Ist ja fast wie bei Ihrer Buchhaltung.“ Gunderloch lachte über sich selbst, als sie durch den Laden gingen, in dem sich neben Jutta Meisers Theaterkampftrinkerbataillon mittlerweile auch junge Leute mit Weinschlauchboxen tummelten, offenbar Kommilitonen von Leonie und Franz. Beck wollte das jetzt nur noch irgendwie hinter sich bringen. „Hier entlang. Entschuldigen Sie das Gedränge.“ Er drückte dem jungen Herrn die Bücher seines Ladens in die Hand und bahnte ihm einen Weg durch die Kunden, die von Franz an der Kasse gesten- und wortreich dirigiert wurden, als wäre er der Chefchoreograf beim Schlussverkauf. Beck staunte nicht schlecht über diese Performance, die zwar mehr an Fischmarkt als an Weinladen erinnerte, aber dennoch ihre Wirkung nicht verfehlte. „Wir können uns in den Hof setzen, da ist ein Bänkchen frei.“ Der Revisor wirkte leicht überrumpelt vom Kundenandrang und dem buchhalterischen Gewicht in seinen Händen. „Hier ist ja einiges los. Hatte ich jetzt gar nicht so erwartet", sagte Gunderloch, als er sich gesetzt hatte und anfing, in den Unterlagen zu blättern. „Aber Ihre jüngsten Zahlen waren ja auch etwas besser."

Jetzt galt es, das war Beck klar. Er musste sich da irgendwie freiflunkern: „Ja, ich hatte eine schwierige Zeit. Ich war leicht angeschlagen. Ein Trauerfall in der Familie. Und dann wurde ich auch noch von Hooligans überfallen."

„Gibt's nicht!" Gunderloch hatte den Mund offen stehen, was ihn nicht sehr helle aussehen ließ.

„Ja, Sie wissen vielleicht, unsere Viktoria will aufsteigen."

„Das wird ja wohl nichts." Gunderloch hatte den Mund wieder zugekriegt und offenbar sein Thema gefunden. „Wie man das so vergeigen kann, verstehe ich nicht. Und dann diese Panikaktion mit den Chinesen. Und der Quatsch mit dem Investor und dem neuen Stadion."

„Ach, Sie kennen sich aus?"

„Ja, auf jeden Fall besser als mit Theater."

Oder mit Wein, dachte sich Beck, behielt es aber lieber für sich. Gunderloch kam ins Fußballfabulieren aus Kindertagen. „Ich bin früher mit meinem Onkel immer zur Germania gegangen, die Mannschaft hab ich heute noch im Blick. Die schaffen das jetzt mit dem Aufstieg. Bei Heimspielen bin ich ja fast immer im Stadion."

Eins zu null für den FC Justus Beck! Er musste den Ball nur noch über die Linie stoßen und das tat Beck auch: „Oh, Ihre Freunde vom Fanclub waren bei mir zu Besuch. Das waren Germania-Fans, die hier gehaust haben. Wotan Warrios haben sie sich genannt." Gunderlochs Blick zeigte, wie unangenehm ihm das Thema Fußball jetzt wurde. „Oh, das tut mir leid", sagte er und rutschte unruhig auf der Bank herum, als wäre es eine Herdplatte, die immer heißer wurde.

„Hat ja die Versicherung gezahlt. Kein Problem. Und diese Fußballfans hab ich dann auch vertrieben. Die waren so besoffen, da musste ich Ihnen nur mit einer hoch erhobenen Flasche Pinot Gris aus Luxemburg drohen, der war damals gerade im Angebot – Sie erinnern sich – da sind die stiften gegangen. Aber natürlich konnte ich eine Zeitlang nicht richtig Umsatz machen."

Gunderlochs Mund stand jetzt halboffen. Ihm fiel gerade nichts ein außer fahrigen Entschuldigungen, was Beck zu einem frechen Konter nutzte.

„Erst die Trauer, dann dieser Terror. Ich hab den jungen Mann, den sie an der Kasse gesehen haben, deswegen als Aushilfe eingestellt. Ein netter Kerl, aber leider ein völliger Chaot. Ich hab lange gebraucht, um alles wieder so hinzukriegen, dass Sie etwas damit anfangen können."

Gunderloch war froh, dass er sich nicht mehr für seine Germanen entschuldigen musste und sich jetzt mit Zahlen beschäftigen konnte. Er blätterte zunehmend wohlgefällig Seite um Seite, machte „hmm", „soso" und „schönschön", während Beck sich zur nächsten

Notlüge schwang: „Meine Kunden sind ja alle sehr besorgt, dass meine Lizenz nicht verlängert werden könnte. Sie sehen ja, der Laden ist viel mehr als eine Abhol-
station für Weinpakete. Ich will mich ja nicht loben,
aber dies hier ist auch ein Nachbarschaftsheim und ein
Kulturzentrum. Ich schreibe ja für die Zeitung übers
Theater. Das halbe Schauspiel kauft bei mir ein.“

Gunderloch schaute aus seinen Zahlen auf: „Ja, da
waren auch zwei Damen, die haben mir sowas ähnliches
erzählt. Freut mich, freut mich. Ich wollte mir heute ja
auch nur einen Eindruck verschaffen. Ihre Zahlen haben
Sie ja alle schon unserer Buchhaltung gemeldet. Lassen
Sie mich sehen.“ Er blätterte in seinen Unterlagen. „Beschwerden hatten wir zuletzt auch nicht mehr. Ich will
gucken, was sich tun lässt. Sie hören von uns. Wir haben ja noch ein bisschen Zeit. Machen Sie sich mal keine Sorgen, wir prüfen das alles sehr genau. Aber Ihr
Laden ist eben auch sehr klein, das Geschäftsmodell
ergibt nicht mehr richtig Sinn. Wissen Sie ja.“

Beck nickte, Gunderloch erhob sich: „Sie hören von
uns.“ Der Weg zurück gestaltete sich noch schwieriger.
Sie kamen kaum durch, der Laden war so voll, dass
einige Kunden ihre Kisten über dem Kopf balancierten.
Franz, der kleine Chaot, der fast seinen Laden ruiniert
hätte, war auf einen Hocker gestiegen, um die Übersicht
zu bewahren. Es tat Beck leid, dass er ihn so schlecht
gemacht hatte. Aber nur ein bisschen. War ja für einen
guten Zweck. Und Franz musste das ja auch nicht erfahren. Aber hatte all der Aufwand nun geholfen? Als er
sich draußen von Gunderloch verabschiedete, war das
Fest vor seiner Tür auf dem Höhepunkt. Ein fröhliches

Gemurmel grundierte ein Gitarrensolo, das sich vom Tisch des Theaterkampftrinkerbataillons erhob, wo nun auch Orchestermusiker Platz genommen hatten. Eine Klarinette, ein Saxofon und eine Trompete machten sich bemerkbar. Die Sonne strich über die Bänke, einige Gäste klatschten. Gunderloch sah sich schmunzelnd um, und als er sich zum Gehen abwandte, folgten ihm Dutzende Blicke nach, der Geräuschpegel sackte für einen Moment ab, um sich gleich wieder zu erheben. Auch Beck schaute Gunderloch hinterher, bis sein Blick an Frau Collet hängen blieb, die den Kopf nach oben gerichtet hatte, halb geblendet von der Sonne und halb blind wie sie war, konnte sie eigentlich nichts erkennen, aber sie winkte. Beck hob den Kopf und glaubte, am Fenster seiner eigenen Wohnung einen Schatten zu sehen. Eine Frau, die zu ihm herunterblickte. Er sah sich um. Was machte Paula denn da oben? Doch Paula saß mit Ihrer Familie am Tisch, von wo ihn geballte Fäuste, Victory-Zeichen und gereckte Daumen grüßten. Beck winkte fahrig zurück, schaute wieder nach oben, wo nun kein Schatten mehr zu sehen war. Auch Frau Collet hatte sich abgewendet und schob mit ihrem Rollator ab zum Ende der Straße.

2 Der Tod war schnell gekommen. Lungenentzündung, hatte es geheißen, Sepsis und Multiorganversagen. Nun lag Beate Vorreiter-Beginski in einem glänzend schwarzen Sarg mit einem Bouquet aus weißen Lilien darauf. Die Aussegnungshalle des Nordfriedhofs, wo Beck gewohnheitsmäßig Trauer getankt hatte, war übervoll. Rund um die Stuhlreihen und in der

Eingangstür standen die Menschen. Auch Beck musste stehen. Er war heute nicht gekommen, um sich mit dem Leid fremder Menschen den eigenen Kummer vom Gemüt zu spülen. Nein, seit Juliane wieder bei ihm eingezogen war – morgens unvermittelt am Frühstückstisch saß, manchmal am Fenster stand, wenn er schrieb oder ihn im Badezimmer anschaute – war er kein einziges Mal mehr auf dem Friedhof gewesen. Das brauchte er nicht mehr. Juliane, die Untermieterin in seinem Oberstübchen, war ja wieder da, sah aus wie das junge Mädchen mit den strubbeligen braunen Haaren und dem breiten Lächeln, in das er sich verliebt hatte. Sie trug einen zitronengelben Rock, den sie sich auf der Hochzeitreise gekauft hatte, und Beck fand, dass sie damit etwas zu dünn angezogen war für die Jahreszeit. Aber so wenig wie sie alterte, fror sie. Juliane kannte keine Kälte und keine Zeit, was Beck jedes mal tröstlich fand, wenn sie wieder irgendwo saß oder stand. Bloß in seinem Schlafzimmer tauchte sie nie auf, und er grübelte, was das wohl zu bedeuten hatte. Aber wen hätte er fragen sollen? Sowas konnte er schließlich keinem erzählen. Also behielt er es für sich.

Heute aber hatte ihn die Neugier hergetrieben. Der zweite ebenso prominente wie ominöse Todesfall nach dem Anschlag auf Torsten Emig, das war für so eine kleine ruhige Stadt schon Anlass für große Unruhe. Und Beck wollte daran teilhaben, denn sie hob ihn prickelnd aus der Lethargie, die auf viele seiner halbleeren Tage drückte. In der ersten Reihe der Trauerhalle saß Herr Beginski mit den beiden Jungs, die dem Kinderzimmer gerade erst entwachsen waren. Daneben links des Mittelgangs offenbar Mitglieder seiner und ihrer Familie, die Beck nicht kannte. Auf der rechten Seite hatte das halbe Stadtparlament Platz genommen. In der ersten Reihe neben Jörg König, der schlecht ausschaute, fahl und seltsam aufgedunsen, ruhte ganz in Schwarz, aber fast schon unverschämt rotwangig Traudel Kalbfleisch, die allen Grund hatte, frischfidel in die Welt zu schauen, denn es hieß, man habe der Kulturausschussvorsitzenden die Interimsleitung der Kunsthalle übertragen. Dafür hatte wohl nicht zuletzt Kevin Jung gesorgt, der Eduard Pasblanc mit einer Serie von Artikeln über dubiose Handwerkerzahlungen überzogen hatte. Es klang zwar eher nach einer Serie von Lappalien, hatte aber doch dazu geführt, dass Pasblanc beurlaubt wurde.

Jung selbst saß relativ weit hinten links. Beck konnte ihn nicht gut sehen, aber er bemerkte jenen Sonnenblumen-Kranz mit der Schleife, auf der stand „In Dankbarkeit I". Seltsam. Beck wurde den Verdacht nicht los, dass dies ein letzter Liebesgruß des kleinen K war, der sich als Editor in Chief Online and News ja für die große I-kone hielt. Hieß der Schriftzug auf der Schleife also nicht eigentlich „Icon and Borussia in love"? Wenn da was gewesen war, dann hatten die beiden jedenfalls nicht genug Zeit gehabt, Kevin Jungs Garderobe aufzumöbeln. Der Nachrichtenchef steckte noch immer in Hemden und Anzügen, die ihm vielleicht als Student und junger Redakteur gepasst hatten, aus denen er aber mittlerweile mettwurstartig herausquoll. Je mehr er an publizistischem Gewicht zulegte, desto aufgeschwemmter sah er aus. Schwer nachzuvollziehen, was die drahtige Politikerin an dem schwammigen Journalisten gefunden hatte, außer dass er jünger war. Aber vielleicht war es ja gerade das. Beck schüttelte innerlich den

Kopf, als er merkte, welche Waschweibergedanken er sich machte. Aber die Frage blieb: Wer war I?

Neben dem Gebinde mit dem kryptischen Gruß lagen die anderen Kränze der Familie für „unsere Mutti, meine geliebte Frau“, der Partei „für unsere Chefin“, der Viktoria für „unsere große Sportsfreundin BVB“, von Powerhouse International für „Die Architektin unserer Stadt“. Ein Kranz war mit chinesischen Schriftzeichen bedeckt, die keiner entziffern konnte, nur der Name Sichuan Syndicat war klar und deutlich zu lesen. Herr Gu zeigte sich nicht. Vielleicht ging er aber auch nur in der Menge unter, denn Gu war klein und die Trauergemeinde unübersichtlich. So viele, die Abschied nehmen wollten, und nicht alle waren deshalb traurig. Da war sich Beck ziemlich sicher. Politisch war Beate Vorreiter-Beginski seit jeher über Leichen gegangen. Und nun war sie selbst eine.

Die Trauerfeier zog sich hin, denn viele hatten ihr noch etwas nachzurufen – von der Pfarrerin, die vergeblich versuchte, ihre in Tränen aufgelösten Söhne zu trösten, über den Präsidenten der Rotarier, der sich grämte, eine so geschickte Netzwerkerin für den guten Zweck verloren zu haben, Viktoria-Präsident Mühlbach, der über politische und sportliche Siege und Niederlagen schwadronierte, bis zu Herrn Salisch von Powerhouse International, der keine Zeit mit einem Nekrolog verschwendete, sondern lieber ein Impulsreferat über große Bauprojekte in der Stadt hielt. Beck fragte sich, ob der Mann das falsche Redemanuskript eingesteckt hatte. Es fehlte jedenfalls nur noch, dass über dem Sarg eine Leinwand hochgezogen worden wäre, damit Salisch dort einen Power-Point-Vortrag hätte halten können mit CAD-Entwürfen von Neubauten und Balkendiagrammen von Ausgabenposten.

Ganz ohne Manuskript kam Jörg König aus. Und das war keine gute Idee, denn der Superdezernent sah nicht nur schlecht aus, er war auch noch ganz schlecht drauf. Er war betrunken, was spätestens nach dem dritten Satz jeder hören konnte. Was er der „lieben Bettina" zu sagen hatte, wurde denn auch nicht recht klar. König verlor sich in weinerlichen Erinnerungen an nächtliche Fraktionssitzungen, Fahrten zu Bundesparteitagen, wo die wichtigsten Entscheidungen offenbar zwischen zwei und drei Uhr in der Früh an der Hotelbar getroffen wurden. Derart drehte sich die wehmütige Rückschau im Kreis, streifte mit Plattitüden von Mutterliebe die beiden Söhne in der ersten Reihe und endete dann abrupt im Nichts. König wischte sich durchs Gesicht und ging zu seinem Platz in der ersten Reihe. Als er sich setzte, erhob sich in der zweiten Reihe ganz außen eine Frau mit auffallend schwarzer Mähne. Beck hatte sie schon einmal gesehen. Das war doch... Er brauchte den Moment, bis sie vor den Sarg getreten war, da wusste er: Es war die Sängerin von „Mosquito Coast." In dem Moment, als es ihm klar wurde, begann sie schon zu singen, und es klang deutlich besser als vor ein paar Wochen im Stadion. Das lag gewiss daran, dass ihre groben Begleitmusiker den Gesang nicht schreddern konnten, vielleicht aber auch ein wenig daran, dass die Lady nicht auf Englisch singen musste, was ihr nicht gelegen hatte. Der Text war deutsch, Beck kannte die Fassung nicht, aber so ganz ohne Begleitung in die Trauerhalle geschmettert, war er gerührt. „Wenn Du gehst, ganz allein / Durch Sturm und Dunkelheit / Dann hab keine Angst vor der Nacht / Du weißt irgendwann kommt auch Deine Zeit / Dann bist Du es, der als letzter lacht." Hier nestelten schon einige Zuhörer verstohlen in ihren Manteltaschen. „Halte durch, gib nicht auf / Bleib Dir treu, sieh das Licht / Denn Dein Ziel ist zum Greifen nah." Da waren schon die ersten Taschentücher im Einsatz, und ein leises Schniefen legte sich über den folgenden Zeilen: „Geh voran, voran / Die Hoffnung stirbt zuletzt / Und Du gehst nicht allein. Nein – Du gehst nicht allein." Bei diesen Worten öffnete sich die Hintertür der Aussegnungshalle, und der Katafalk mit dem Sarg wurde auf Rollen ins Freie gezogen. „Geh voran, voran / Und die Hoffnung füllt Dein Herz, Denn Du gehst nicht allein / Nein – Du gehst nicht allein." Und Beate Vorreiter-Beginski ging wahrlich nicht allein, gute zwei Hundertschaften schritten hinter ihren sterblichen Überresten her ins Freie, wo der Frühling schon ganze Arbeit geleistet hatte.

Frisches Grün sprießte an allen Bäumen, der April tat auf seine alten Tage, als wäre er ein Wonnemonat. Das Wetter war ja schon den ganzen Tag pietätlos prächtig. Bereits am frühen Morgen hatten die blauen Haare von Leonie, die mit Franz Teller und Tassen vom Straßenfest aus seinem Laden abgeholt hatte, mit dem Himmel um die Wette geleuchtet. Leonie war die Siegerin, aber nur weil sie zu ihrem bauchfreien Top mit der Aufschrift „Nine Inch Nails" einen sehr kurzen Rock trug und hüpfend kundtat, mittags mit Franz zum Baggersee zu fahren, obwohl das Wasser noch sehr kalt sein musste. Mittlerweile aber war der Himmel unschlagbar blau. Und selbst Beck, der sich gerne im Grau seiner

Stube verschanzte, kitzelte der Frühling in der Nase. Es war der denkbar schlechteste Tag, um unter die Erde zu fahren.

Beck trat mit den letzten Trauergästen ins Freie und ließ sich schnell zurückfallen. Jetzt auch noch eine Schippe Erde auf Beate Vorreiter-Beginski zu werfen, das musste nicht sein, das sollten ruhig die Profis erledigen. Er schlenderte lieber durch die Reihen, las Namen und Daten in Stein, studierte Herzen, Tauben, gefaltete Hände und anderen Steinmetzkitsch. Gegenüber einem Urnensilo, das mit seinen Waschbetonwänden aussah, als hätte man für die Asche von Menschen aus Sozialwohnungen auch nach ihrem Tod entsprechend abstoßende Unterkünfte bauen wollen, wölbte sich ein rosafarbenes Marmorherz, auf dem weiße Tauben trauerten, und an ein junges Mädchen erinnerten, das seinen Eltern auf der Inschrift versicherte, sie sei nur vorangegangen. Wenige Schritte weiter hatten eine Lisbeth und ein Eugen – die Nachnamen konnte er nicht entziffern – ihren eigenen Grabstein in zittrigem Sütterlin unterschrieben. Beck fragte sich, ob die alten Leute selbst diesen makabren Wunsch geäußert hatten, oder ob ein Sohn oder eine Tochter die Unterschriften quasi postum gefälscht hatte, das Ende der Eltern in Stein gemeißelt quittieren lassen wollte: Hier ruhen wir Alten in Frieden und geloben, die Jungen nie mehr zu belästigen! Aus diesem Gedankenspiel scheuchte ihn nur wenige Gräber weiter ein brummender Ton, der die Friedhofsruhe zunächst fast unmerklich, dann mit jedem Schritt deutlicher in Intervallen aufbrach. Wäre hier ein Trafohäuschen gewesen, hätte er die Geräuschquelle dort vermutet, doch wozu brauchten Tote Transformatoren? Das wiederkehrende Brummen klang auch ein wenig nach Alarmanlage, doch welche Grabräuber sollten auf dem Nordfriedhof abgeschreckt werden, wo hier doch so wenige Pharaonen lagen. Beck schaute sich zwischen niedrigen Hecken und Büschen, Steinplatten und Pflanzkübeln um und entdeckte schließlich einen grünen Plastikpilz mit Photovoltaikdeckel, der offenbar dumpf schrillende Töne ins Erdreich sendete: „Maulwurfterror" stand an der Seite. Hier wollte man wirklich keine Leiche sein. Überall Nachbarn mit Geschmacksverirrung und seltsamen Verwandten. Dann legt man sich zur letzten Ruhe und wird auch noch dauerbeschallt wie ein Terrorist in Guantanamo.

Man fand bei solch einem Spaziergang schon allerhand Abgründiges, wenn man nur lange genug zwischen den Grabreihen auf und ab schlenderte, dachte sich Beck. Und es tröstete ihn ein wenig darüber hinweg, dass er Juliane in ihrem Friedwald nicht mehr wieder gefunden hatte. Gerade wollte er sich zum Ausgang wenden, da sah er hinter einer Hecke eine Frau. War sie das nicht? Nein, Blödsinn! Am helllichten Tag auf dem Friedhof. Doch dann sah er sie wieder. Das war Juliane! Oder doch nicht? Die Frau war hinter Büschen verschwunden. Beck eilte hinterher und ärgerte sich dabei schon, dass er es tat, dass er seinem Hirnspuk folgte, obwohl er doch wusste, dass ihm nur die eigene Sentimentalität Streiche spielte. Hinter den Büschen angekommen, war da niemand. Keine Frau zu sehen, schon gar nicht Juliane. Beck hob den Kopf zum Himmel, blickte in eine Baumkrone, atmete tief durch, und als er wieder nach vorne schaute, sah er am Ende des Weges einen kleinen, runden, schiefen Mann mit einem Hut. Er war noch weit weg, aber die Silhouette war unverkennbar: Sah aus wie Peter Lorre bei Fritz Lang, war aber Gerd Ludwig Ostermann, den Beck bei der Trauerfeier für die Parteichefin wohl übersehen hatte. Ohne bestimmten Antrieb ging er ihm nach, bis Ostermann in eine Seitenreihe einbog und Beck über die Grabsteine hinweg sehen konnte, wie Quasimodo aus dem Kulturamt etwas ablegte, sich umschaute und schnell weiter lief. Beck hatte sich kurz weggeduckt und kam langsam aus seiner Deckung, ließ Ostermann abbiegen und außer Sicht geraten, dann ging er selbst zu der Stelle, an dem eben noch der kleine Mann mit Hut gewesen war. Beck kannte die Ecke. Es war das noch ungestaltete Grab von Grete Jungwirth. Ostermann hatte frische Maiglöckchen auf den Erdhaufen gelegt, auf dem sonst rein gar nichts lag. Es war ein fast schon brutaler Anblick: Keiner wollte Anteil nehmen, keiner wollte sich erinnern an diese Frau, die zwar die Seele des Büros gewesen sein soll, die aber offenbar weit und breit niemanden hatte, der sie vermisste. Außer Gerd Ludwig Ostermann, der nun nicht nur ihre Arbeit mitmachte, sondern auch noch den letzten Liebesdienst besorgte. Der Gnom der Kulturszene war doch auch ein lieber, armer Kerl, dachte sich Beck und beschloss, dem kleinen Herrn Ostermann, an den sich sicher auch niemand erinnern wollen würde, ab und an eine Blume aufs Grab zu legen, falls er vor ihm abginge. Beck spürte das einsame Elend des kleinen Mannes, war gerührt von der eigenen Anteilnahme, fühlte sich gleich nicht mehr ganz so mies wie sonst. Ja, er sollte vielleicht doch wieder öfter auf den Friedhof gehen. Wenn er die Traurigen und die Toten hinter sich ließ, war ihm wie nach einer Kur.

3 Mehr als zwei Wochen waren mittlerweile ins Land gegangen, seit Gunderloch in seinem Laden nachgesehen hatte. Und mit jedem Tag wurde Beck unruhiger, wenn er hinunterging, das Geschäft aufschloss und im Briefkasten nachsah. Er hatte sich schon dabei erwischt, wie er in der Küche anfing, mit dem Putzschwamm an der Spüle herumzuwischen, wie er planlos Tasten der Waschmaschine drückte, deren Geheimcode nur Paula kannte. Und eines Tages ertappte er sich dabei, wie er den Staubsauger nahm, ihn anschloss und brausend Schleifen im Wohnzimmer drehte, den Krümeln und Schnipseln kunstvoll auswich, nur um einen Zeitvertreib zu haben. Dreimal war er denn auch zu spät nach unten gegangen, einmal stand schon ein Kunde vor der Tür. Andere mochten schon abgedreht sein.Egal, es war eh aus. Aber er wollte es doch schwarz auf weiß sehen. So sehr er den Anblick fürchtete.

Und diesmal musste es soweit sein. Der Briefkasten blähte sich bedrohlich. Beck sah, dass ein dicker Umschlag, dessen Spitze vorwitzig unten an der Tür hervorlugte, oben die Klappe nach innen drückte. Sie hatten ihm offenbar alle seine Geschäftsunterlagen in ein Kuvert gepackt: Weg damit! Aus und vorbei! Mit unsicheren Fingern stochert er das Schlüsselchen ins Schloss. Es klemmte, er ruckte. Er zog und zerrte. Die Ungeduld stieg in ihm auf. Jetzt wollte er es endlich wissen. Er riss an der Tür, dass der ganze Zaun mit den anderen Briefkästen wackelte. Beck war kurz davor, auf den vermaledeiten Blechkasten einzuschlagen. Da kam eine alte Dame mit einem Einkaufswägelchen die Straße entlang und blickte ihn erschreckt an. Beck beeilte sich, seine völlig entgleisten Gesichtszüge in den Griff zu kriegen. Ruhig jetzt, sagte er zu sich. „Schönen guten Tag", grüßte er die alte Dame, nickte, machte einen Schritt fort vom Briefkasten, tat so, als sei er mit dem, was er da getrieben hatte fertig, spielte mit dem Schlüssel, deutete eine Drehung zur Tür an, und als die Frau um die Ecke gebogen war, stand er sofort wieder vor dem klemmenden Kasten. Tief durchatmen! Beck schloss die Augen, drückte die Klappe gegen den Rahmen, führte den Schlüssel behutsam ein, ruckelte, und im nächsten Moment fiel ihm der Umschlag entgegen.

Er drehte und wendete die pralle Sendung, suchte nach dem Stempel von i.vive. Doch da war nichts. Da war gar nichts. Seltsam. Was sollte das denn? Beck riss das Kuvert auf und sah dicke Papierstapel. Er zog sie hervor. Nein, mit seinem Laden hatte das nichts zu tun. Sah aus, als hätte sich jemand im Briefkasten geirrt. Er stopfte die Blätter wieder in den Umschlag und beschloss, sich das alles in Ruhe im Laden anzuschauen. Drinnen räumte er den Kassentisch frei, zog den Stapel heraus und las das Deckblatt: „Guter Freund, Sie wissen, wem Sie das geben können und wem nicht."

Beck verstand nicht und breitete die Blätter aus: ausgedruckte E-Mails und Kopien von Überweisungen. Immer wieder kam Geld von Powerhouse International, stets Beträge zwischen 9000 und 9990 Euro, das offenbar zum Teil weitergeleitet wurde an ein Konto in China, zum Teil aber auch an die Partei ging. So viel konnte Beck ohne jede Sachkenntnis erkennen, weshalb er sich auch nicht wunderte, dass der Name Bettina Vorreiter-Beginski immer wieder in den Mails auftauchte, deren Inhalt voller Abkürzungen und kryptischer Hinweise steckte. Sah verdammt nach Schwarzen Kassen aus. Normalerweise wäre er damit zur „Neuen Post" gegangen, doch war er sich nicht sicher, was Kevin Jung daraus machen würde. Wer so ergriffen trauerte, der würde vielleicht auch das Andenken der Verstorbenen nicht mit investigativer Recherche beschmutzen wollen. „Icon and Borussia in love", dachte sich Beck und beschloss, das mit der „Neuen Post" schleunigst zu vergessen. War es das, was der „gute Freund" gemeint hatte? Stattdessen griff Beck zum Hörer, drückte eine der wenigen Nummern, die er abgespeichert hatte. „BR" erschien im Display. Die Voice-Mailbox ging dran: „Hallo Bernd, Justus hier. Mir hat jemand seltsame Unterlagen in den Briefkasten gestopft. Das solltest Du Dir mal ansehen. Der Name Vorreiter-Beginski kommt immer wieder vor, und es geht um irgendwelche Überweisungen. Ich blick da nicht richtig durch, aber ich glaub, das ist was für Deine Leute. Bin im Laden, melde Dich!"

Beck packte die Papiere wieder in den Umschlag und steckte ihn in eine Schublade des Kassentischs. Jetzt hatte er richtig Lust, Wein zu verkaufen. Gespannt lief er zwischen Kasse und Schaufenster hin und her, schob Kisten und Flaschen in der Auslage so zurecht, dass sie noch ein bisschen besser zur Geltung kamen, ruckelte am Tablett mit den Kräckern, prüfte den Inhalt des Kühlschranks, legte noch einen Rose aus der Provence nach, der fast schon aussah wie ein Weißer, entkorkte einen Biowein aus der Mancha, schenkte sich ein, schwenkte das Glas, schnüffelte, trank aber nicht. Zu nervös. Zwischendrin ging er immer wieder zur Schublade, schaute, ob der Umschlag noch da lag, zog ein, zwei Blätter heraus, schaute sie schief an und stopfte sie wieder rein, weil er immer noch nicht mehr verstand.

Keine Kundschaft, das war schlecht. Er brauchte eine Ablenkung, die ihm jetzt nicht mal ein Glas Wein verschaffen konnte. Warum kam denn keiner? Ob er noch mal bei Rudolf anrufen sollte? Gedankenverloren kniete Beck vor Schubladen voll mit Decken und Gläsern, die ihm sonst zu unbequem zu erreichen waren. Hier sorgte Paula für Ordnung, doch heute war es an der Zeit, dass der Chef persönlich Inventur machte. Beck hatte gerade Servietten und Besteck herausgezogen, da rumpelte hinter ihm die Tür. „Keiner da?“ Die Stimme erkannte er sofort, und als er hinter der Kasse auftauchte, blickte er auf eine Faust, die ein Hakenkreuz zerschlägt und karottiges Haar unter einer Schiebermütze mit Anker und Knochen: „Ach, die Piratin von der Antifa ist wieder da“, grüßte Beck erfreut.

„Da bist Du ja“, antwortete Jutta Meiser, „hab Dich gar nicht gesehen.“

„Was kann ich für Dich tun? Ein Malbec aus Okzitanien. Fruchtig, kann man gleich wegtrinken. Du weißt ja, Pils führe ich immer noch nicht.“

„Netter Versuch, mein Lieber. Nein, ich kam gerade vorbei und wollte nur mal hallo sagen. Ging ziemlich ab die letzten Wochen bei uns. Polizei war da, hat Huber und sein ganzes Produktionsteam befragt. Wie denn die Inszenierung geplant gewesen wäre, als Emig noch da

186

war. Haben sich alle doof gestellt. Bin mir ziemlich sicher, dass es da einen Ukas von oben gab."

„Vom Intendanten?"

„Nee, ganz oben."

„Rathaus? Ministerium?"

„Weiß nicht", orakelte Becks liebste Theatertratschtante. „Aber Du hast ja gesehen, dass diese Provinzposse mit dem Pseudo-Cäsar bei der Premiere ausgeschaut hat wie mit dem jungen Marlon Brando im Kino. Ich sage Dir: Das sollte mal ganz anders werden. So eine Satire mit bösem Wiedererkennungseffekt. Voll rein ins Wespennest. Aber davon, was Emig ursprünglich zeigen wollte, war ja mal gar nichts mehr zu sehen"

„Und Du meinst, wegen dem Sturz durch die Luke wurde das alles abgeblasen?"

„Hör mir mit der Luke auf." Jutta Meiser zog sich die Mütze vom Kopf. „Hätte nicht viel gefehlt, und ich wäre dran gewesen. Alle haben nach einem Verantwortlichen gesucht. Ich wurde auch drangenommen. Harte Nummer: Wo waren Sie zu der und der Zeit, was haben Sie gemacht? Wieso können Sie sich nicht erinnern? Da bin ich gerade noch mal rausgekommen, weil die von der Stadt beim Umbau unseren Technikern auch immer wieder in die Quere gekommen sind. Letztlich hieß es, morgens sei die Luke mit Sicherheit noch zu gewesen. Und jetzt weiß immer noch niemand, wann sie geöffnet wurde. Und von wem. Also, das Unglück mit dieser Frau Vorreiter war dann auch nur noch das i-Tüpfelchen, glaub ich. Schon als Emig überfahren wurde, hat unser Flurfunk gemeldet, dass der Intendant auf der Abschussliste steht und die Monvalle schon vor Tür wartet."

„Geraldine Monvalle?" Beck hatte gerade ein seltsames Déja-vu. Wieso kam ihm das so bekannt und gleichermaßen absurd vor? „Die Frau hat doch mit ihrem Landestheater genug zu tun."

„Aber Du weißt doch auch, wie ehrgeizig die ist. Ich trau ihr zu, noch nebenbei die Chefinspektion bei uns machen zu wollen. Und wenn Du Dir anschaust, dass diese dumme Pute Traudel Kalbfleisch jetzt die Kunsthalle leitet: Da spielt Kompetenz in dieser Stadt doch wohl eh keine Rolle. Diese Strickliesel kann doch Höhlenmalerei nicht von einem Rembrandt unterscheiden." Meiser winkte unwirsch ab: „Na, jedenfalls soll auch unser Jakob Oswald von der Polizei vernommen worden sein."

Da hatte Bernd Rudolf mit seinem dramaturgischen Verhör ja ganz schön viel Unruhe angezettelt, dachte sich Beck. Und er war schuld. Doch das behielt er jetzt lieber für sich. „Was für ein Ärger. Aber Du hast jetzt wieder Deine Ruhe?"

„Ja, passt schon. Ich wollte Dir eigentlich auch nur sagen, dass Dein Straßenfest super war. Wenn der Heini von der Weinfirma davon nicht beeindruckt war, dann müsste man dem aufs Dach steigen."

„Ach, Jutta, lieb von Dir, aber da geht's um Zahlen."

„Na, aber Dein Laden steht doch prima da. Müsstest Dich eigentlich fast bei diesen Hooligans bedanken. Wirkt jetzt irgendwie alles frischer hier."

Beck sah sich um, stutzte: „Meinst Du?“ Er sah ja sowas nicht.

„Aber hallo. Schon die Farbe!“

Stimmt, die eine Ecke war jetzt grün. Hatte er gar nicht richtig bemerkt: „Schon schön“, druckste Beck rum.

„Na, jedenfalls kommen jetzt keine ungebetenen Fußballfans mehr bei Dir rein.“

„Wieso, hab doch keine Gitter an den Fenstern.“

„Ach, Du kriegst ja nix mit, hätte ich fast vergessen: Na, die Viktoria kackt doch glorreich ab. Die verlieren nur noch. Erst mussten dauernd diese Chinesen auflaufen, dann waren sie plötzlich verschwunden, und jetzt ist auch noch der Trainer weg. Die können ja froh sein, dass sie zu viele Punkte haben um abzusteigen. Das mit dem neuen Stadion können sie eigentlich begraben, wenn Du mich fragst.“

„Und was wird dann aus dem Musical? Da steckt das Theater doch dick drin?“

„Was weiß ich“, schnodderte Jutta Meiser. „Wenn’s nach mir ginge, würde das alles abgeblasen, aber wie ich das hier in der Stadt kenne, bauen wir ein neues Stadion, feiern Premiere mit Singspiel, dann schmiert die Viktoria ab ins Nichts, das Stadion steht leer, und das Musical wird gleich wieder abgesetzt.“

„Ohje“, ächzte Beck, denn mehr fiel ihm beim Thema Fußball eigentlich nie ein.

„Tja, aber auf mich hört ja keiner.“

„Dafür hörst Du eben viel. Jetzt hab ich Dir gar nichts zu trinken angeboten."

Jutta Meiser winkte ab: „Kein Problem, hab eh so viel Kaffee intus und muss noch Sachen erledigen. Halt die Ohren steif. Das wird schon mit Deinem Laden. Sonst hol ich wieder meine Jungs aus der Technik, wir besetzen den Schuppen hier: Occupy Wine Street! Justice for Justus!" Beck schmunzelte gerührt. Jutta Meiser ballte die Faust und drehte sich winkend zur Tür: „Mach's gut mein Lieber!" Und raus war sie.

Ihr Abgang bescherte Beck eine Laune, die ihn mit halber Kraft, aber ausdauernd Bestellungen durchsehen, Abrechnungen prüfen, Kisten hin- und herräumen ließ. Kundschaft kam keine, aber Beck stellte fest, dass erstaunlich viele Weinschläuche in Boxen verkauft waren, und auch das Sonderangebot Tempranillo war schon weg. Das waren offenbar noch die Nachwirkungen jener Werbeoffensive, die Franz und Leonie an der Uni und in Studentenwohnheimen gestartet hatten. Der Zuspruch seiner Stammkunden aber war nach wie vor überschaubar, dachte sich Beck, während er linkshändig Kräcker zum Mund führte und mit der Rechten einen Cabernet-Syrah von der Rhone vor der Nase schwenkte. Einen Bergsträßer Gewürztraminer, einen sizilianischen Nero d'Avola, einen Primitivo von der italienischen Stiefelspitze und einen Sauvignon Blanc von der Loire hatte er schon geöffnet, probiert und für gut befunden. Die Kundschaft mochte endlich kommen, noch war er wach genug, um das, was er sich an Weinwissen angetrunken hatte, auch über den Tresen zu bringen.

Gerade wollte er der schwachen Pfeffernote des Primitivo noch einmal hinterherschmecken, da sah er das Fahrrad: geschwungener Lenker, schwarzer Rahmen, vorne ein Korb, in dem diesmal kein Marktgemüse steckte. Wie es aussah, war Bernd Rudolf aus dem Revier zu ihm geradelt. Schwungvoll sprang er aus dem Sattel, schob noch zwei Schritte, ließ dann den Ständer herausschnappen und kam federnden Schrittes die Stufen zu seinem Laden hoch. „Da bin ich schon. Musste eh zum Markt, Gitta hat mir wieder eine ellenlange Liste gemacht. Im Moment gibt's bei uns dauernd Auflauf und Suppen. Sie hat gesagt, Du musst auch zum Essen kommen."

„Hallo Bernd, lieb von ihr", weiter kam Beck nicht, denn Rudolf war von seinem flotten Antritt auf dem Radel offenbar derart in Schwung, dass er ansatzlos begann, den sportlichen Zustand der Viktoria zu besprechen. Einiges kam Beck schon von Jutta Meiser bekannt vor, Rudolf hatte aber auch noch eine längere Schmähung des Trainers auf Lager: „Ich glaub der hat die Mannschaftsaufstellung ausgewürfelt. So kriegst Du auch keine Struktur ins Spiel. Und was das mit diesen Chinesen sollte..." Rudolf schaute, als erwarte er eine Antwort. Beck griff in einer Übersprunghandlung zum Primitivo, hob mit fragender Geste die Flasche und begann einzuschenken, während Rudolf den sportlich unverstandenen Talenten aus dem Reich der Mitte noch ein paar unfreundliche Grüße hinterherschickte. „Aber, es ist ja auch besser so. Stell Dir mal vor, die Viktoria wäre wirklich aufgestiegen. Meine Leute haben ja jetzt schon einen Berg Überstunden von den Einsätzen am Stadion, seit da lauter Problemfans auftauchen. Das wäre ja nach einem Aufstieg nicht besser geworden, dann hättest Du den Laden hier noch verrammeln müssen, damit sie Dir die Bude nicht wieder auf den Kopf stellen."

„Prost", sagte Beck: „Primitivo!"

„Ah ja, sollte in der Mittagspause nicht trinken. Na gut, nur ein Schluck."

„Nein, nein, mein Lieber, keine Pause, Du bist im Dienst, Du weißt es nur noch nicht. Schau Dir das mal an", sagte Beck und holte den Umschlag hervor.

„Entschuldige, hab ich vor lauter Viktoria und Gittas Gemüsesuppe fast vergessen. Lass sehen." Rudolf breitete die Papiere aus, murmelte in sein Glas, während er süffelte. „Interessant…, mmhm…, aha…, guck an, ist ja ein Ding."

Beck war schon leicht beeindruckt: „Das sagt Dir also was?"

„Nein, kein bisschen. Da müssen Experten für Wirtschaftskriminalität ran. Wer ist denn Dein guter Freund, und woher wusstest Du, wem Du das geben sollst und wem nicht?"

„Keine Ahnung, welche Freunde ich da habe, aber da der Name Vorreiter-Beginski auftaucht, dachte ich mir, Kevin Jung sollte das lieber nicht als Erster sehen."

„Alles richtig gemacht. Hab ich Dir erzählt, dass Gitta und ich die beiden schon vor einem halben Jahr im Don Bosco gesehen hatten? Sah nicht nach einem Arbeitsessen aus. Sehr turtelig. Da wurden die Fettucine kalt."

Beck staunte nicht schlecht: „Im Don Bosco? Wo ständig Geschäftsessen sind? Da sitzt der halbe Magistrat, die ganze Kulturszene!“ Er selbst war früher dort Stammgast gewesen, als er noch jemand war: der Theaterredakteur der Post mit seiner Frau, die alle mochten! Wer sich den Edel-Italiener leistete, der wollte auch zeigen, dass er es sich leisten konnte. Es hatte ihn immer ein wenig genervt, und heute wollte er sich das auch nicht mehr leisten können. Bei Don Bosco schmeckte eh alles bitter, denn es war mit Erinnerungen an Juliane gewürzt.

„Ich hab auch gedacht, dann könnten es die beiden auch gleich auf dem Marktplatz treiben“, schnaubte Rudolf.

„Herrje, unser Nachrichtenchef im Liebeswahn. Es wurde ja schon in der Redaktion gemunkelt, ob er mit Frauen nichts anfangen kann. Aber dann war er wohl doch mit seinem Job verheiratet, und den hat er dann mit der Vorreiterin betrogen.“ Beck schwindelte bei dieser Fantasie vor frivolem Ekel. „Im Bett mit der Parteichefin, das ist keine gute Idee.“ Kevin mit dem aufquellenden Jugendschmelz und seine ledrige Zuchtmeisterin – das wollte er sich lieber nicht üppiger ausmalen.

„Gitta hat sich noch aufgeregt, weil die Frau Vorreiter ja Familie hatte. Ich will nichts sagen, ich weiß ja nicht, was da gelaufen ist. Aber bei uns sind diese anonymen Hinweise jedenfalls in besten Händen. Sieht schwer danach aus, als wollte da jemand vor der Wahl noch einen Politskandal zünden.“

Jetzt war Becks Neugier geweckt. „Hältst Du mich auf dem Laufenden?“

„Darf ich nicht. Weißt Du doch.“

Beck ließ noch nicht locker. „Na, komm, ich hätte das Zeug ja auch ins Altpapier werfen können.“

„Mich erst abfüllen und dann Interna aus mir rauskitzeln. Justus-Justus, Du machst Sachen.“ Rudolf leerte das Glas und legte sogleich seine Hand drauf, denn Beck hatte schon die Flasche zum Nachfüllen gehoben.

„Erzähl mir lieber was zur nächsten Premiere. Da brauch ich wieder sachdienlich Hinweise: Wieso spielen die Richard III. im Landgestüt?“

„Wieso spielen sie Macbeth in der Kunsthalle? Ich sitze auch lieber im Theater.“

„Und ich schau lieber Fußball. An dem Abend ist Halbfinale. Aber da lässt Gitta ja nicht mit sich reden. Und dann will sie wieder wissen, wie ich es gefunden habe.“

„Ich kenne Deine Leiden“, sagte Beck und legte Rudolf die rechte Hand auf die Schulter, griff mit der linken die Flasche. Der Widerstand war gebrochen, er schenkte nach und hob sein eigenes Glas. „Prost, Bernd, dieser Richard ist für einen Polizisten ja eigentlich ein idealer Fall. Ein politischer Serienkiller. Aber anders als Macbeth nicht einer mit Gewissen und Skrupeln. Der Mann ist aus Prinzip Böse, eigentlich ist er ein böses Prinzip.“

„Da muss ich Gitta also nicht mit Profiler-Arbeit kommen?“

„Kannst Du vergessen. Es ist ja so, dass Richard III. auch so eine Art Propagandastück ist. Zu Shakespeares

Zeiten herrschten Tudor-Könige. Da sah man es gerne, wenn die Vorgänger verunglimpft wurden. Und der Herzog von Gloster, der sich auf den Thron von England gemordet hat, war der letzte aus dem Hause York. Er hat nur zwei Jahre regiert, 1485 stirbt er auf dem Schlachtfeld. Der zweite Graf von Richmond übernimmt als Heinrich VII. die Macht, beendet die Rosenkriege zwischen seinem Haus Lancaster – das sind die mit der roten Rose im Wappen – und York mit der weißen Rose. Das waren beides Nebenlinien der aus Frankreich stammende Plantagenet-Dynastie, die seit dem 14. Jahrhundert in England herrschte. Damit ist mit Richards Tod Schluss. Heinrich VII. begründet die Tudor-Dynastie. Shakespeares Königin Elizabeth I. ist Richmonds Enkelin. Da schreibt man als loyaler Dichter nichts Nettes über Opas Gegner."

„Versteht sich", sagte Rudolf und versuchte Kompetenz zu bekunden. „Ich hab mal Bilder von so einem buckligen Monster gesehen."

„Ja, so stellt sich der Herzog, der König sein will, auch gleich am Anfang vor: Tag, ich bin eine Früh- und Missgeburt, krumm gewachsen, die Hunde bellen, wenn ich humple, Frauen wollen von mir nichts wissen, und für den Frieden tauge ich auch nicht. Also morde ich mir den Weg frei zum Thron."

„Der Mann ist also von Anfang an geständig." Rudolf lächelte zufrieden. Solche Mörder waren ihm am liebsten.

„Ja, das macht durchaus den Reiz der Figur aus. Man sieht seine Morde zwar nicht, aber er breitet seine Pläne mit Freude aus. Manchmal deutet er auch nur was an, aber am Ende sind da lauter Leichen. Erst mal muss der eine Bruder George bei König Eduard IV., dem anderen Bruder, angeschwärzt werden. George wird heimlich hingerichtet, Eduard IV. stirbt erstaunlicherweise einfach so, wobei Richard es auch drauf angelegt hat, dass ihm der Kummer den Rest gibt. Dann sind noch zwei Bastardsöhne von Eduard im Weg. Der böse Onkel Richard übernimmt ihre Vormundschaft, steckt sie in den Tower, der damals ein Palast war, und dort lässt er sie ermorden. Vorher schon drängt er sich Lady Anne, der Witwe des von ihm ermordeten Edward Prince of Wales auf, dessen geistig umnachteten Vater Heinrich VI. er auch im Tower hat umbringen lassen. Richard kokettiert fast mit den Taten. Vielleicht prahlt er auch nur, jedenfalls gibt er Anne die Chance, ihn zu erstechen, aber sie heiratet ihn stattdessen und stirbt, als sie nicht mehr in sein Kalkül passt. Alles in allem kommt da fast ein Dutzend Opfer zusammen."

Rudolf hatte gespannt zugehört, war aber ein wenig enttäuscht: „Klingt aber kriminalistisch jetzt nicht so spannend."

„Ja, zumal Shakespeare seinem Richard auch keine starken Gegenspieler zugesteht. Auf der Bühne brauchst Du vor allem einen großartigen Schauspieler in der Titelrolle, sonst wird das nichts. Da mordet einer, weil er nicht zum Vergnügen, sondern nur zum Verbrechen taugt, und er geht mit zynischer Zerstörungsabsicht zu Werke. Seinen einen Bruder verleumdet er, tut aber besorgt, seiner Lady spielt er Verliebtheit vor, seinen Neffen kommt er als netter Onkel daher. Dieser Richard ist auch ein Mordsschauspieler. Da muss das Böse auf der Bühne schon funkeln. Aber, ich weiß, das hilft Dir mit Gitta nicht."

„Ja, auf Diskussionen über Schauspieler lass ich mich mit ihr gar nicht ein. Da kann ich nur verlieren."

„Sehr klug, mein Lieber", sagte Beck. „Der eigentliche Krimi ist ja auch das, was Shakespeare aus Richard gemacht hat, das hat die Legende des Königs nämlich bis heute geprägt. Vor ein paar Jahren haben sie seine Knochen unter einem Parkplatz in Leicester gefunden, wo mal seine Grabkirche stand. Und siehe da: Der Mann hatte gar keinen Buckel, aber ein verkrümmtes Rückgrat, war sicher keine stattliche Erscheinung, aber mit Anfang dreißig wohl drahtig. Ich meine, er ist mit 10000 Mann in den Kampf gezogen, seine Verbündeten haben sich an entscheidender Stelle von ihm abgewandt, er ist auf dem Schlachtfeld gefallen. Als letzter englischer König überhaupt! Das verdient doch eigentlich Respekt." Beck redete sich fast ein wenig in Rage, die er mit mehr Rotwein zu löschen gedachte. „Und er stirbt aufrecht, wenn auch fanatisch. An Richards Überresten haben sie acht Kopfverletzungen gefunden. Zwei Hiebe waren tödlich, aber danach ist die Leiche noch geschändet worden."

„Verstümmelung post mortem." Das gefiel Rudolf.

„Davon steht natürlich nichts bei Shakespeare. Die Leiche wurde nackt in einem Wirtshaus ausgestellt, um den Anhängern Yorks zu zeigen, dass es aus war. Das Haus Lancaster hatte gewonnen, der Rosenkrieg war zu Ende. Das war ja über dreißig Jahre ein Bürgerkrieg. Da musste der tote Richard schon damals für ein ganzes Kapitel der englischen Geschichte büßen. Shakespeare hetzt ihm im Traum noch die elf Geister seiner Opfer auf den Hals, was ihn nicht weiter beeindruckt, aber er ist dann so in Raserei, dass er denkt, den Gegner Richmond, also den späteren Tudor-König Heinrich VII., schon fünf Mal erschlagen zu haben. Aber der sechste Richmond besiegt ihn dann in Wirklichkeit."

„Klingt zu aufgedonnert, um echt zu sein."

„Da kannst Du drauf wetten", sagte Beck. „Wahrscheinlich ist Richards Gaul im Schlamm stecken geblieben. Daher kommt ja das Zitat: Ein Pferd! Ein Pferd! Mein Königreich für ein Pferd! Sicher nicht ernst gemeint, aber am Boden hatte er schlechte Chancen, zumal er möglicherweise seinen Helm verloren hatte. Weiß man alles nicht, aber dass der Nachfolger den Vorgänger erschlägt, ist gewiss nur Dichtung."

„Aber, was fang ich jetzt damit an, wenn Gitta wieder wissen will, was ich denke?"

„Vielleicht drehst Du den Spieß einfach um, sagst: Shakespeare ist schuld! Von den ganzen Morden, die Richard zugeschrieben wurden, ist bei vielen unklar, ob er es war oder nicht. Gerade auch bei seinen kleinen Neffen. Das ist ja das übelste Verbrechen."

Rudolf schöpfte Hoffnung: „Überall Cold Cases, sozusagen."

„Ganz genau. Sag Gitta einfach: Vielleicht war Richard ein Serienkiller, aber Shakespeare war mit Sicherheit ein Propaganda-Autor, der schlechte Presse für den alten Feind seiner Königin abgeliefert hat. Du kannst Deiner Liebsten ja auch drohen, dass man sich all die Polit-Morde historisch noch mal angucken müsste. Und bei der Gelegenheit muss man doch auch noch mal prüfen, ob Herr Shakespeare wirklich Herr Shakespeare war."

„War er nicht?"

„William Shakespeare aus Stratford am Avon war Schauspieler und Geschäftsmann, mit den Werken des Dichters Shakespeare scheint es keine Verbindung zu geben. Ist ja auch alles schon ewig her, weshalb Verschwörungstheoretiker ihre Freude daran haben, Mister Shakespeare als Strohmann für die Werke eines anderen zu enttarnen. Der 17. Graf Oxford, der Philosoph Bacon oder Dichterkollege Christopher Marlowe. Und das sind nur die beliebtesten. Schöne Geschichten, sehr vergnüglich, sie haben leider alle mehr als einen Haken. Aber wenn Du Gitta damit kommst, ist jede Theaterdebatte über Richard am Ende. Sag ihr: Wenn Shakespeare die Biografie eines Königs verzerrt, dann traust Du ihm auch zu, die eigene Vita zu fälschen. Verleumdung und Vorspiegelung falscher Tatsachen. Dann geht die Akte Shakespeare direkt ans Betrugsdezernat. Ende der Debatte."

„Du machst mir Hoffnung." Bernd Rudolf strahlte, schaute aber schon im nächsten Moment bedröppelt drein.

„Es gibt nur ein Problem", sagte Beck und verzog das Gesicht, als würde der Primitivo korken.

„Und das wäre?"

„Ich fürchte, sie spielen gar nicht Richard III."

„Wie bitte?"

„Hast Du mal auf die Karte geguckt?"

„Nee, die hat Gitta."

„Da steht: Revolver Richie – Eine Pferdeoper!"

„Was heißt das?"

„Das heißt, dass sie im Landgestüt Musik machen, auf Pferden reiten und wahrscheinlich rumballern. Wenn Du Glück hast, dann hat es vielleicht auch irgendwas mit Shakespeare zu tun. Genauer ist die Ankündigung des Theaters leider nicht."

Bernd Rudolf war nun ernsthaft verzweifelt. Eben noch ganz aufrecht, was bei seiner stattlichen Statur stets imposant wirkte, sackte er nun stückweise in sich zusammen wie ein Gebäude, dessen Stützpfeiler nachgeben: „Das gibt's doch nicht. Was hab ich denn jetzt von den ganzen Grafen, Herzögen und Königen, die ich mir eh nicht merken kann?"

„Ich fürchte fast, das kannst Du vergessen."

Der Polizeipräsident, der sich Trost und Aufmunterung erwartet hatte, war konsterniert: „Du meinst, ich hab mir das jetzt alles umsonst angehört? Warum können die nicht einfach das spielen, was im Text steht?"

„Ja, mein Lieber, das frag ich mich manchmal auch."

„Und nun?" Bernd Rudolf hatte zwar auch noch einen Schluck vom Roten genommen, zu wenig aber, um jetzt nicht angespannt zu sein.

„Ich kann Dir nur anbieten, dass wir uns in der Pause kurz treffen und schauen, ob wir dann schlauer sind und neue Argumente für Gitta haben.“

„Justus Beck, was würde ich ohne Dich machen“, sagte Rudolf und ließ sich das Glas noch einmal füllen.

4 „Das war keine gute Idee“, sagte Paula und rieb sich das rechte Auge mit dem Handrücken. „Das war sogar eine ganz schlechte Idee.“ Sie kramte in ihrer Handtasche nach einem Tuch, schnäuzte sich die Nase. „Ich hätte es wissen müssen.“ Beck sah sie verständnislos an: „Meinst Du nicht, Du übertreibst?“ Paula hustete. „Ich hab Dir gesagt, ich bin allergisch gegen Pferde.“

„Davon hab ich aber noch nie etwas gemerkt.“

„Weil ich Pferden aus dem Weg gehe, was in einer Stadt ja auch kein Problem ist. Aber ich hätte es wissen müssen.“

Beck verstand das alles nicht. „Aber es hat doch noch gar nicht angefangen. Wir sind doch noch gar nicht in der Halle.“

„Das ist ja das Problem“, sagte Paula, während ihr Tränen die Wangen runterliefen. Es hatte länger nicht geregnet, und der Sand auf den Wegen des Landgestüts staubte hoch, wenn Pferde vorbeitrabten an der großen Reithalle, die für diesen Abend zum Theater umfunktioniert war. Sie waren noch keine zehn Minuten da, doch Paula hatte zu Räuspern angefangen, kaum dass sie die Bar erreicht hatten, die aus Strohballen und darauf gelegten Brettern gebaut war. Hinterm Heutresen standen Bedienungen mit Westernhut, Holzfällerhemd und Spielzeugcolt im Holster. Sah nach Wildwestfasching aus. Nur das Schild „Shakespeare's Saloon" deutete darauf hin, dass hier Richard III. zuhause sein sollte. Lässig wie eine Revolverheldin stemmte sich Jutta Meiser mit Ellenbogen und Rücken gegen das Holzbrett, neben sich eine Flasche Bier, und nickte Beck zu: „Hey, Cowboy! Schon gehört? Der Chinese ist weg."

Beck grüßte und sah sie fragend an: „Welcher Chinese? Unser Herr Gu?"

„Der gute Mensch aus Chengdu hat sich in Luft aufgelöst."

„Woher weißt Du das?"

„Ich krieg halt Sachen mit. Flurfunk, alle Hits aus der Kantine, verstehst Du? Es muss große Aufregung geben in der Stadt. Angeblich hat unser Mann aus dem fernen Osten Hals über Kopf sein Hotelzimmer verlassen, und jetzt gibt es keinen Kontakt zum Sichuan Syndicat. Ja, ich hab schon gehört, dass sich Leute fragen, ob es die Firma überhaupt gibt. Ganz große Scheiße, die da läuft, sag ich Dir. Willst Du ein Bier? Ich geb eins aus."

„Lieber einen Wein."

„Du bist hier im Wilden Westen, nicht gemerkt? Da gibt's keinen Traubensaft", sagte sie zu Beck und bestellte ihm „Texmex-Terror" von der handgeschriebenen Karte auf einem großen Brett hinterm Tresen. „Frau Berlepp, für Sie ein Bier?" Paula nahm lieber ein Mineralwasser, das sie nutzte, um sich mit spitzen feuchten

Fingern die roten Augen auszuwaschen. Doch es schien nichts zu helfen. Ihr Gesicht war jetzt schon fleckig.

„Pferdehaarallergie", sagte Beck zu Jutta – und zu Paula: „Vielleicht wird's ja besser, wenn Du drinnen bist." Nicht dass er wirklich dran geglaubt hätte.

„Nein, da drin wird es bloß schlimmer."

„Versuchst Du es trotzdem?"

„Bleibt mir ja nichts anderes übrig. Ich kann ja schlecht Dein Auto nehmen. Aber wenn's in der Pause nicht mehr geht, zahlst Du mir das Taxi."

Beck, der sich schon gefürchtet hatte, den ganzen Abend allein gegen den Schlaf kämpfen zu müssen, war erleichtert. „Klar, keine Frage. Komm wir gehen schon mal rein. Tschüss Jutta."

„Alles Gute, Frau Berlepp, ich geh mal wieder nach hinten." Jutta Meiser ließ ihr halbvolles Bier stehen und verschwand hinter der Haupttribüne. Die Getränke konnten Paula und Beck in Plastikbechern mitnehmen. Es sollten ja keine Scherben in die Halle kommen, damit sich kein Pferd verletzte. Becks Texmexbrause war ein Tequila-Pils, das zur Kulisse passen sollte, doch er bereute es schon beim ersten Schluck. Es schmeckte genauso schlimm, wie die Bühne ausschaute, fand er: Auf der Längsseite der Halle saß das Publikum etwa zwei Meter über dem sandigen Geläuf. In der Mitte dieser Arena stand die Bude von Sheriff Eddie, rechts die Hütte von Rancher Richmond, links die Schmiede von Iron-George und der Drugstore von Revolver-Richie. Dazu gesellte sich eine Square-Dance-Gruppe und ein Country-Trio mit Banjo, Fiedel und Schlagzeug.

Karl May war auf dieser Bühne deutlich näher als Shakespeare. So stellte sich Beck „Zirkus Winnetou" in Bad Segeberg vor, wobei der Regisseur aus Las Vegas kam: ein Rodeoreiter, der unter dem Künstlernamen Buffalo Bang Westernvarietés einrichtete. Chefdramaturg Torsten Emig hatte den Kontakt hergestellt. Für das, was jetzt kam, konnte man ihn aber nicht mehr verantwortlich machen.

Richard III, der hier ein Revolverheld war, sah nicht verwachsen aus, wie er sich im Drugstore verschanzte, aber er brauchte offensichtlich ständig Medikamente. Im Laufe der Vorstellung stellte sich heraus, dass dieser Outlaw, der König sein wollte, von Pawnee skalpiert worden war und nun unter Wundschmerzen litt. Ansonsten hatte er keine Ähnlichkeit mit Sam Hawkens, dem lustigen Begleiter von Old Shatterhand. Sein Bruder George, der im Programmheft als „Blacksmith" verzeichnet war, sollte bald schon durch Richards Hand kopfüber in der lodernden Esse seiner Hufschmiede landen, und einen Hieb mit der Zange gab's obendrein. Wo bei Shakespeare hinter den Kulissen gemordet wurde, ging's hier auf offener Bühne und immer wieder zu Pferde um Leib und Leben. Ständig peitschten Schüsse, strauchelten Rösser, starben Männer, nachdem sie sich auf die Brust geschlagen hatten, um Kunstblutbeutel unter ihrem Hemd platzen zu lassen. König Eduard, der zu Sheriff Eddie geworden war, hockte die ganze Zeit nur mit einer in Packpapier eingeschlagenen Flasche in seinem Schaukelstuhl, seine Söhne, hier im Rang von Deputys, versteckten sich bei jeder Schießerei hinter Wassertonnen. Anne, Margaret und Elisabeth, Shakespeares Damen bei Hof, waren degradiert zu drei Thekenschwalben, die an einer frei stehenden Bar Whiskey an die Reiter ausschenkten, die – verkörpert von der Reitjugend – immer wieder durch die Szenen trabten. Dazu spielte das Country-Trio Räuberballaden von Dodge City bis zum Yukon.

Nach einiger Zeit löste sich Beck aus dem Schockzustand, den ihm diese Szene bescherte, und er begann, sich umzuschauen. Paula hüstelte und schniefte in einer Tour. Auf der Tribüne gegenüber konnte er neben dem in sich zusammengesunkenen Schauspieldirektor Bernd Huber den Intendanten ausmachen: Jakob Oswald hatte heute auf jeden Operettenputz verzichtet, der Mann trug Trauer – tiefschwarzen Anzug, pechschwarzes Hemd, nachtschwarze Hose. Beck war sich auf die Entfernung nicht sicher, aber er glaubte, auch einen teerschwarzen Schlips zu erkennen. Fehlte nur ein Zylinder, und der Intendant hätte unten auf dem Spielfeld als Totengräber höchstpersönlich Revolver Richard sechs Fuß tiefer legen können. Der Mann, der sonst aussah, als hätte er einen Kostümverleih überfallen, trug seinen stillen Protest gegen Buffalo Bang und seine Ballermänner monochrom finster zur Schau und blickte streng und – soweit Beck es erkennen konnte – leicht indigniert über die Spielfläche hinweg. Es schien ihm, als würde der Intendant die Wand hinter ihm anstarren. Zum ersten Mal fühlte er sich Jakob Oswald verbunden, der um Haltung bemüht war, obwohl ihm diese Aufführung wohl ebenso aufgezwungen worden war wie der Punk-Macbeth in der Kunsthalle und Cäsar im Rathaus. Gerade tobte ein Weißclown mit Riesenlatschen durch den Sand, vollführte groteske Sprünge, denn Revolver Richie schoss ihm zwischen die Füße. Im Publikum machte sich nach anfänglicher Irritation Heiterkeit breit. Jakob Oswald aber verzog keine Miene. Doch Beck konnte sich vorstellen, dass in ihm zumindest künstlerische Mordlust brodelte angesichts dieser Premiere, bei der sein Theater unter die Hufe kam.

Einen Block weiter rechts des Intendanten saßen die Vertreter der Stadt, die alle um Jörg König herum Platz genommen hatten. Über ihm sah man unverkennbar mit großen Augen im runden Kopf Gerd Ludwig Ostermann, von dem aufgrund seiner mickrigen Statur sonst nichts zu erkennen war. Neben dem Superdezernenten thronte Traudel Kalbfleisch – anders konnte man das nicht nennen. Diesmal trug sie statt ihrer berüchtigten Landhausmoden eine weiße Bluse und einen rosafarbenen Petticoat, als wollte sie mit der Square-Dance-Gruppe gleich hineintanzen in die Schusslinie von Revolver-Richard und Rancher Richmond, alias Richard III. und Heinrich VII. Traudel Kalbfleisch sah wohl angesichts ihres unverhofften Kunsthallen-Direktoriums rosig zufrieden aus, was die graue Blässe von Jörg König selbst auf die Entfernung von vielleicht 20 Metern noch kränklicher wirken ließ. So hatte Beck den vor kurzem noch strahlend auftrumpfenden OB-Kandidaten noch nie gesehen.

Der Blick auf die gegenüberliegende Tribüne war also allemal aufschlussreicher als das Treiben unten im Sand, wo gerade die Kavallerie der Komparsen mit dem flatternden Banner der weißen Rose durchpreschte. Paula neben ihm wurde immer unruhiger, sah jetzt völlig verquollen aus, als hätte sie drei Tage durchgeweint, gab nur noch rasselnde Geräusche von sich und wühlte hektisch in ihrer Handtasche. Beck fummelte ein gebrauchtes Taschentuch aus seinem Jackett, doch sie wischte seinen Arm weg und zischte: „Ich muss raus hier, ich hol mir ein Taxi, bleib sitzen." Geschüttelt von einer Niesattacke erhob sie sich und drängelte so barsch durch die enge Sitzreihe, wie Beck sie noch nie erlebt hatte. Paula war ja alles andere als eine Drama-Queen, vielleicht hatte sie wirklich so einen komischen Pferdeschnupfen. Beck hatte zwar immer gedacht, sowas sei Einbildung, aber nach diesem Abgang erlaubte er sich leichte Zweifel an seiner allergologischen Expertise. Schade, jetzt musste er selbst sehen, wie er wach blieb, wobei es in dieser Halle auch fast unmöglich war wegzunicken. Aber Beck hatte sich oft schon darüber gewundert, in welchen Situationen ihn die Umnachtung übermannt hatte.

Revolver-Richard eröffnete gerade Sheriff Eddie, dass Blacksmith-George im Feuer gelandet war, woraufhin der schwache Arm des Gesetzes ein letztes Mal zur Bourbon-Buddel griff. Eddie leerte die Flasche auf Ex und kippte dann mit seinem Schaukelstuhl um. Bei Shakespeare wäre jetzt gerade mal der zweite Akt am Ende. Wo sollte das noch hinführen? Beck wendete seine Aufmerksamkeit wieder der gegenüberliegenden Tribüne zu, sein Blick streifte über die Reihen: Ach, da waren ja auch Bernd und Gitta. Sie redete auf ihn ein, er nickte reflexhaft. Oje, das sah nicht gut aus. Wahrscheinlich war Bernd in Gedanken beim Halbfinale, und Gitta erwartete von ihm geistreiche Aufmerksamkeit. Aber Bernd fiel offenbar nichts anderes ein, als nur zu nicken, was Gitta dazu anstachelte, nun auch noch vor seiner Nase zu gestikulieren. Da war theatertheoretische

Notfallseelsorge in der Pause angesagt, dachte sich Beck, als er eine leichte Unruhe im Publikum registrierte. Jakob Oswald hatte sich erhoben und verließ seinen Platz. Der Totengräber hielt die Beerdigung von William Shakespeare auf einem Wildwestfriedhof wohl nicht mehr aus. Dabei war der Intendant mit seinem Fluchtinstinkt offenbar nicht ganz allein, auch Jörg König war verschwunden, wahrscheinlich als Beck mit Paulas Schnupfen beschäftigt war. Schüsse auf dem staubigen Geläuf lenkten Beck davon ab, weitere Abgänge aufzuspüren. Revolver-Richie musste noch zwei jungen Cowboys auf der Flucht in den Rücken schießen, dann spielte die Country-Band, die Westerntänzer hakten sich ein, drehten sich in kleinen und großen Kreisen und rotierten dabei unter lustigem Gefiedel und rhythmischem Klatschen des Publikums aus der Halle heraus.

Auch draußen zwischen Heuballenbar und kleinen Buden flanierten die Damen in violetten Rüschenblusen und weißen Petticoats, die Männer in schwarzen Hosen und weißen Westernhemden mit violetten Schulterstreifen. Traudel Kalbfleisch sah mit ihrem Petticoat in Rosa aus wie die Square-Dance-Schwägerin, die aus dem Nachbar-County zu Besuch gekommen war. Entsprechend viele Tänzer tummelten sich um sie und eine Gruppe von Stadtparlamentariern, sodass ein kleiner Auflauf entstand, den Beck langsam in Hörweite umrundete. Nur ihr Mentor Jörg König fehlte in dem Pulk, aus dem heraus nach kurzem Hallo zu erfahren war, was für ein Spaß diese Westernshow sei und dass der neuen Kunsthallendirektorin klar gewesen sei, dass dieser Shakespeare auch Stücke mit Cowboys geschrieben hatte. Wo sie schon einmal so ausgesucht guter Laune war, plauderte Traudel Kalbfleisch auch gleich noch von den Kulturreisen ihrer Landfrauen und dass sie die Laienkünstlergruppe „Traum Zeit Reise" in die Kunsthalle einladen wolle. Was der Monsieur Pasblanc dort ausgestellt hatte, das habe doch kein Mensch sehen wollen und auch keiner verstanden. Angestachelt von beifälligem Nicken und Murmeln um sie herum, improvisierte Petticoat-Traudel mit einer Weinschorle in der Hand gleich eine Programmpressekonferenz, bei der sie auch mit Kunsthandwerkermarkt im Herbst und Workshop für Weihnachtsdekoration im November drohte.

Wieso überhaupt Wein? Hatte Jutta nicht gesagt, Im Wilden Westen sei es damit Essig? Das Glas in der Hand von Traudel Kalbfleisch weckte Becks detektivischen Spürsinn. Und er brauchte nicht lange, um festzustellen, dass es hinter einem niedrigen Mäuerchen aus Heuballen im VIP-Bereich sehr wohl Wein gab. Sonst hielt er sich von solchen Tummelplätzen der Eitelkeit ja fern, aber wenn es die einzige Möglichkeit war, etwas zu trinken zu kriegen, dann musste es sein. Er wedelte mit seinem Presseausweis, und schon war er drin.

Jörg König war immer noch nicht zu sehen, und Beck dachte, dass es doch fahrlässig von ihm sei, seine neue Kunstsachverständige so allein zu lassen. Auch Gerd Ludwig Ostermann, der solch einen Unfug sicher im Ansatz hätte abwürgen können, war nicht zu sehen. Dafür entdeckte Beck nun Bernd Rudolf, dessen Kopf an der Weinhütte aus der Menge herausragte. Weil er genug gehört, aber noch nichts getrunken hatte, winkte er dem Polizeipräsidenten, signalisierte ihm, dass er Durst habe. Bald löste sich Rudolf mit einem Glas Rotwein in der Rechten und Gitta in der Linken aus dem Pulk, kam auf Beck zu und rief: „Ein Pferd, ein Pferd, mein Polizeipräsidium für ein Pferd. Gitta will jetzt reiten."

„Ich hab als Mädchen ein Pony gehabt, und jetzt krieg ich wieder Lust zu reiten", jubilierte die Frau, die zwar zwei Köpfe kleiner als ihr Mann, aber dreimal so gesprächig war. Beck kam gerade noch dazu sich zu erkundigen, was für ein Wein Rudolf ihm mitgebracht hatte – wie sich das für einen Westerner wie Richard III. gehörte natürlich Zinfandel aus dem Napa Valley – schon hatte Gitta das Gespräch wieder an sich gerissen, sprang, dass Beck beim Zuhören schwindlig wurde, von den Reiterfreizeiten ihrer Jugend zu Traudel Kalbfleischs Rock, der ihren Bauch und ihre dicken Waden betonte, zum Skandal um den verschwundenen Herrn Gu: „Weg, der ist einfach weg! Sein Hotelzimmer war leer, und diese Firma in Sezuan, die gibt's gar nicht."

„Gitta, bitte!" Rudolf hob beschwörend die Hände, denn offenbar hatte seine Frau da Sachen ausgeplaudert, die er ihr gar nicht hätte sagen sollen, wovon sie aber nichts wissen wollte: „Was denn", rief sie empört. „Du hast doch selbst gesagt, das ist ein Riesenskandal. Das müssen die Leute doch wissen." Bernd Rudolf presste den rechten Zeigefinger so beschwörend auf die Lippen, dass Beck schmunzeln musste: „Was hast Du denn, Bernd, wir sind doch hier ganz unter uns", sagte er mit ausgebreiteten Armen, um seinen Kopf dann vertraulich an Rudolfs Brust zu legen. „Verstehe ich das richtig, Jörg König sitzt ganz tief in der Scheiße? Die ganzen

Großmannspläne sind im Eimer? Der Investor ist weg, weil es den Investor nie gegeben hat."

„Und eine ganze Menge Geld ist jetzt auch weg", presste Rudolf durch unbewegte Lippen hervor. „Schluss jetzt, mehr kann ich wirklich nicht sagen. Ihr bringt mich ja in Teufels Küche."

„Schon gut, mein Lieber", sagte Beck mit beschwichtigendem Schulterklopfen, drehte sich dann ein Stück von Gitta weg: „Kann ich Dir noch irgendwie helfen, um durch die zweite Hälfte zu kommen?"

„Leider nein, solang Du kein Pferd für Gitta hast." Drei Schüsse und der Ruf „Yee-Haw" schallten aus den Lautsprechern und signalisierten das Ende der Pause. Hastig leerte Beck seinen Rotwein und verabschiedete sich. „Viel Spaß noch. Muss mal wohin." Er lief los, dorthin, wo ihm einige Besucher entgegenkamen, und merkte erst, als er schon um drei Ecken herum war, dass hier weit und breit keine Toiletten waren. Mist, das Landgestüt war größer, als er gedacht hatte. Die Notdurft trieb ihn um die nächste Ecke, wo er nun im Halbdunkel zwischen zwei Reihen mit Pferdeboxen stand, vor denen kleine Vorgärten mit Gatter errichtet waren. Eine Reihenhaussiedlung für vermutlich sehr teure Gäule, dachte sich Beck. Kein guter Ort, um freihändig sein Wasser abzuschlagen. Er wollte schon umkehren, da hörte er ein Kläffen. Seltsam, wo doch überall Schilder hingen, dass Hunde hier nicht hingehörten. Er war zwar schon zu spät dran, dennoch folgte er dem heiseren Bellen vorbei an Boxen, in denen sich zumeist nichts regte. Einmal schaute ihn ein Schimmel über der brusthohen Tür an, hinter einer anderen Tür hörte er Hufscharren.

In der Box Nummer 23 aber, ganz am Ende des gepflasterten Weges, war Unruhe im Dunkel. Das Kläffen und Knurren eines wohl eher kleinen Hundes mischte sich mit den dumpfen Schlägen von Hufen gegen Holz. Was machte ein Köter da drin? Beck hatte ein mulmiges Gefühl, waren ihm Hunde doch so wenig geheuer wie Pferde. Und dennoch zog er das Gatter auf, näherte sich vorsichtig der Tür, ging auf die Zehenspitzen und spähte drüber. Zunächst sah er gar nichts, dann schälten sich langsam Silhouetten heraus, und ihm war es, als würde ein Körper im Stroh liegen. Der Hund scharrte jetzt an der Tür, fiepte, wollte raus. Die Tür aber war verriegelt, nicht mit einem Schloss, sondern mit einer Metallstange. Beck ruckelte daran, das Eisen lockerte sich, während Pferd und Hund drinnen noch unruhiger wurden. Endlich löste sich die Stange mit einem letzten Ruck, Beck konnte den Riegel aufziehen, schob das Tor ein stückweit auf, und schon schoss zwischen seinen Beinen hindurch ein Tier, das er für eine Ratte hätte halten müssen, wenn es nicht vorher gekläfft hätte. Beck schaute dem Hundchen nach. War das nicht Papagena? Der Gedanke war so schnell weg, wie er gekommen war, denn nun trat auch das Pferd aus dem Dunkel. Ein gigantischer Rappen, der Beck direkt anschaute. Er erstarrte und zuckte zurück, als er zwischen den Hufen des Pferdes einen Mann liegen sah. Mit dem linken Hinterlauf trat das Pferd unruhig immer wieder in seinen Rücken. Der Kopf war zerschmettert, die Stirn blutig, nur ein Auge zu sehen. Weit aufgerissen. Es schaute Beck an. Und obwohl der Tote grausig entstellt war, konnte er ihn noch erkennen: Da lag Jörg König. Beck stieß das Tor zu, schlug den Riegel vor und rannte, wie er seit Jahren nicht mehr gerannt war. Im Geiste verfolgt von einem schwarzen Mörderhengst und einer blutüberströmten Leiche.

5 Jakob Oswald raufte sich die Haare. Der Intendant sah aufgewühlt aus, als sich die Tür des Verhörzimmers hinter ihm schloss. „Warten Sie hier noch", sagte eine junge Polizistin zu Beck, der gerade seine Aussage gemacht hatte und im Flur des Polizeipräsidiums stand. Jetzt nahmen sie dort drinnen Oswald in die Mangel.

Die Vorstellung war abgebrochen worden. Beck hatte Bernd Rudolf alarmiert, noch bevor der zweite Teil begonnen hatte. Bald waren überall Blaulichter gewesen, das Publikum wartete noch, dass es vielleicht doch weiterginge. Und als klar war, dass es damit heute nichts mehr werden würde, durften sie nicht mehr weg. Die Gasse mit den Boxen, wo Beck den toten Jörg König gefunden hatte, wurde mit Flatterband abgesperrt. Bald war das Landgestüt von Scheinwerfern erleuchtet, Polizisten formierten kleine Gruppen von Zuschauern, Theatermachern und Reitern an Klapptischen, um die Personalien aufzunehmen. Aber es war Becks Hinweis, der noch am selben Abend zur Verhaftung führte: Erst war König nicht mehr auf seinem Platz, dann ging auch Jakob Oswald. Und schließlich lag der OB-Kandidat mit zerschmettertem Schädel unter den Hinterläufen des Galoppers Black Tempest, und Oswalds Chihuahua Papagena bellte am Tatort.

Als Bernd Rudolf das gehört hatte, ließ er Oswald sofort ins Präsidium bringen. Zu lange schon war der

Intendant wegen seiner kulturpolitischen Opposition gegen den Umbau der Kulturarbeit in der Stadt verdächtig, etwas mit dem Tod von Torsten Emig und Beate Vorreiter-Beginski zu tun zu haben – jetzt hatten sie den dritten Toten, und jedes Mal hatte sich die Tragödie entweder im Theater oder bei Premieren zugetragen. Wie würde Jakob Oswald sich da wohl rausreden? Noch war der Anwalt des Intendanten nicht erschienen, und aus Krimis wusste Beck, dass sich viele Täter in diesen ersten Momenten der Vernehmung verrieten, zumindest wenn Bernd Rudolf und seine Leute so vorgingen wie die Kollegen im Fernsehen.

„Stark für Dich, egal was kommt“, stand an der Wand mit den Plakaten von Polizisten, die ernst, aber optimistisch dreinschauten. Die würden mit Jakob Oswald schon fertig werden, da war sich Beck sicher. Er senkte den Blick, denn das grellweiße Licht der Neonröhren, die jeden in diesem Gang krank und schuldig aussehen ließen, reizte seine Augen. Der stechende Geruch von Putzmittel, das so scharf sein musste, dass es das wellige Linoleum aus den Sechzigern aufzulösen vermochte, vernebelte ihm langsam die Sinne. Ohnehin wurde Beck jetzt, da sich die erste Aufregung gelegt hatte, müde. Als er schon eine Weile ergebnislos darüber gegrübelt hatte, wer wohl der neue Intendant des Stadttheaters werden würde, riss ihn ein Gruß wie aus der Ferne aus seinen Gedanken. „Hallo, Herr Beck, Sie sind ja auch noch hier.“ Gerd Ludwig Ostermann stand vor ihm, im Arm ein zitterndes Häufchen Fell.

„Ist das Papagena?“

„Ja, einer muss sich ja um das Tierchen kümmern. Und ich habe den Eindruck, als wären Hund und Herrchen im Theater nicht sehr beliebt. Die Kleine soll ja nicht für ihren Besitzer büßen, hab ich mir gedacht. Ich nehme sie auf, bis wir wissen, wie es weitergeht.“

„Mensch, Herr Ostermann, um was Sie sich alles kümmern.“ Beck war ehrlich gerührt vom Einsatz des Kulturreferenten, der in allen Lebenslagen den Ausputzer spielte. Ostermann kraulte das Zitterfell, das daraufhin fiepte: „So Papagena, wir zwei gehen jetzt mal nach Hause und schauen, ob wir ein Körbchen für Dich finden. Gute Nacht, Herr Beck.“ Ostermann verschwand durch die Glastür am Ende des Ganges, und es dauerte nicht mehr lange, bis Bernd Rudolf von der anderen Seite kam. „Tut mir leid, dass Du so lange warten musst. Wir brauchen noch Deine Unterschrift unter der Aussage. Das machen wir gleich.“ Er winkte Beck in ein Büro zwei Türen weiter, ließ ihn Platz nehmen, las ihm noch einmal vor, was er an diesem Abend gesehen und erlebt hatte, schob ihm dann das Papier und einen Kugelschreiber hin: „Hier, bitte. Und danke, dass Du so gut aufgepasst hast. Es geht doch nichts über einen Theaterkritiker, der nicht nur die Bühne, sondern auch das Publikum immer hellwach im Blick hat.“ Beck lächelte müde und dachte nur: „Wenn Du wüsstest.“ Er unterschrieb, hielt das Blatt aber noch fest. „Ich versteh das mit dem Hund nicht. Warum hat Oswald ihn in die Box gesperrt?“

„Na, um diesen schwarzen Sturm losbrechen zu lassen. Dieser Black Tempest hat ja von unserem zukünftigen OB nix mehr übrig gelassen“, brummte Bernd Rudolf, vergnügt über seinen schnellen Fang.

„Ja, aber dann hätte er ja auch gleich eine Visitenkarte an die Tür heften können“, erwiderte Beck.

„Wahrscheinlich wurde er gestört. Vielleicht von Dir. Er hat ja behauptet, er wolle aufs Klo gehen und mal nach seinem Rehpinscher sehen.“

„Chihuahua“, monierte Beck, „Und es ist eine Dame, sie heißt Papagena, so wie die Frau des Vogelhändlers in der Zauberflöte.“

„Was Du nicht sagst, aber komm mir jetzt nicht mit Beethoven. Mir steckt noch dieser Schießbuden-Shakespeare in den Knochen“, stöhnte Bernd Rudolf und streckte sich noch sitzend zur Decke, was ihn zu einer grotesk großen Gestalt von geradezu expressionistischem Wuchs anschwellen ließ. Den Unterschied zwischen Beethoven und Mozart wollte Beck denn auch jetzt lieber nicht referieren. Rudolf, der sich seinen Theaterabend auch ganz anders vorgestellt hatte, redete sich gerade in Rage: „Ich bin mir sicher, dieser Oswald packt bald aus. Ich dachte immer, Deine Theaterleute sind nur auf der Bühne so irre, aber hinter den Kulissen ist das ja noch schlimmer.“ Er schaute Beck an, als wäre er Oswalds Komplize. „Wir nehmen seine Wohnung und sein Büro auseinander, danach sind wir schlauer. Kann aber sein, dass ich Dich noch mal brauche.“

Er erhob sich, nahm Becks Aussage, klopfte ihm zweimal auf die Schulter. Dann konnte sein bester Zeuge heimgehen.

6 Es war schon kurz vor Mitternacht. Die Aufregung war zwar aus ihm gewichen, aber der zertretene Schädel von Jörg König blickte ihn noch immer an, und Black Tempest hatte mittlerweile dort, wo beim Pferd sonst die Augen waren, zwei rotglühende Stücke Kohle, deren Hitze er spüren konnte, wenn er sich nicht auf etwas anderes konzentrierte. Doch langsam verdrängten die Müdigkeit und der Schmerz in den Gliedern die Schreckbilder dieses Abends. Beck fuhr auf der Suche nach einem Parkplatz etliche Schleifen durchs Viertel. Als er endlich sechs Straßen von daheim eine Lücke für seinen Saab gefunden hatte, war er restlos erschöpft, schlurfte schlapp nach Hause, schleppte sich vier Stockwerke die ächzenden Stufen hoch, bis er endlich in der Diele stand. Im Treppenhaus erlosch das Licht, im Flur war es stockdunkel. Beck tastete nach dem Schalter und sah nur einen kleinen roten Punkt blinken. Das musste Paula auf dem Anrufbeantworter sein. Als die Lampe anging, drückte er die Wiedergabe-Taste und setzte erst dann ungelenk an zur Befreiung aus seinem Mantel. „Sie haben zwei neue Nachrichten“, sagte die Maschinenstimme. „Erste Nachricht, heute, 21,57 Uhr. Hallo!“ Es war Paula, ihre Stimme klang noch belegt. „Wollte nur sagen, dass es mir gut geht. Ich krieg wieder Luft, muss nur noch ein bisschen husten.“ Zur Bestätigung hörte man ein bellendes Niesen. „Ich hoffe, Du hattest noch einen guten Abend und bist wach geblieben. Ich fand ja, das war Kindergarten. Aber ich bin gespannt, was Du schreibst. Schlaf gut.“ Ach, Paula, dachte Beck. Mit ihrer Stimme im Ohr fühlte er sich in der leeren Wohnung gleich nicht mehr so allein.

„Zweite Nachricht, heute, 19.12 Uhr“, sprach der Automat. „Hallo Herr Beck.“ Wer war das denn? „Wollte mich ja noch die ganze Zeit bedanken bei Ihnen wegen dem lustigen Weinberg von diesem Zackmüller. Hab das mal nachgelesen. Ist ja spaßig mit diesem Winzer. Leider find ich das bei Netflix nirgends. Aber wenn’s mal läuft, dann denk ich an Sie.“

Herrje, das war dieser Gunderloch. Beck hielt die Luft an, während er immer noch versuchte, sich zweier Knöpfe zum Trotz aus seinem Mantel zu winden.

„Eigentlich wollte ich Ihnen ja auch was ganz anderes sagen, dachte, ich erwische Sie heute. Egal, dann auf diesem Weg. Wir haben alles nochmal ganz gründlich geprüft. Der Laden ist für unsere Maßstäbe zu klein, das wissen Sie ja.“

Das war’s also. Aber wieso sprach dieser Depp von Gunderloch ihm das Todesurteil aufs Band? Die Stimme stockte, es klang, als ob am anderen Ende der Leitung getrunken würde. Na toll, besoffen nach Dienstschluss Franchisenehmer am Telefon terrorisieren. Das war würdelos, dachte Beck und wehrte sich jetzt heftiger gegen seinen Mantel, der seiner Entfesselungskunst hartnäckig widerstand.

„Aber wir sind auch noch mal die jüngeren Umsätze durchgegangen, der Trend ist positiv. Und Ihr Laden ist ja wohl eine Institution in dem Viertel. Wenn ich dran denke, wie viele Leute mir bei meinem Besuch erzählt haben, dass ohne den Herrn Beck ja gar nichts geht. Darauf können Sie sich was einbilden. Na, jedenfalls haben wir beschlossen, Ihren Vertrag noch mal um ein Jahr zu verlängern, dann schauen wir, wie es läuft. Vielleicht komm ich dann auch wieder vorbei. Mal sehen, schöne Grüße vom lustigen Weinberg."

Beck stand noch immer halb in seinen Mantel gewickelt und mit einem verknoteten Ärmel wie versteinert im Flur. Seine Augen waren feucht.

Fünfter Aufzug: Zettel

1 Der Fernseher lief, was nicht oft vorkam. Aber das musste er jetzt doch sehen. Beck hatte sich fein gemacht, trug eine schwarze Hose, deren Stoff an den Knien nur ein wenig stumpf war, und ein blaues Hemd mit bloß zwei Flicken, die man, wie er glaubte, aber nicht sah. Sein bestes Jackett mit den braunen Ärmelschonern lag links auf der Armlehne des Sofas. Er hatte einen südafrikanischen Pinotage aufgemacht, der nach Kirsch und Kaffee duftete, und als er ihn dann im Mund hatte, war es, als würde schwarze Schokolade auf seiner Zunge zergehen. Beck hatte das Etikett mit der Kaffeebohne betrachtet und einen Moment lang dem Gedanken widerstehen müssen, ein zweites Glas auf den Tisch zu stellen. Das machte ihm Sorgen. Rechts neben ihm saß Juliane, trug wieder dieses Sommerkleid, das heute fast schon zum Wetter passte, sah zum Verlieben aus, sagte nichts, tat nichts, blickte nur zum Fernseher. So saßen sie schon eine Weile da. Beck sah sie verschwommen aus dem Augenwinkel und wagte nicht, sich umzudrehen, aus Angst, sie könnte verschwinden. Sie schauten zusammen dem Mann mit dem Mikroaufsatz vom Landessender zu, der vor dem Rathaus Aufstellung genommen hatte und die neuesten Skandalmeldungen verbreitete.

Eine Woche war vergangen, seit Jörg König vom schwarzen Sturm erfasst und zerschmettert worden war. Nach dem, was man bisher wusste, war der OB-

Kandidat wegen dubioser Finanzgeschäfte unter Druck
gesetzt worden. Am Abend der Premiere hatte er mehrere SMS von einer anonymen Nummer erhalten, mit der
letzten Nachricht war er noch während der Vorstellung
zur Box Nummer 23 bestellt worden: ein Hinterhalt.
Der Täter hatte die Tür hinter ihm verriegelt, anscheinend die Chihuahua-Dame Papagena durch die Gitter
geworfen, woraufhin der Hengst Black Tempest wild
geworden war. Jörg König erlitt sechs Rippenbrüche,
sein linkes Schienbein war entzwei, das Schlüsselbein
geborsten, tödlich aber waren die fünf Hufhiebe auf den
Schädel, der aufgesprungen war. Man hatte Teile seines
Gehirns im Heu gefunden. Das hatte Beck nicht aus den
Nachrichten, das hatte ihm Bernd Rudolf gesagt. Papagena war nichts passiert, doch das Hundchen stand unter
Schock. Das wiederum wusste Beck von Gerd Ludwig
Ostermann, der vor fünf Tagen überraschend in seinem
Laden aufgetaucht war und eine ganze Kiste vom teu-
ersten Schaumwein aus der Champagne mitgenommen
hatte. Auf die Frage, ob es etwas zu feiern gebe, war
Ostermann ausgewichen und hatte davon erzählt, dass
Papagena nichts mehr fresse. Dabei war an dem Häufchen Hund ja eh nichts dran. Mittlerweile sollte Papagena wieder bei ihrem Herrchen sein, denn Jakob
Oswald war soeben unter Kaution und strengen Melde-
auflagen freigekommen. Er war und blieb der Haupt-
verdächtige, hatte ein künstlerisches Motiv und die bellende Tatwaffe. Allerdings behauptete er standhaft,
Harn und Hund hätten ihn vorzeitig von seinem Platz
auf der Tribüne vertrieben. Erst habe er die Toilette
aufgesucht, dann sei er zu seinem Wagen gegangen, wo
er eine Scheibe einen spaltbreit offen gelassen habe,

damit Papagena Luft bekäme. Als er das Auto erreicht habee, sei die Scheibe halb heruntergedrückt und der Hund verschwunden gewesen, woraufhin der Intendant rund um das Landgestüt nach Papagena gesucht habe. Zeugen gab es hierfür nicht. Oswalds Mitgefühl dem Mordopfer gegenüber war nicht besonders ausgeprägt, das Mitleid mit der Bewohnerin seiner Herrenhandtasche aber umso größer, hatte Bernd Rudolf angedeutet. Nie würde er Papagena vor die Hufe einer schwarzen Bestie werfen, hatte der Intendant in der Vernehmung gesagt. Und das habe sogar fast glaubwürdig geklungen. Vor allem aber fehlten Bernd Rudolf noch die Beweise, dass der Intendant auch seinen Chefdramaturgen Torsten Emig vors Auto gestoßen und die Parteichefin auf Nimmerwiedersehen in der Versenkung hatte verschwinden lassen. Nur deshalb saß Jakob Oswald jetzt wieder in seinem Intendantenbüro. Es bestehe keine Fluchtgefahr. Klar, dachte Beck, falls sich der Intendant in seiner Dienstkleidung als englischer Lord oder orientalischer Pascha auf die Flucht begeben würde, hätte er nur in der Faschingszeit eine Chance, unerkannt zu entkommen. Mitte Mai aber käme er keine hundert Meter weit. Eigentlich dürfte er das alles gar nicht wissen, aber der Polizeipräsident war derart nachhaltig begeistert von Becks Beobachtungen in der Reithalle, dass er nicht nur einen großen Mitteilungsdrang verspürte, sondern ihn auch für diesen Abend zum Essen eingeladen hatte. Bald würde er kommen, doch vorher wollte Beck noch hören, was der Reporter vom Landesfunkhaus zu sagen hatte. Hoffentlich war Bernd Rudolf nicht zu pünktlich, damit Beck noch längere Zeit an Julianes Seite hatte. Gemeinsam schauten sie auf den Bildschirm.

Der Reporter, der bei jedem Satz die Zähne bleckte, als wäre er in der Zahnpastawerbung, schaute über die linke Schulter, was wohl besonders dynamisch wirken sollte. Vor allem aber sah es affig aus. Beck blinzelte nach rechts. Juliane saß noch immer da, schien aber am affektierten Auftritt des Reporters keinen Anstoß zu nehmen. Als „neueste Wende" schilderte der Mann am Mikro nun das, was eben gerade durchgesickert war über den Politskandal um den „schlechten Menschen aus Sezuan", wie ihn die Zeitung aus der Landeshauptstadt bereits genannt hatte; aus der „Neuen Post" war in der Sache nichts Erhellendes mehr zu erfahren, seit Kevin Jung um seine Borussia trauerte und sich selbst fragen musste, ob nicht auch er zumindest mit dem großen Zeh schon im Sumpf gestanden hatte. „Breaking News" stand nun unter einem grobkörnigen schwarzweißen Foto der Polizei, das Herrn Gu aus Chengdu zeigte, der aber eigentlich ein gewisser Herr Lu, Vorname Chang, war, gesucht per internationalem Haftbefehl wegen schwerer Wirtschaftsstraftaten. Ein Korrespondent des Senders, der zur Adresse des Sichuan Syndicat gefahren war, hatte dort nur einen Rohbau mit einem Hausmeister in einem Baucontainer vorgefunden, der beteuerte, noch nie etwas von der Briefkastenfirma des Herrn Lu Chang und seiner Mitarbeiter gehört zu haben. Lu selbst war längst über alle Berge, sein Appartement im mondänen Parkhotel fanden die Fahnder leer. Nur noch einige Verpackungen hatten sie in Schränken und Schubladen gefunden, denn Herr Lu war während all der Monate in der Stadt nicht nur mit einer Suite und einer Mietlimousine, sondern auch mit teuren Uhren, Spirituosen, Zigarren und anderen Annehmlichkeiten ausgestattet worden. Zum kommunalen All-Inclusive-Paket gehörten auch regelmäßige Mittag- und Abendessen im Sterne-Lokal der benachbarten Kurstadt und kostspielige Stunden der Zerstreuung mit doppelter Damenbegleitung in einem Saunaclub. Daran entzündete sich die größte öffentliche Erregung. Doch am erstaunlichsten war es, dass der vermeintliche Geschäftsmann, der Leasingprojekte und Investitionen vorbereiten sollte, die ganze Zeit über ein Handgeld von 6000 Euro im Monat erhalten hatte, angelehnt an die Besoldung eines Verwaltungsdirektors. Alles abgerechnet über das Amt für Stadtmarketing und Wirtschaftsförderung. „Selbstbedienung aus dem Reich ohne Maß und Mitte" hatte die Landeszeitung geschrieben und die Stadt als „Sonderwirtschaftszone der organisierten Kriminalität aus Ostasien" bezeichnet. Die Dimension der Affäre war ja auch beträchtlich. Doch Beck hatte besonderes Vergnügen an den Kleinigkeiten, den Rechnungen für Maßanzüge, die Lu Chang offenbar beim Amt eingereicht hatte. Eine hübsche Vorstellung war das, denn dann musste der Mann mit der schwarzen Betonfrisur daheim in China jetzt nicht mehr seine scheußlichen Mao-Anzüge auftragen, die ihn so unverwechselbar gekleidet hatten. Der Gipfel der Dreistigkeit aber war, dass Herr Lu sogar Kranz und Blumenschmuck des Sichuan Syndicat für das Begräbnis von Beate Vorreiter-Beginski über die Stadtkasse abgerechnet hatte.

Alles in allem waren für Spesen Kosten von rund 120000 Euro aufgelaufen. Aber das war nicht der größte Verlust, denn zur Vorbereitung der Deals zwischen der Stadt, die ihr Eigentum an die Chinesen vermieten und dann steueroptimiert zurückmieten wollte, war schon Geld geflossen: „Prämien für Promotion und Präsentationen" des Sichuan Syndicat, die es offenbar nie gegeben hatte, vor allem aber Leistungen, die mit „Überzeugungsarbeit" abgerechnet waren und unzweifelhaft städtische Zuschüsse für Bestechung in China bezeichneten. Das ging aus Papieren hervor, die der Polizei zugespielt worden waren, vermeldete der Reporter. Als er das hörte, nickte Beck dem Mann hinter der Mattscheibe zu und sagte zu Juliane: „Hast Du es gehört? Ich hab einen Skandal aufgedeckt!" Nur langsam sickerte in sein Bewusstsein ein, dass er mit sich selber sprach und ein flaues Gefühl der Scham sackte in seinen Magen. Nach einer langen Liste von Zahlungen aus der Stadtkasse, die unter verschleierten Bezeichnungen am Parlament vorbei getätigt worden waren, kam der Reporter nun zur Endabrechnung: Herr Lu war verschwunden, und die Stadt war um 1,3 Millionen Euro ärmer. Zugleich ließen sich Zahlungseingänge jenes chinesischen Spielerberaters, der Nachwuchskicker aus Sezuan bei der Viktoria untergebracht hatte, auf Konten von Jörg König, Beate Vorreiter-Beginski und einiger anderer Politiker der Partei nachweisen. Hier 3000, da 5000, es läpperte sich. Das roch nach Bestechung, um den Deal mit dem Sichuan Syndicat einzufädeln. Ob die Viktoria und ihr neues Stadion Teil der krummen Nummer war, blieb noch offen. Fest stand, dass der Investor Powerhouse International, der das Stadion entwickeln sollte, über seine Partner in Hongkong auch Geld nach Chengdu überwiesen hatte für jene chinesischen Juniorenkicker, die sich weder auf Deutsch noch auf Fußball verstanden. „Mücken im stinkenden Sumpf", hatte die Landeszeitung getitelt.

Einen Interviewpartner aus dem Rathaus, von der Viktoria oder von den Städtischen Bühnen, deren Intendant ja immer noch unter Mordverdacht stand, konnte der Reporter nicht vors Mikrofon kriegen, um dieses Gespinst aus heimlichen Zuwendungen zu entwirren. Überall mauerte man sich ein. Dafür stellte der Reporter sich und den Zuschauern die Frage, was nun der Wirtschaftsskandal mit den drei Todesfällen in der Stadt zu tun habe und las als Antwort ein dünnes Kommuniqué der Staatsanwaltschaft vor, die „zum gegenwärtigen Zeitpunkt keine Anhaltspunkte für einen sachlichen Zusammenhang" erkennen konnte.

„Das glaub ich nicht", sagte Beck zu sich selber, prüfte aber mit einem Schielen nach rechts, ob Juliane ihm nicht vielleicht zustimmen wollte. Juliane jedoch rührte sich nicht, sie schien am Fernseher vorbeizuschauen. Genauer hinsehen wollte er nicht, denn er wusste, dass sie sonst verschwinden würde. Da klingelte es. Das musste Bernd sein. Viel zu früh! Beck erhob sich, schlappte in Socken in den Flur zur Gegensprechanlage, doch es polterte schon an der Tür: „Hallo, ich bin's!" Nanu, das klang doch wie Franz. Beck öffnete. Vor ihm stand der groß gewachsene Junge, der seinen blonden Schopf mit einem Gummi am Hinterkopf zusammengezwungen hatte, was ausschaute, als hätte man einen Yorkshire Terrier auf den Hals einer Giraffe gesetzt. Der lange Franz ließ mal wieder die Schultern hängen, was kein Ausdruck von Traurigkeit, sondern eher die Ankündigung eines Rückenleidens war. Fröhlich rief er: „Unten war offen, da bin ich gleich hochgekommen. Darf ich?" Schon stand er im Flur, und Beck bekam es mit der Angst zu tun, dass der Junge auf Juliane treffen könnte. Da war es schon passiert. Im jugendlichen Schwung seines Auftritts stand Franz bereits im Wohnzimmer. „Dass bei Ihnen mal der Fernseher läuft, kommt aber auch nicht oft vor: Gell?" Beck spähte um die Ecke ins Zimmer und atmete durch. Halb erleichtert, halb traurig. Juliane war verschwunden.

„Sie haben sich aber schick gemacht", sagte Franz und schaute dabei irritierend lange auf Becks Hemd. „Gehen Sie noch aus?"

„Ich habe eine Einladung zum Essen."

„Was für ein Zufall. Ich wollte Sie auch einladen", erwiderte Franz und begann von seiner neuen Studentenbude zu berichten, die er seit einigen Wochen zusammen mit Ben, Kerstin und seiner Leonie bewohnte. Der Architekten-Vater, bei dem Franz aufgewachsen war und der noch nie etwas davon gehalten hatte, dass sein Sohn brotlose Biologie studiert, überwies neuerdings gar kein Geld mehr, und die geschiedene kulturbeflissene Mutter, die ihrem Sohn eine musische Karriere in die Wiege gelegt zu haben glaubte, war auch so enttäuscht von ihrem Jungen, dass ihre unregelmäßigen Zahlungen gleichfalls zu versiegen drohten. Zusammen mit Leonie aber, der es an Geld von zuhause nicht fehlte, ließ sich die Miete aufbringen, wenn sich die beiden ihre zwölf Quadratmeter teilten. Ob sie sich da nicht auf die Nerven gingen, fragte Beck, und wie sie denn beide lernen konnten, wenn sie immer aufeinander hingen? Die Art, wie Franz die Bedenken wegwischte, erinnerte den Alten an seine eigene Studienzeit, und er spürte, dass der Junge noch ganz und gar verknallt war. Kaum Geld mehr von daheim, leise Zweifel, ob das mit Zoologie, Ökologie und Botanik überhaupt das Richtige war, doch die Aussicht, mit seiner blauen Fee zusammen zu sein, ließ alle Bedenken so unbedeutend werden wie den Putzplan in der WG-Küche. Und weil das alles so schön war, wollten sie in wenig mehr als einer Woche feiern: „Am Samstag ab sieben. Das wird lustig, sie müssen unbedingt kommen, brauchen auch nichts mitzubringen." Beck zierte sich ein wenig, sprach von Theaterterminen für die „Neue Post", die er erst prüfen müsse, die es aber gar nicht gab. Was sollte er bei all den Studenten? Er würde nur in der Ecke rumstehen und nach einer Stunde wieder gehen. Aber Franz, der immer noch und immer wieder auf Becks Hemd zu starren schien, ließ nicht locker: „Sie haben doch auch was zu feiern, jetzt, wo Sie Ihren Laden behalten können."

„Ach, das weißt Du schon?"

„Frau Berlepp hat's mir erzählt."

Beck war das ein wenig unangenehm, denn Franz hätte es doch als Erster wissen müssen, war es doch sein Verdienst, dass dieser Gunderloch ein unverhofftes Einsehen gezeigt hatte: „Ja, das wollte ich Dir auch gerade erzählen", heuchelte Beck, der eben dies völlig vergessen hatte. „Wo wäre ich ohne Dich?"

„Sehen Sie, und deshalb müssen Sie kommen. Leonie freut sich auch schon. Und Ben und Kerstin haben auch ganz viel von Ihrem Wein gekauft, obwohl wir eigentlich alle Bier trinken. Bei uns steht noch ganz viel rum von dem Zeug. Das reicht für drei Einweihungsfeiern. Ich gieß mir jeden Abend Rotwein in die Cola, aber ihr Traubensaft wird nicht weniger."

„Soso", seufzte Beck. „Ja, dann muss ich wohl."

Das wollte Franz hören, schüttelte ihm die Hand und sein Blick schien nun den Kragen seines Hemds zu inspizieren: „Sehr gut. Und wenn Sie wieder Hilfe brauchen im Laden, sagen Sie einfach Bescheid. Das Geld können Sie mir ja bei der Fete mitbringen." Beck verstand zunächst nicht, dann fiel ihm ein, dass er dem Jungen für seine Mühe mittlerweile einige Hunderter schuldete. „Ja, natürlich. Kannst Du ja auch brauchen für die Miete. Ihr jungen Leute lebt ja auch nicht nur von Luft und Liebe." Beck räusperte sich und kramte in seiner Schreibtischschublade. Da musste doch irgendwo dieses alte Portemonnaie liegen, das er längst ausgemustert, für solche Fälle aber als Demonstrationsobjekt behalten hatte. Franz schaute neugierig, während Beck wühlte. Triumphierend zog er die Geldbörse hervor, die schlapp in seiner Hand baumelte: „Ich würde es Dir ja gleich geben, aber ich hab gerade nichts da", sagte er und zog das ausgeleierte Fach für die Scheine auf, aus dem nur eine zerknitterte Quittung fiel.

„Kein Problem, Hauptsache, Sie kommen nächste Woche", rief Franz, und Beck meinte herauszuhören, dass der Junge schon gar nicht mehr damit rechnete, einen Lohn für seinen Einsatz zu kriegen. Vielleicht würde er es ja vergessen. Das wäre am einfachsten. Es wäre aber schäbig. Was würde Juliane dazu sagen? Beck schaute sich um, ob sie irgendwo stand – vielleicht am Fenster oder an der Tür zu ihrem alten Arbeitszimmer – und ihn vorwurfsvoll anschaute. Nein, aus der

Nummer konnte er sich nicht gut rausmogeln. Sie wäre bestimmt enttäuscht von ihm. Und Paula wäre richtig sauer. Nein, mit zwei Frauen wollte er sich nicht anlegen, also atmete Beck tief durch und verkündete feierlich: „Ich komme, und Dein Geld kriegst Du natürlich auch."

„Prima. Das wird ein schöner Abend."

Vorsichtig setzte Beck noch einmal nach: „Wieviel war es noch mal, was Du noch kriegst?"

„25 pro Stunde hatten wir gesagt, hundert hatten Sie mir gegeben, 400 hatten wir am Anfang ausgemacht, aber alles in allem hab ich sicher zehn halbe Tage für alles gebraucht, wie gesagt. Dann wären noch 900 offen, aber wenn Sie versprechen keinen Wein mitzubringen, bin ich auch mit 800 zufrieden."

Beck hatte während der Aufzählung angefangen wie ein Wackeldackel auf einer Hutablage zu nicken und sagte dann nur: „Oh!" Er war froh, als Franz wieder draußen und auf dem Weg nach unten war, doch im nächsten Moment klopfte es schon wieder an der Tür. Beck öffnete, Franz stand da und deutete mit dem linken Zeigefinger auf das blaue Oberhemd, das er schon die ganze Zeit über so seltsam forschend angestarrt hatte: „Ich wollt's erst nicht sagen, aber sind Sie sicher, dass Sie nicht noch Ihren Schlafanzug anhaben?"

2 Beck hörte gar nicht richtig zu, was Bernd Rudolf ihm sagte, während er ins Parkhaus fuhr. Es wiederholte sich ohnehin. Der Polizeipräsident war so aufgekratzt, so forsch angespannt, wie Beck ihn gar nicht kannte. Der Druck, der auf ihm lastete, musste immens sein. Ministerium und Staatsanwaltschaft wollten Ergebnisse und Antworten, wieso in der kleinen Stadt ein Theatermann und zwei Politiker ums Leben kamen und wieso sich da ein politischer Skandal um betrügerische Investments und Korruption auftat. Rudolf und seine Leute waren bestrebt, erst mal die offensichtlichen Anschläge aufzuklären. An den Wirtschaftsstrafsachen waren wieder andere Spezialisten dran, und der Polizeipräsident wollte nichts davon wissen, dass das eine vielleicht etwas mit dem anderen zu tun haben könnte. Der Tod von Jörg König hatte die Dringlichkeit, zu einem Ergebnis zu kommen, jedenfalls massiv erhöht. Sie brauchten einen Mörder um sicherzustellen, dass die Wahl über die Bühne gehen konnte. Nicht auszudenken, wenn nun ein Kandidat siegte, von dem sich am Ende herausstellte, dass er vielleicht König auf dem Gewissen hat. Die erste Überprüfung der insgesamt acht Kandidaten hatte zwar ergeben, dass jeder für die Tatzeit ein Alibi hatte, dennoch war der Wahltermin sicherheitshalber von kurz vor auf nach der Sommerpause verlegt worden. Trotzdem musste der Mörder schnell präsentiert werden, und für Bernd Rudolf kam nur Intendant Oswald infrage: Er war bei der Westernshow hinter der Tribüne verschwunden, als auch König aufgestanden war, sein Hund hatte das Pferd wild gemacht, unter dessen Hufen König gestorben war. Das war nicht zuletzt dank Becks Beobachtungen klar.

„Du bist unser bester Mann“, sagte Rudolf nicht zum ersten Mal an diesem Abend, diesmal aber riss der Satz Beck aus seinen Grübeleien über sein Schlafanzughemd. Wie lange hatte er das schon getragen, wieso hatte er es überhaupt angehabt? Manchmal verstand er sich selber nicht. Und in letzter Zeit geschah das öfter. Nun aber endlich Schluss damit!

„Weißt Du noch?“, sagte Rudolf und klopfte ihm mit der Rechten auf den Oberschenkel, während er mit der Linken eine Parklücke ansteuerte. „Wann war das? Letztes Jahr? Nein, muss doch schon anderthalb Jahre her sein. Wie Du uns diesen Frauenhasser aus dem Theater gefangen hast?“

Wie könnte er das vergessen, fragte sich Beck. Wobei er natürlich niemanden gefangen hatte, aber er war darauf gekommen, dass ein frustrierter Requisiteur drei Schauspielerinnen auf offener Bühne vergiftet hatte. Alle waren sie ins Krankenhaus gekommen, schlimm mitgenommen, dem Tode nahe, keine von ihnen spielte noch in der Stadt, eine gab nur noch Schauspielunterricht, die jüngste hatte die Bühne gewechselt, die dritte war ins Ausland gegangen, und alle, so hieß es, brauchten weiterhin psychologische Betreuung. Ja, das war schlimm gewesen. Becks Beobachtungen hatten den Fall aufgeklärt. Anders als damals fühlte er sich jetzt aber nicht erleichtert und schon gar nicht stolz. Dass der Intendant sein geliebtes Hundchen vor eine schwarze Bestie werfen würde, um einen Politiker zu töten, dem er vielleicht zutraute, sein Theater zu ruinieren, passte nicht zu Oswald, dieser Operettenfigur des Kunstbetriebs. Schlecht für den Mann, dass Beate Vorreiter-

Beginski in seinem Theater gestorben war. Noch schlechter, dass der allein stehende Oswald kein Alibi für den tödlichen Angriff auf Torsten Emig vorweisen konnte. Nur Papagena war seine Zeugin, dass er allein daheim gesessen hatte, um demonstrativ die Premiere in der Kunsthalle zu schwänzen.

„Aber ich kann mir nicht vorstellen, dass Oswald mir die Unterlagen zum Politskandal in den Briefkasten gesteckt hat", sagte Beck, als die beiden ausgestiegen waren und das Parkhaus verließen. „Da stand: *Guter Freund, Sie wissen, wem Sie das geben können und wem nicht.* Oswald ist nicht mein guter Freund, wir können uns nicht leiden. Der schickt mir solche Nachrichten nicht."

„Der Umschlag kam auch nicht von ihm, da bin ich mir sicher", sagte Rudolf, als sie dem Lokal entgegenstrebten. „Wenn er Material gegen König und diese Frau Vorreiter in der Hand gehabt hätte, warum sollte er sie dann noch umbringen. Nein, das ist eine andere Geschichte. Vielleicht war es irgendwer aus der Stadtverwaltung. Was für gute Freunde hast Du denn da?"

„Ich hab gar keine guten Freunde."

„Na, da kränkst Du aber ein paar Leute", sagte Rudolf mit mildem Tadel.

„Also, in der Stadtverwaltung habe ich keine Freunde, sonst müsste ich ja nicht so viele Knollen fürs Falschparken bezahlen. Ein guter Freund im Ordnungsamt, das wär's!"

„Ach komm", sagte Rudolf. „Das muss uns doch heute Abend nicht kümmern, wir feiern jetzt den großen

Detektiv Beck. Hab uns ein schönes Plätzchen reserviert." Das „Don Bosco" grüßte schon in kurzer Distanz: Das viele Holz vor der Hütte, das dem Namen des Hauses geschuldet war, erinnerte an eine Jausenstation in den Alpen. Dabei war dies kein Rasthaus mit Germknödel, sondern der „Wirt für die Wichtigen", ein Ristorante mit einer Preisgestaltung, die deutlich kreativer war als die Kochkunst. Beck mochte den Laden nicht, wegen der Leute, die dort verkehrten, aber auch weil er so oft mit Juliane dort gewesen war, als sie noch gelebt und ihn die Leute nicht gestört hatten. Sei's drum, dachte sich Beck, wenn Bernd bezahlt.

Bernd studierte die Menükarte hinter Glas. „Schau an, Sie haben Trüffel, eine ganze Trüffelkarte. Da nehm ich was. Magst Du auch?"

„Mal sehen", sagte Beck und dachte sich, dass das mal wieder typisch war für den Wirt Tomaso junior: Pilze über alles drüber hobeln und das Vierfache verlangen. Er spürte einen stechenden Phantomschmerz in der Brusttasche, wo sonst sein Portemonnaie saß. Aber bitte: Bernd wollte es ja so.

Kaum hatten sie die Tür geöffnet, kam Tomaso mit ausgebreiteten Armen herbeigeeilt: „Ah, Commissario! Dottore! Come sta? Habe Tartufo bianco. Kommen Sie, geben Sie mir Ihre Mäntel." Schon hatte er Beck gepackt, zog ihn am Schlafittchen, obwohl der den obersten Knopf seines Mantels noch nicht gelöst hatte, was sich anfühlte, als würde Beck in einer Zwangsjacke zur Garderobe abgeführt. Und irgendwie passte das ja auch, sagte er sich, als er sich endlich Wirt und Mantel entwunden hatte. Tomaso brachte sie zu ihrem Tisch. Beck

hatte sich noch nicht gesetzt, da sah er, dass sie gegenüber einer Gesellschaft saßen, in deren Mitte – musste
das jetzt sein? – die oberste Landfrau aus dem Kultur-
ausschuss thronte in einem schulterfreien Seerosenkleid
zwischen lauter Damen und Herren, die Beck von Thea-
terfreunden und Rotariern zu kennen glaubte. Er wollte
sich gerade mit dem Gedanken abwenden, dass Traudel
Kalbfleisch wohl die feindliche Übernahme der Kunsthalle feierte, da erkannte die Seerose, wer da neben
ihnen Platz nehmen wollte und rief die beiden zu sich:
„Hallo, meine Herren. Sie auch hier? Darf ich bekannt
machen? Frau Monvalle kennen Sie sicher." Da erst
merkte Beck, dass die Dame mit dem strengen Pagenschnitt, die mit dem Rücken zu ihm saß, die Intendantin
der Landesbühne aus dem Norden war. „Wir reden gerade darüber, wie es weitergeht ohne Herrn Oswald."
Beck schaute stutzig, was Traudel Kalbfleisch offenbar
bemerkt hatte. „Ach, das können Sie ja noch gar nicht
wissen. Ich werde das Kulturdezernat übernehmen."
Beck war wieder nicht ganz bei der Sache. Wieso kam
es ihm so vor, als hätte er das mit der Monvalle schon
mal erlebt? Und könnte die Tante aus dem Seero-
senteich mit diesem Kleid nicht auch an Karneval als
Froschkönigin gehen? Die Gedanken verflogen schnell,
weil Traudel Kalbfleisch sich in einem zwitschernden
Ton aufplusterte: „Ich habe natürlich ganzganz viel zu
tun, auch mit der Kunsthalle. Und mit Frau Monvalle
wollen wir jetzt sondieren, wie uns die Landesbühne in
Zukunft mit dem Stadttheater weiterhelfen kann. Nicht
meine Liebe?" Die beiden Damen lächelten sich blin-
zelnd an. „Also, mein lieber Herr Rudolf, ich hoffe, Sie
haben bald alle Beweise. Ich verstehe ja eh nicht, dass

dieser Oswald wieder frei rumläuft." Das klang mehr als pikiert. „Und Herr Beck, wenn Sie Fragen haben, wenden Sie sich an mein Ostermännchen. Heute war er leider krank. Aber sonst ist er ja wirklich unsere beste Sekretärin, seit die gute Frau Jungwirth gestorben ist."

Die beiden Männer trollten sich schnell wieder in ihre Ecke, die mit allerlei Gipsgerümpel nach Michelangelo-Motiven dekoriert war. Neben Beck stand ein Apollo, über Bernds Kopf hinweg hob ein Bacchus die Weinschale. „Da kann einem ja der Appetit vergehen", flüsterte Rudolf. „So geht das die ganze Zeit. Jeder zerrt an mir rum, dass ich den Mörder präsentiere, vor allem der Staatsanwalt, der ständig Beweise will. Es gibt aber eben nur Indizien. Gott sei Dank hab ich Dich."

Beck fühlte sich unwohl. Nicht nur wegen der dusseligen Froschkönigin im Seerosenkleid. Irgendwas war nicht richtig. Tomaso hatte ihnen mittlerweile einen Aperitif hingestellt. Irgend so einen bittersüßen Prosecco-Wermut, in dem Grünzeug und Eis schwammen. Beck hasste das. Demnächst würden sie ihm wahrscheinlich kalten Rotwein mit Gin und Petersilie servieren. Missmutig wackelte er an seinem Glas, ließ das Eis klappern und blätterte ratlos in der Karte.

„Nimm Dir, was Du willst. Keine Limits", frohlockte Rudolf.

„Ich weiß nicht", sagte Beck, der gar nicht zugehört hatte.

„Nimm doch die Kürbissuppe mit Jakobsmuscheln, dann die hausgemachten Bandnudeln mit Trüffel, später vielleicht Seezunge mit Gänseleber."

„Nein, das mein ich nicht.“

„Also, lieber Lamm Ossobuco“, lockte Rudolf. „Eben noch auf der Salzwiese, schon fällt's vor Dir vom Knochen. Hm?“

„Nein, ich meine das mit Jakob Oswald. Ich glaub nicht, dass er es war.“

„Na, um Glauben geht es da ja auch nicht. Du willst doch an der Aussage nichts ändern, es passt gerade so gut.“ Das war als Witz gemeint, aber man konnte hinter den Worten Rudolfs latente Panik spüren, ihm könnte der Fall aus den Fingern gleiten.

„Ich denke nur, vielleicht stimmt die Prämisse nicht.“

„Was soll das heißen? Welche Prämisse?“ Bernd Rudolf hatte die Karte sinken lassen und wirkte jetzt ernsthaft beunruhigt.

„Vielleicht müssen wir nicht von drei Toten ausgehen, sondern von vieren.“

Dass Jakob Oswald, der große Schöngeist, dem schon sozialer Realismus zu niedrig war, kaltblütig Menschen in Abgründe stürzen oder vor Pferdehufe und Autos stoßen sollte, das wollte nicht zu ihm passen, dachte Beck. Zugleich fiel ihm in der ganzen Stadtverwaltung nur ein einziger Mensch ein, der ihn vielleicht „mit guter Freund“ anreden könnte, und das war ausgerechnet Gerd-Ludwig Ostermann. Schließlich hatten sich die beiden einmal ihr gegenseitiges Verständnis versichert. Und der kleine Herr Ostermann mit den großen Augen, die aus den Höhlen zu quellen schienen, war bei unfreundlicher Betrachtung auch der Einzige, der einen Groll gehegt haben könnte gegen die Kulturpolitik von Jörg König, seine Handlangerin Beate Vorreiter-Beginski und ihren Favoriten Torsten Emig. Denn nach rein fachlichen Erwägungen hätte es nach Königs Wahl zum Oberbürgermeister eigentlich nur einen neuen Kulturdezernenten geben können, und das war der kleine Mann für alle Fälle, der alle kannte und irgendwie mit allen konnte: der Kulturreferent, der seine eigene Sekretärin war, seit Grete Jungwirth das Zeitliche gesegnet hatte, und von ihr auch freien Zugang zu unzähligen Postfächern und Passwörtern geerbt hatte. War er also nicht nur der Informant, der Beck den Umschlag eingeworfen hatte, sondern hatte er auch etwas mit den Anschlägen zu tun? Vielleicht auch mit dem Tod von Grete Jungwirth? Beck musste sich selbst gegenüber eingestehen, dass ihm Teile dieser Gedankenkette schon früher durch den Kopf geirrt waren, aber er hatte sie weggewischt, weil er Ostermann schätzte. Nun aber Traudel Kalbfleisch zu sehen, die – blöd wie Brot – den Kulturreferenten zu ihrem Laufburschen degradieren wollte, das hatte Beck ein bitteres Aroma in den Mund schießen lassen. Es schmeckte nach Mordlust. Nur konnte er seine eigene Verachtung für Traudel Kalbfleisch ja nicht dem allzeit eifrigen Herrn Ostermann unterjubeln, weshalb er seinen Gedankengang halb wirr, halb verlegen vor dem Polizeipräsidenten ausbreitete.

„Du meinst also,“, sagte Rudolf, als Beck die Worte ausgingen, „der Kulturreferent, der als Whistleblower den größten Politskandal in unserer Stadt aufgedeckt hat, bringt erst seine Sekretärin, dann einen von Deinen

Theaterleuten und schließlich zwei Politiker um die Ecke, bloß um selbst Kulturdezernent zu werden."

Beck sagte nichts, schaute ihn nur an.

„Wer in aller Welt will denn so dringend Kulturdezernent werden? Dann müsste dieser Herr Ostermann ja jetzt gleich hier reinspazieren und" – Rudolf senkte die Stimme – „diese Trulla dort drüben um die Ecke bringen. Am besten mit einem präparierten Fischfilet mit einer mörderisch langen Gräte drin, an der sie erstickt. Quasi auf offener Bühne. Das würde Dir gefallen, so als Theaterkritiker. Was?"

Rudolf schmunzelte breit, Beck ließ entmutigt die Schultern hängen: „Vergiss es, dumme Idee von mir."

„Nein, nein, bestimmt kommt dieser Herr Ostermann gleich als Kellner verkleidet hier mit dem Servierwagen vorbei", sagte Bernd Rudolf, der jetzt milde auf seinen Lieblingszeugen herabschaute. „Aber bis dahin, tu mir einen Gefallen, und trink noch was. Ich bestell uns eine Flasche Rotwein."

3 Plötzlich hatte Paula ihn gepackt, ihr Kopf war direkt vor seiner Nase, und das war der größte Schock für ihn. Nicht dass die Bilder zuvor nicht schon beunruhigend genug gewesen wären: Jörg Königs blutig zertretener Schädel war an einem Fenster aufgetaucht, ein schwarzes Pferd hatte Beate Vorreiter-Beginskis lebloses Körper davongeschleift. Geraldine Monvalle würgte Jakob Oswald mit seinem eigenen Schal, und aus einer Klappe im Boden schaute immer wieder der kleinen Herr Ostermann hervor, der aber

aussah wie ein Horrorclown. Beck wusste nicht, wo er war, und als Paula vor ihm auftauchte, hielt er sie auch für eine Gestalt aus seinem Hirnspuk, dabei war sie es, die ihn aus seinem Traum aufgerüttelt hatte. Und als sie merkte, dass er benommen war, hatte sie beschlossen, ihn nicht fahren zu lassen. So saß nun sie am Steuer seines Saab, der Wagen hoppelte jedes Mal beim Anfahren und ruckelte auch sonst, weil Paula viel zu wenig Gas gab. Normalerweise hätte Beck jetzt eine Fahrstunde für Paula eingeschoben. Nein, normalerweise wäre Paula gar nicht gefahren. Aber Beck war immer noch nicht ganz bei sich und überlegte auf dem ganzen Weg zur Wohnungseinweihung bei Franz und Leonie, wieso er mal wieder weggetreten war. Er kam nicht drauf. Dafür redete nun Paula auf ihn ein. Die Kiste mit Merlot aus dem Languedoc hatte Beck daheim lassen müssen: „Du weißt doch, dass der Junge gar keinen Wein mag", hatte sie gesagt und ihn genötigt, ein Kuvert mit 1000 Euro zu füllen. Auf Becks Klage, Franz sei doch auch mit 800 zufrieden, hatte er einen blitzenden Blick geerntet. Da war ihm klar gewesen: Widerstand ist zwecklos, und so saß er nun auf dem Beifahrersitz mit zehn Hundertern in einer Dankeskarte für Franz, die Paula ausgesucht hatte und einem Blumenstrauß für Leonie, den selbstverständlich auch Paula besorgt hatte. „Kannst Du nicht viel verkehrt machen, musst Du nur abgegeben", hatte sie gesagt und ihm eingeschärft, er solle sich von seiner beste Seite zeigen. Was wollte sie bloß? Er war doch ein ganz umgänglicher Zeitgenosse, dachte sich Beck. Aber wenn Paula sich etwas in den Kopf gesetzt hatte, parierte man lieber – egal ob es darum ging, einen alten Teppich rauszuwerfen, öfter mal zu lüften oder

morgens mehr als Kaffee, Ibuprofen und Weinreste zu
frühstücken. So schleppte er sich denn klaglos die Treppe des Gründerzeit-Altbaus hinauf, in den Franz und
Leonie eingezogen waren. Alles frisch saniert, geölte
Eichenholzdielen, weißer Stuck. Die Studenten lebten
nobel, dachte sich Beck, als er die ersten Treppen geschafft hatte. Dann fehlte ihm die Luft zum Denken. Ein
Stockwerk, zwei Stockwerke, drei, vier, endlich, im
fünften machte Paula halt. Beck klammerte sich ans
Treppengeländer. Durch die geschlossene Tür waren
bollernde Musik und Gesprächsfetzen zu hören. „Jetzt
hat's der Franz auf seine jungen Tage ja schon ganz
nach oben geschafft", schnaufte Beck. Paula ging nicht
darauf ein, sondern klopfte an die Tür: lang, kurz-kurz,
lang, Pause, dann noch mal lang, kurz-kurz, lang. „Ist
die Klingel kaputt", fragte Beck? Doch statt einer Antwort ging die Tür auf. Er sah Köpfe, erkannte niemanden, hörte aber aus vielen Kehlen: „Alles Gute für Ihren
Laden, Herr Beck!" Paula schob ihn rein. Im Flur über
den Köpfen erkannte er ein Transparent aus weißem
Leinen, auf dem „Prost Beck: Wein muss sein" stand.
„Wieso" stammelte Beck zu Leonie, die nun mit Haaren
so silbrig blau wie nie zuvor vor ihm stand: „Ich denke
ihr feiert Einweihung?"

„Tun wir ja auch, aber weil's bei Ihnen auch was zu
feiern gibt, haben wir uns gesagt: Machen wir zwei
Feten in einer", sagte Leonie, an deren linkem Ohr so
viele Ringe blinkten wie an Nase und Lippen zusammen. Beck hatte es aufgegeben nachzuzählen. Lieber
wunderte er sich über das finstere „Hellhammer"-T-
Shirt, das wie alle von Leonies Leibchen in maximalem
Kontrast zu ihrer lebenslustigen Ausstrahlung stand.

Gerade wollte er sie fragen, was es denn mit dem Höllenhammer auf sich habe, da näherte sich Franz von hinten und umklammerte sie. „Schön dass Sie da sind", rief der Junge, und es klang ehrlich erfreut. „Es sind viele Freunde aus der Uni da, aber wir haben auch Ihre Leute eingeladen." Beck stand mit Blumen und Umschlag unschlüssig rum, bis Paula ihn anstupste und er seine Gaben ablieferte. Nur langsam löste sich seine Anspannung, doch als er sah, dass Jutta mit ein paar Technikern aus dem Theater da war, Paulas Familie ebenso wie Sigrid Huxhorn und ein paar andere Kollegen von der „Neuen Post", wurde Beck ruhiger. Es dauerte eine Weile, bis er alle Zimmer gesehen, den angehenden Wirtschaftsinformatiker Ben und Psychologiestudentin Kerstin kennen gelernt hatte, mit einem Plastiknapf Chili con Carne und einem spanischem Verschnitt aus Cabernet Sauvignon, Syrah und Merlot versorgt war. Jutta hatte ihm erzählt, dass Jakob Oswald sich in der Intendanz verschanzte, als wollte er dort den Angriff von Traudel Kalbfleisch und Geraldine Monvalle abwehren. Dabei war von den beiden Damen rund ums Theater noch nichts zu sehen gewesen. Aus Oswalds Büro hörte man jedenfalls nur das heisere Kläffen von Papagena. Beck hätte gern noch mehr erfahren, doch zwischen Diele und Toilette ging ihm Jutta verloren, und Beck merkte, dass er frische Luft brauchte. Es war heiß und stickig in der WG, obwohl Fenster offen standen. Paula war auch nicht zu sehen. Langsam schlängelte sich Beck einem Zimmer entgegen, in dem er den Balkon vermutete. Im Türrahmen stand die kleine Lucy und versperrte ihm den Weg mit einer blauen Leuchtstoffröhre: „Wo wollen Sie hin?"

242

„Ich will mal frische Luft schnappen."

„Bei Ihnen daheim ist aber auch keine frische Luft."

Beck wusste nicht, was er dazu sagen sollte und wich aus: „Wieso läufst Du denn mit einer Lampe rum?"

„Das ist doch ein Laserschwert." Lucy klang empört. Wie konnte ein so alter Mann nur derart doof sein. „Das hat mir der Ben gegeben."

„Ach, der Ben", stammelte Beck, sah sich um und erblickte an der Wand mehrere „Star Wars"-Poster. Auf dem Schreibtisch standen Plastikfiguren um einen vierbeinigen Kampfroboter. Unter der Decke hingen Raumschiffe.

„Ben ist cool", jauchzte Lucy. „Haben Sie den Todesstern gesehen?"

„Was für ein Ding?"

„Da oben!" Lucy zeigte entrüstet mit ihrem Laserschwert auf eine grauschwarze Kugel, die Beck zunächst für einen Lampenschirm gehalten hatte. „Haben Sie denn gar nichts zum Spielen?"

„Dafür bin ich ein bisschen alt. Und mit wem soll ich denn spielen?"

Lucy schabte grübelnd mit dem Laserschwert auf dem Boden herum. „Dann müssen Sie jetzt immer weiter Ihren Wein ganz alleine trinken?

„Wie kommst Du denn da drauf?"

„Mein Onkel hat gesagt: Das bisschen, was Sie verkaufen, können Sie auch selbst trinken."

„Hat er das gesagt?“

„Ja, aber mein Onkel trinkt nur Bier.“

„Vielleicht kennt er sich mit meinem Wein dann auch gar nicht so gut aus.“

Lucy musste nachdenken. „Hm, kann sein. Wenn ich groß bin, helfe ich Ihnen beim Weintrinken. Aber eigentlich mag ich das ja nicht. Da riecht man so komisch.“

„Wer riecht komisch?“

„Na, Sie!“

Beck hielt sich erschrocken die Hand vor die Nase, atmete hinein, roch nichts, kramte aber dennoch in seiner Hosentasche nach einem Pfefferminzbonbon.

„Ich mag jetzt eine Cola“, sagte Lucy und war schon verschwunden. Das Mädchen brachte ihn immer ganz durcheinander, dachte Beck und war froh, dass er auf dem von einer Glyzinie umrankten Balkon Bernd Rudolf sah, der eine Zigarre rauchte.

„Du rauchst? Seit wann das denn?“

„Nur, wenn es was zu feiern gibt. Und dann nur Zigarre“, antwortete Rudolf hörbar angeheitert.

„Und was feierst Du?“

„Oh, wir feiern die junge Liebe von Franz und seinem blauen Engel, wir feiern Dich und Deinen Laden, und ich feiere auch den Detektiv Justus Beck.“ Beck winkte ab, Rudolf aber legte nach. „Nein, Du hattest recht mit Deinen Zweifeln. Das mit Oswald war eine

Sackgasse, aber der Hinweis auf diesen Ostermann war gut." Der Polizeipräsident, der nicht mehr ganz standfest war, zog noch einmal übertrieben genüsslich Rauch ein, um den dramaturgischen Effekt zu betonen: „Wir wollten ihn vorladen, aber er war nicht zu erreichen. Krank gemeldet. Da hab ich eine Streife bei ihm vorbeigeschickt, aber es macht keiner auf. Und keiner hat ihn gesehen. Am nächsten Tag sind wir in die Wohnung rein. Und was finden wir? Dossiers über so ziemlich jeden, der in der Stadt irgendwas zu sagen hat. Auch über Dich gab es eine Akte."

„Wie bitte?" Beck musste sich am Geländer festhalten, obwohl der Balkon so klein war, dass er neben Bernd Rudolf unmöglich hätte umfallen können.

„Ja, es war alles da: Deine Freunde und Kollegen, dass Du verwitwet bist, dass Du es am Herz hast und mehr trinkst, als Dir guttut. Dass Kevin Jung Dich für unbelehrbar und unbrauchbar, aber trotzdem unersetzlich hält."

„Geht's noch?" Beck begann gerade, sich ein wenig zu ärgern.

„Sorry, das steht da alles. Wortwörtlich!" Wie zur Betonung hob Rudolf seine Zigarre und winkte mit ihr vor Becks Nase. „Sogar Deine Spitznamen hab ich gefunden. Wie war das? Saint-Just? Fallbeil des Feuilletons? Beckmesserchen? Messerchen? Wer hat sich denn den Quatsch ausgedacht?" Beck wollte am liebsten im Boden versinken: „Herrje, das ist hundert Jahre her."

Rudolf nuckelte genüsslich an seinem nassgelutschten Tabaktorpedo, dass die Spitze orangerot aufleuchtete und Rauch um seinen Kopf herum aufstieg. „Tröste Dich, mein Lieber, dieser Ostermann wusste auch von Jörg König, vom Intendanten, von Deinem schnöseligen Chef, diesem Kevin Jung, lauter Sachen, die keiner in der Zeitung lesen will. Wusstest Du, dass Eduard Pasblanc nicht nur mit Handwerkern in der Kunsthalle Schmu gemacht hat, sondern nachts in seiner Galerie Partys mit ukrainischen Callboys gefeiert hat? Auf postmodernen Skulpturen aus Italien haben sie's getrieben." Zur Veranschaulichung bildete Rudolf mit Daumen und Zeigefinger seiner Linken einen Kreis und ließ die Zigarre immer wieder hindurchstoßen.

Beck verzog das Gesicht. Nicht weil ihm die Entweihung italienischer Bildhauerei zuwider war, sondern weil ihm der Tabakqualm beißend in die Augen stieg.

„Ja, da guckst Du!" Rudolf zog jetzt triumphierend an der Zigarre. „Ostermann hatte so ziemlich gegen jeden irgendwas in der Hand. Wir haben den Eindruck bekommen, dass dieser Kulturreferent eine Art Ein-Mann-Geheimdienst ist."

„Und jetzt?"

„Jetzt ist er verschwunden, und wir haben seine Sekretärin exhumiert."

„Du machst Witze?"

„Wieso, das war doch Deine Idee mit der vierten Leiche."

„Ja, aber…" Mehr fiel Beck nicht ein.

„Ich traue diesem Kerl mittlerweile auch einiges zu. Er muss ja sehr gut vernetzt sein. Rein technisch könnte er alle Vier auf dem Gewissen haben."

Beck griff sich an die Stirn und sagte dann: „Er war bei der Premiere in der Kunsthalle, er hat im Stadttheater die Magistratsbank bestuhlt, und er war auch bei der Premiere im Landgestüt."

„Zu schade, dass Du nicht gesehen hast, ob er auch während der Vorstellung aufgestanden ist."

„Er ist halt so klein, den übersieht man leicht."

„Ist ja kein Vorwurf", sagte Rudolf und schlug Beck so heftig auf die Schulter, dass er schmerzhaft spürte, wie schlecht es um Rudolfs Feinmotorik bestellt war.

„Und was macht Ihr jetzt mit der Leiche von Grete Jungwirth?"

„Wir machen sie noch mal auf, und die Gerichtsmedizin soll schauen, ob die Dame wirklich einfach so beim Essen umgefallen ist, oder ob im Essen irgendwas drin war. Sie hat ja angeblich alles Mögliche gesammelt und eingemacht. Leider ist ihre Wohnung schon geräumt. Würde mich nicht wundern, wenn wir da irgendwelche Giftmarmelade oder Giftpaste mit schönem Gruß vom Kulturreferenten im Schrank gefunden hätten."

„Wenn da was war, dann hat es Ostermann selber weggeschafft", sagte Beck, den es jetzt leicht schauderte. Konnte das sein? War der heimliche Kulturdezernent ein unheimlicher Mörder? „Er hat ja für Frau Jungwirth Nachlassverwalter gespielt. So wie er sich auch gleich um Oswalds Hundchen gekümmert hat. Ich hab ihn ja sogar auf dem Friedhof getroffen, da hat er ihr Maiglöckchen auf Grab gelegt."

„Netter Mann, aber ich fürchte, da ist nichts ohne Hintergedanken geschehen. Maiglöckchen sind giftig, kann man leicht mit Bärlauch verwechseln." Bernd Rudolf gefiel der Verdacht, der jetzt in ihm aufstieg: „Vielleicht hat er ihr ein Glas Maiglöckchen-Pesto untergejubelt."

„Das hieße ja, dass er ihr quasi die Mordwaffe aufs Grab gelegt hat."

„Zumindest haben wir auch zu Grete Jungwirth Notizen gefunden. Keine größere Akte, aber ein paar Zettel über ihre nächsten Verwandten, die weit weg sind, über ihre Bingo-Abende immer mittwochs und über ihre Lieblingsgerichte. Da stehen Pilze drauf, aber eben auch Bärlauch-Pasten. Warum hat er das aufgeschrieben, frage ich Dich?"

„Da wär ich ja nie drauf gekommen", sagte Beck mit dem Brustton der Empörung.

„Quatsch, mein Lieber. Da bist nur Du drauf gekommen. Ohne Dich hätte ich Jakob Oswald in Ketten legen lassen."

„Ach so", sagte Beck leise, aber doch ein bisschen stolz. „Das heißt, Oswald steht nicht mehr unter Verdacht?"

„Wir könnten ihn drankriegen wegen Tierquälerei, weil er seinen Köter im Wagen gelassen hat. Aber im Ernst: Mehr ist da nicht."

„Und was ist jetzt mit Ostermann?“

„Irgendwann wird er wieder auftauchen, dann kriegen wir ihn. Du kennst das doch von Deinem Shakespeare, da morden sie sich doch auch immer zur Macht und sind am Ende erledigt.“

„Schon, aber da geht’s immer um den Thron.“

„Tja, MacOstermann ging’s halt nur ums Kulturdezernat. Er ist der Einzige, der es drauf hat, und er ist umzingelt von Leuten, die das nicht sehen wollen. Wenn ich bei Deiner Theaternachhilfe richtig aufgepasst habe, reizt sowas den Zorn des Than.“

Beck war beeindruckt – nicht zuletzt von sich selbst. Es war also doch nicht ganz sinnlos, dass er den Polizeipräsidenten auf die Theaterpremieren vorbereitete.

4 Gerd Ludwig Ostermann blieb verschwunden. Die Polizei hatte ihn zwar mittlerweile zur Fahndung ausgeschrieben, aber er war wie vom Erdboden verschluckt. Seinen alten Corsa hatte er zurückgelassen, seine Kreditkarten wurden nirgends registriert, und auf seinen Konten gab es keine Bewegung. Offenbar war Ostermann mit viel Bargeld unterwegs, ohne auch nur die geringste digitale Datenspur zu hinterlassen.

Die Aufregung nach dem Tod von Jörg König hatte sich in der Stadt mittlerweile ein wenig gelegt. Oberbürgermeister Rudi Lichtlein war aus seiner tiefen Amtsmüdigkeit erwacht und hatte angekündigt, nun doch für eine weitere Amtszeit kandidieren zu wollen.

Die Wahl war auf Mitte Oktober verschoben. Dann sollte auch die Viktoria in einer neuen Liga spielen – nur nicht, wie erhofft, eine Spielklasse höher, sondern eine tiefer. Der Verband hatte dem Verein wegen des Einsatzes von chinesischen Spielern ohne Genehmigung und unlauterer Geschäftspraktiken zehn Punkte abgezogen. Am Ende standen die eben noch so siegessicheren Kicker auf dem Relegationsplatz, die Abstiegsspiele verloren sie blamabel 1:4 und 0:7. „Klatsche für die Mücken“, titelte die Landeszeitung. Bei der „Neuen Post“ hätte man das Debakel der Fußballer am liebsten verschwiegen. „Ball flach halten und schnell raus aus dem Abseits“, lautete die Kantinen-Parole in der Redaktion. Still und leise war der Plan, Trikotsponsor zu werden, in der Mülltonne verschwunden. Schlimm genug, dass die Auflagenzahlen runtergingen, da konnte das Pressehaus nicht auch noch auf der Hemdbrust von Absteigern werben.

Die Mittel zur Erschließung des neuen Stadions sollten im Nachtragshaushalt auch nicht mehr auftauchen, was die wenigen verbliebenen Fans ziemlich gut fanden. Schnaken gehörten eben ins Schnakenloch. Auch das Mücken-Musical wurde gestrichen, was wiederum Intendant Oswald freute, der sich stattdessen endlich mal einen „Ring“ gönnen wollte. „Götterdämmerung im Stadion, Rheingold im Theater“ war mit unziemlicher Häme die entsprechende Pressemitteilung der Städtischen Bühne überschrieben.

Beck wären zu dem großen Debakel viele Glossen und Kommentare eingefallen, doch die Chefredaktion hatte die Berichterstattung über das Theater, die Stadt und die Toten an sich gezogen und bis unter die Wahrnehmungsschwelle gedrückt. Auch davon, dass Kevin Jung nicht mehr Nachrichten- und Online-Chef war, sondern mit neuen herausfordernden Führungsaufgaben betraut wurde, stand nirgends etwas zu lesen. Sigrid Huxhorn hatte es Beck auch eher nebenbei erzählt, als sie den letzten Termin der Theatersaison mit ihm absprach: Kevin Jung sollte eine neue Redaktion in der etwas abgelegenen Kurstadt aufbauen, um der alteingesessenen Kurstadtzeitung Konkurrenz zu machen. Angeblich war Jung jetzt Ressortleiter eines Teams, das aus ihm bestand, einer Halbtagssekretärin und einem annähernd achtzigjährigen freien Mitarbeiter, der von der Konkurrenz mit dem Versprechen abgeworben worden war, eine tägliche Mundart-Kolumne mit eigenem Bild verfassen zu dürfen.

Keine Fußballrowdies mehr vor seinem Laden, kein Kulturbarbar mehr in der Redaktion. Becks Laune war gehoben und zog den schlappen Blutdruck ein stückweit mit, als er sich für die „Neue Post" auf den Weg machte zur Sommergala des Stadttheaters, die in diesem Jahr mehr sein sollte als ein Umtrunk mit Tanz und Live-Musik. Die drei Regieassistenten des Hauses hatten die Aufgabe erhalten, Shakespeares „Sommernachtstraum" zwischen dem Theaterpark, dem Glaskubus des Schauspiels und dem klassizistischen Opernhaus in das Fest hineinzuinszenieren.

Beck hatte sich schon gefragt, wie das gehen sollte, war doch Shakespeares beliebteste Komödie schon unübersichtlich, wenn man alle Figuren auf der Bühne im Blick hatte. Da gab es den Herzog von Athen, der eine

Amazonenkönigin heiraten will, den Feenkönig Oberon, der Streit hat mit seiner Titania, vier junge Leute, die aus der Stadt in den Wald fliehen und sich dort liebesblind verlaufen. Dazu noch Handwerker, die als dilettantische Laienspieler eine tragische Romanze proben, und den Elf Puck, der mit dem Saft einer Zauberblume für völlige Sinnverwirrung sorgt.

Bernd Rudolf hatte sich schon Tage zuvor besorgt bei Beck erkundigt, wie er denn wissen könne, was gerade gespielt wird, wenn die Szenen überall und nirgends über die Bühne gehen. Da konnte ihm Beck auch nicht helfen, empfahl aber einen verkleinerten Ausdruck der Zusammenfassung auf Wikipedia für die Hosentasche. Ansonsten solle er, wenn Gitta gerade nicht hinschaute, sich nicht scheuen, die Schauspieler zu fragen, wen sie denn darstellten. Wozu sei er Polizeipräsident, er könne doch Personalien aufnehmen. Das hatte Bernd Rudolf Mut gemacht für den Abend, an dem er ohnehin halb dienstlich vorbeischauen musste, denn er wollte es nicht ausschließen, dass Traudel Kalbfleisch und Rudi Lichtlein in Gefahr waren. Auch wenn Gerd-Ludwig Ostermann sich eigentlich nicht im Theater blicken lassen konnte, ohne dass er sogleich erkannt worden wäre. Dennoch sollten sich Beamte in Zivil unter die Gäste mischen.

Aber eigentlich stand einem lauen ruhigen Abend nicht wirklich etwas im Wege. Der Wetterbericht hatte trockene Wärme bis in die Nacht angekündigt. Beck, der ein kurzes hellgrünes Hemd trug, das seine dünnen weißen Ärmchen, das Silbergraubraun seiner Haare und die ungesunde Blässe im Gesicht besonders hervorhob, hatte Paula, Franz und Leonie eingeladen, mit ihm zu feiern, dass er seinen Laden zumindest noch ein Jahr weiter führen konnte. Sie hatten so viel für ihn getan, da war es Zeit, sich zu bedanken. Und weil die Dame aus der Pressestelle neu war und noch nicht durchblickte, meldete er Franz auf den Namen Kevin Jung plus Begleitung mit Ehrenkarten an, was Becks herzlichen Dank doch deutlich verbilligte. Dafür konnten die jungen Leute essen, trinken und tanzen, so viel und so lang sie wollten. Und damit fingen Franz, der jetzt auch einen Ring im Nasenflügel und einen an der Unterlippe trug, und Leonie, deren Haare mittlerweile königsblau waren, auch gleich an. Franz räumte Schnittchen von mehreren Tabletts und bunkerte sie auf einem Bistrotisch im Glasfoyer. Leonie, die mit der Aufschrift „Dead Kennedys" auf ihrem Hemdchen im maximalen Gegensatz zu all den provinzschick herausgeputzten Galagästen stand, organisierte vier Drinks, blaue Cocktails, die nach Kokosnuss rochen und nach klebrigem Likör aussahen.

„Hast Du die Gläser passend zu Deiner Frisur ausgesucht", fragte Beck.

„Nein, es gibt gerade nichts anderes. Das ist Pucks Punsch mit Zauberblumensaft, hat mir eine Hostess gesagt. Das gehört schon zum Stück, glaub ich."

„Na, Prost", sagte Beck. „Kein Wein? Heiliger Falstaff, das gibt's doch nicht, bei Shakespeare trinken sie immer Malvasier."

„Vielleicht später", sagte Leonie und prostete ihm zu.

Beck aber wollte jetzt missmutig werden. „Ich bin bedient. Muss ich mir hier schon meinen eigenen Wein mitbringen?"

Paula kam mit einem Teller voll mit Weißbrot, Oliven, getrockneten Tomaten und Pasten vom Buffet: „Jetzt iss erst mal was!"

„Ich hab keinen Hunger." Beck hatte jetzt vielmehr Lust zu schmollen.

„Sei nicht kindisch", mahnte Paula.

„Also, wir haben jetzt Spaß", sagte Franz, der seinen blauen Saft schon ausgetrunken hatte und Leonie fortzog zu einer Band, die hinter den Garderobenschränken scheppernd rockte. Paula machte sich über die Pasten her, während Becks Blick durchs Foyer schweifte. Auf einer Empore, die bei kleineren Vorstellungen als Bühne diente, stand mit einem Gefolge aus drei Dramaturgen Jakob Oswald mit Papagena unterm Arm. Er hatte sich eine Art Toga übergeworfen, in die das Hundchen halb eingewickelt war. Man hätte ihn wegen dieser Tracht auch leicht mit Herzog Theseus verwechseln können, der nun mit seinem Hofstaat zu Felix Mendelssohn Bartholdys Ouvertüre aus der Musik zum „Sommernachtstraum" den Raum betrat. Jetzt ging's los. Auch draußen, wo die Dämmerung eingesetzt hatte, regte sich das Spiel, die Handwerker, die hier offenbar Müllwerker waren, zogen als Putzkolonne auf und schlugen ihre Bühne unter einer mächtigen Linde auf. Durch die Glasscheiben konnte Beck den alten und vielleicht auch neuen Oberbürgermeister und die neue Kulturdezernentin erkennen. Rudi Lichtlein, der, wenn es sich vermeiden ließ, nicht im Theater auftauchte, sah so

gelangweilt aus, wie man ihn von den Stadtverordnetenversammlungen kannte. Aber nun, da er doch wiedergewählt werden wollte, musste er wohl oder übel
Gesicht zeigen – es war ein verdrießliches Gesicht.
Traudel Kalbfleisch stand zwar direkt neben ihm, war
aber mit mehreren Damen im Gespräch, die Beck wegen ihrer Versandhausmoden im Verdacht hatte, eine
Abordnung der Landfrauen zu sein. Draußen die Dezernentin, die den Intendanten gern im Gefängnis gesehen
hätte, drinnen der Intendant, der die Dezernentin als
Kaffeetante verachtete. Und jeder wachte streng über
sein Reich. Das waren ja Zustände wie bei Shakespeare,
wozu brauchte es überhaupt noch Schauspieler, wenn es
solche Hauptdarsteller gab, dachte sich Beck und bedauerte, dass er das in seinem Bericht so nicht schreiben
konnte.

Als nach einiger Zeit auch Puck mit seinen Feen
aufgetaucht war, Zuckerwattegespinst durchs Foyer
gezogen und die letzten Tabletts voll blauem Zaubersaft
unters Volk gebracht hatte, machten schließlich doch
noch Sekt und Wein die Runde. Nach dem zweiten Glas
vom Roten hob sich Becks Stimmung, und er lud Paula
ein, mit ihm durch den sommerlich lauschigen Park zu
flanieren. Auf der Treppe vor dem Säulenportal der
Oper stritten gerade Oberon und Titania eifersüchtig
über einen indischen Knaben, den jeder von ihnen zum
Diener haben wollte. An die Chronologie des Stücks
hielten sich die Theatergrüppchen auf ihrem Weg durch
die Menge nicht. Wer das Schauspiel nicht kannte, würde es kaum verstehen, dachte sich Beck. Es war, als
würde man von einem Gemälde nur Puzzleteile verstreuen. Sollte doch der Besucher sehen, wie er sich ein

Bild zusammensetzt. Viele schauten denn auch gar nicht hin, wenn sich die Schauspieler näherten. An der Bar standen die größten Gruppen, und nur einer ging schon vor der Zeit: Rudi Lichtlein hatte genug gelitten. Beck sah noch, wie sich der OB durch die Büsche schlug, um möglichst unerkannt den Eingang zum Parkhaus zu erreichen. Ein Mann mit Knopf und Kabel im Ohr folgte ihm durchs Dickicht. Das musste ein Polizist in Zivil sein, dachte sich Beck. Jetzt hatten Rudolfs Leute also nur noch Traudel Kalbfleisch, auf die sie aufpassen mussten. Was aber nicht bedeutete, dass der Polizeipräsident nun weniger zu tun gehabt hätte. Denn kaum ein Besucher war so engagiert bei der Sache wie Gitta Rudolf, die Beck am Fuße der Treppe entdeckte. Sie gestikulierte in Richtung Oberon und Titania und redete dabei auf ihren Mann ein, der die Szene überragte und sich hilfesuchend umsah. Doch hier konnte Beck nichts für ihn tun.

Paula und er drehten ihre Runde durch den von Lampions verzauberten Park. Auf der Rückseite des schmuck sanierten Theaters, wo Verwaltung und Werkstätten in schäbig anmutenden Baracken untergebracht waren, sahen sie Franz und Leonie auf einer Bank unter einer Weide. Pucks blauer Trunk wirkte offenbar. Die beiden knutschten, als wollten sie Helena und Demetrius, Lysander und Hermia im Stück die Schau stehlen. Hoffentlich verhakten sich die Ringe an ihren Nasen und Lippen nicht, dachte Beck und stupste Paula an. Beide schmunzelten und gingen weiter, sie eingehakt bei ihm, seltsam zufrieden, als hätten sie gerade ihre Kinder ins Leben entlassen.

Nur wenige Schritte weiter sprang ein wiehernder Esel über den Weg. Es war der verzauberte Weber Zettel, der eitelste Selbstdarsteller des Handwerker-Ensembles, der nun mit langohrigem Pappmachékopf und einem viehischen Schwengel zwischen den Beinen gegen Bäume und Büsche stolperte, hinter ihm hüpfte eine halbnackte Frau, die Beck vor allem wegen ihres verrutschten Diadems noch als jene Schauspielerin identifizieren konnte, die sich eben erst als Titania auf der Treppe mit Oberon gezankt hatte. Nun aber war die Feenkönigin ganz entblößter Trieb, wie sie so vor ihnen jauchzte, hüpfte und schließlich mit dem Esel in einem Rhododendrongewölbe verschwand.

Beck und Paula schauten sich an und mussten lachen. So entspannt war er lange nicht mehr gewesen, dachte sich Beck. Paula griff sich bei einem Kellner noch einen blauen Zaubertrank, Beck wechselte zum Weißwein. Er schaute erst nach links, sie zunächst nach rechts, und irgendwann kreuzten sich ihre Blicke am wolkenlosen Himmel, an dem sich die ersten Sterne sehen ließen. Paula seufzte: „So lass ich mir Theater gefallen.“

„Das ist kein Theater, das ist ein Gartenfest mit Mummenschanz“, erwiderte Beck.

„Verdirb es mir nicht“, sagte sie streng, schaute dabei aber doch noch immer ganz und gar gelassen.

Wortlos schritten sie weiter, als sich der Esel zwischen einer Theatermauer und einem Fliederbusch hervorquetschte und an ihnen vorbei in den Park hinausging. Beck schaute ihm nach. „Na, wo ist denn seine Feenkönigin?“, fragte Paula.

„Komisch", sagte Beck.

„Was ist komisch?" Doch Paula bekam keine Antwort. Beck war stehen geblieben und schaute dem Mann mit dem Pappmachékopf hinterher. War der Weber Zettel geschrumpft? Er lief auch ganz anders. Den Tierkopf hatte Beck auch anders in Erinnerung. Waren die Ohren des Esels nicht länger gewesen? Und der Schwengel zwischen den Beinen fehlte ihm gleichfalls. Sehr zielstrebig lief der Esel auf einen schmiedeeisernen Pavillon zu. Beck folgte und lenkte Paula wortlos. „Was ist denn los mit Dir?" Wieder bekam sie keine Antwort. Der Esel hatte sich mittlerweile einen blauen Zaubertrank geholt, an dem er sich zu schaffen machte. Beck war noch nicht nah genug dran, um sehen zu können, was vor sich ging. Doch er erkannte, wen die Kreatur ansteuerte. Im Pavillon stand Traudel, die Königin der Landhausmoden, mit ihrem Versandhaus-Hofstaat. Was gab das denn? Der Esel hatte die Gruppe mittlerweile erreicht, tänzelte vor der Kulturdezernentin und streckte ihr mit einer Mischung aus Ausfallschritt und Verbeugung das Glas entgegen. Die Landfrauen applaudierten, Traudel Kalbfleisch lächelte, nahm das Glas und prostete dem Esel zu. Da verstand Beck. Verzweifelt schaute er sich um. Wo war Bernd Rudolf, wenn man ihn brauchte? „Halt, halt", rief Beck, doch keiner hörte ihn. Endlich sah er Rudolf, der auf einer Bank saß und einen offenbar ausführlichen Monolog seiner Frau mit gesenktem Kopf über sich ergehen ließ.

„Bernd", rief er, „Bernd!" Endlich, Rudolf immerhin hörte ihn, sah ihn schließlich auch: „Der Esel! Die Kalbfleisch! Das Glas! Gift! Das ist ein Anschlag!"

Paula zischte: „Spinnst Du?"

Rudolf aber reagierte prompt. Drückte den Knopf in seinem Ohr, fummelte an einem Mikro am Revers seines Jacketts, während er Becks Fingerzeig zum Pavillon folgte. Rudolf sprach etwas in seinen Kragen, und es dauerte nur Sekunden, bis ein Tumult am Pavillon entstand. Ein bulliger Mann kam von hinten, packte die kreischende Traudel Kalbfleisch und riss ihr das Glas von den Lippen. Eine Frau und zwei Männer lösten sich aus der Besuchergruppe, rannten aus verschiedenen Richtungen los und stürzten sich fast zeitgleich auf den Esel. Es ging ganz schnell und sah aus wie im Kino. Und Beck war es auch, als habe er diesen Film schon mal gesehen. Er kam nur nicht darauf, wo. Der kräftigste Mann drehte den Esel auf den Rücken, ein Kollege stemmte ihm das Knie auf die Brust. Der Esel stöhnte. Die Zivilpolizistin hatte erst Traudel Kalbfleisch auf einen Stuhl gedrängt, dann das Glas mit dem blauen Trank einem weiteren Kollegen übergeben und machte sich nun daran, Zettel wieder in einen Menschen zu verwandeln.

Längst hatte es einen Auflauf gegeben. Bernd Rudolf war dazu getreten, und weil er alle Schaulustigen um Haupteslänge überragte, konnte er seine Leute trotz des Getümmels dirigieren. Die Polizistin zerrte am Eselskopf, der sich nicht lösen wollte. Der Kollege mit dem Knie auf der Brust des Gefangenen packte nun auch noch zu. Der Kopf kriegte Dellen, Risse, platzte schließlich auf, und es schälte sich ein runder Schädel mit großen Augen heraus, in denen Angst und Traurigkeit standen. Es war Gerd-Ludwig Ostermann.

Bernd Rudolf gab seinen Polizisten ein Zeichen. Sie zogen den kleinen Mann auf die Beine, packten ihn rechts und links an den Oberarmen, die Hände hatten sie bereits hinter dem Rücken mit Kabelbinder fixiert. Ostermann zappelte. Nun beugten sie seinen Kopf nach vorne und zogen ihm einen Stoffbeutel drüber. Eine anthrazitfarbene Limousine mit getönten Scheiben fuhr ein stückweit auf den Rasen. Ostermann musste das letzte Stück nicht mehr laufen, sie hatten ihn angehoben, er konnte nur noch mit den Beinchen strampeln und verlor dabei seinen linken Schuh.

Die rechte hintere Wagentür ging auf, eine Hand griff von innen nach Ostermanns Schulter, der kräftigste Polizist, der ihn getragen hatte, stopfte ihn nun in den Fond, drückte dabei seinen Kopf herunter. Schon war Ostermann im Wagen verschwunden, die Tür klappte zu, und der Wagen fuhr los. In Sekundenschnelle war es vorbei, nur eine Reifenspur im Gras zeugte vom Zugriff auf Zettel – ein Sommernachtsspuk, der Beck mit dem ungreifbaren Vexierbild des Déjà-vus vor dem geistigen Auge quälte. Für einen Moment war es ganz ruhig, die erschreckte Menge, eben noch lauthals aufgeregt, war verstummt.

In die Stille hinein brach ein Kläffen, erst leise und weit weg, dann laut und immer kläglicher. Jakob Oswald war aus dem Foyer getreten, um zu schauen, was sich da in seinem Vorgarten tat. Papagena war ihm aus der Toga gehüpft und hechelnd über den Rasen ge-sprungen. Nun stand sie da, wo eben noch der Esel mit der Zaubertrank überwältigt worden war, schnüffelte, folgte der Fährte bis zu der Stelle, wo Ostermanns linker

Schuh lag. Die Gäste des Sommerfestes, die nun zusammenströmten, bildeten einen Halbkreis um die Szene. Viele hatten Gläser mit dem blauen Trank in der Hand, und Beck wischte für einen Moment der Gedanke durch den Kopf, ob sie alle verzaubert waren, ob er dieses absurde Schauspiel nur träumte. Doch als er gegenüber Franz und Leonie neben Paula erkannte, war der Zweifel schon wieder verschwunden. In ihrer Mitte steckte wie auf einer Bühne Papagena nun die Schnauze in Ostermanns Schuh, zog sie wieder raus. Offenbar schnüffelte sie den Fußschweiß jenes Menschen, der sie versorgt hatte, als ihr Herrchen in Haft war. Aber es musste eben auch der Geruch des Mannes sein, der sie gepackt und ins Dunkle vor die Hufe einer schwarzen Bestie geworfen hatte. Doch das schien Papagena vergessen zu haben. Sie kläffte, lief noch ein paar Schritte bis zu der Stelle, wo die Limousine abgefahren war, knurrte die Reifenspuren an, setzte sich dann auf die Hinterläufe, streckte das Köpfchen zu den Sternen und begann leise zu winseln. Gar nicht mehr schrill klang es, der Chihuahua-Sopran tremolierte auf melodiöse Art melancholisch. Sie war zwar ein hässlicher Hund, aber eine schöne Seele. Und vielleicht passte sie ja zu dem kleinen Mann, der auch nur ein krummer Hund war.

Mit Ostermanns Abgang und Papagenas Solo war das Fest abrupt zu Ende. Unentschlossen standen die Zuschauer immer noch mit ihren blauen Longdrinks im Halbkreis. Keiner applaudierte, weil auch keiner das Stück verstand, das sich da vor ihnen abgespielt hatte. Außer dem alten Sommernachtsträumer in Thalias Schoß: Justus Beck rieb sich die Augen. Er war sich fast ganz sicher, dass er nicht schlief und gleich in einem harten Theatersessel neben Paula erwachen würde. Nein, sowas konnte sich sein müder Geist nicht ausdenken. Beck war hellwach wie nie im Theater, und er war gerührt wie selten von einem Schauspiel, von den beiden Hauptfiguren, dem Mörder, der das Theater liebte und ins Gefängnis kam, und dem Hundchen, das den Mörder liebte, aber wieder ins Theater musste. Wer sollte sich sowas erträumen?